古典文獻研究輯刊

四 編

潘美月・杜潔祥 主編

第 3 冊

類書淵源與體例形成之研究

孫 永 忠 著

國家圖書館出版品預行編目資料

類書淵源與體例形成之研究／孫永忠著 — 初版 — 台北縣永和
市：花木蘭文化出版社，2007〔民 96〕

目 4+236 面：19×26 公分
（古典文獻研究輯刊 四編：第 3 冊）
ISBN：978-986-6831-23-2（全套精裝）
ISBN：978-986-7128-96-6（精裝）
1. 類書－中國－歷史　2. 類書－研究與考訂
040.8　　　　　　　　　　　　　　　　　96004330

ISBN - 9867128966

9 789867 128966

古典文獻研究輯刊
四　編　第三冊　　　　　　　　ISBN：978-986-7128-96-6

類書淵源與體例形成之研究

作　　者　孫永忠
主　　編　潘美月　杜潔祥
企劃出版　北京大學文化資源研究中心
出　　版　花木蘭文化出版社
發 行 所　花木蘭文化出版社
發 行 人　高小娟
聯絡地址　台北縣永和市中正路五九五號七樓之三
　　　　　電話：02-2923-1455／傳真：02-2923-1452
電子信箱　sut81518@ms59.hinet.net
初　　版　2007 年 3 月
定　　價　四編 30 冊（精裝）新台幣 46,500 元

類書淵源與體例形成之研究

孫永忠　著

作者簡介

孫永忠，字恪誠，江蘇省阜寧人。輔仁大學文學博士。目前任教於輔仁大學中文系，教授中國文學史、古典詩詞曲選、書法、書畫藝術欣賞、應用文等課程；另兼輔仁大學「東籬詩社」指導老師。著有《朱希真及其詞研究》、《類書淵源與體例形成之研究》、《公文寫作》、《實用書牘》、《應用文》。

提　　要

　　本文經由歷代書目對類書歸部命名綜合整理著手，引領出以往學界對類書義界不清的現象。隨著歷代書目調整類書歸部的現象，可以了解學者對類書性質與地位雖然多所探索，但囿於四部分類傳統成見，不無牽湊籠統之弊。本文藉書目難承「綱紀群書，條析學術」之職，以凸顯類書義界亟待澄清，範圍亦須嚴格規範，方能深入研究類書淵源與體例的必要性。

　　其次，本文進一步嘗試界定類書定義。書籍體例本常因為需求與編輯能力提昇而更易，要為一種因時因勢而新變的書種定義，並非易事。本文歸納前人研究，設定類書義界，確認類書之特質，並在編輯體例與內容上，比較類書與「政書」、「百科全書」等其他相近體例書種之異同。

　　再藉由類書義界，仔細析辨以往諸多類書起源說，如：張舜徽《爾雅》說；汪中《呂氏春秋》說；鈕樹玉《淮南子》說；袁逸《洪範五行傳論》、《新序》、《說苑》說；王應麟《皇覽》說；晁公武《同姓名錄》說等，確定《皇覽》為類書起源。其後再就「基礎條件」與「需求」為軸，深入探討《皇覽》之所以產生在三國的主客觀條件，以為曹魏確實已兼具成熟條件，方能創出類書的新體例，為千古的類書發展史寫下首頁。當《皇覽》這第一部類書誕生時，也同步成就類書的原始體例，本文以文獻資料推斷從《皇覽》到《藝文類聚》，其中眾多的類書編修體例，基本上都以《皇覽》為典範，但是在體例上因需求的刺激變化，而有了新變。

　　當類書體例在《皇覽》形成、六朝增進後，隋唐以降出現許新作，促成類書的地位與品質逐漸提升，一定有其背景因素。本文以承先啟後的宋代為例說明，歸納出以下結論：隋唐以至清末，中國政治型態、社會結構、中心思想等都保持在一個穩定的程度。各代君王推行文治，通常注重文教，整編圖書，舉行科舉。人們普遍重視圖書資源，尤其在印刷術發達對類書發展有很大助益。有了優渥的基本條件，類書的編撰與發展，仍然得「需求」動力促成。因此，本文以「需求」為主題，探討隋唐以降，體例有代表性革新之類書。藉由皮亞傑發展心理學理論輔助探析，歸納出類書因需求，而逐步提升與精緻其功能性。藉此可以更進一步了解，《皇覽》所創之類書體例，由初步的形成到總其成的《古今圖書集成》之間，始終保持一種新變的能力，在不同時代呈現其文獻的功能。

目

錄

第一章 導 論

壹、研究動機

　　當人類文化資料透過文字記載，積累到一定程度時，人們會自覺的開始選擇、分類編纂工作，期望藉著對過去經驗的累積，保證對新生活有較高的安定性。可是，隨著文獻資料的日益增多，新的社會需求出現，人們無法滿足原有的圖書編輯方式。愈來愈豐富的文化活動，使得人們對典籍的需求度日益增高，如何能更有效快速的掌握知識，成為編輯者新的課題。於是，新的編輯概念與方法便不斷的產生。

　　今之稱類書者，始於《皇覽》。在曹魏時期，類書是一個新的文化產物。人們在大量的文獻資料基礎上，把龐雜的典籍內容節選，以類匯集，打破所有文獻的體例，重新組合成一個有機體，使讀者讀一部書而可迅速掌握知識全貌。這種編輯活動，必然是在面對大量文獻資料後，編纂者運用新的指導思想，通過對原有文獻資料的加工整理、優化重構，使舊的材料煥發出新的生機，以新面貌出現在人們面前。

　　類書內容既是從眾多典籍摘擷原文，再安置於有系統的類目中，而構成的資料彙編。故目前所見的類書內容涵蓋面多極為廣泛，舉凡經、史、子、集、釋、道等中國最重要的文獻幾乎都囊括在內。內容是歷史、文化、社會、政經、學術、思想、藝文等各層面，是全面、多種或專門知識的彙輯。正如《四庫全書總目》所稱「兼收四部，而實非經、非史、非子、非集，四部之內乃無類可歸」。〔註1〕甚至由結構與類目的設計中都包含特殊意義，可以反映出人們對該時代知識體系的整體概念。

〔註 1〕〔清〕永瑢、紀昀等《四庫全書總目》卷一百三十五・子部四十五・類書類一（北京：中華書局，1965 年 6 月），頁 1141。

　　《皇覽》流風所被，各朝君王或名卿碩彥，多延攬文人抄撰眾籍，編制類書。據莊芳榮先生統計：我國古代類書共有八二四種，若扣除同書異名或疑爲同書者，約爲七六六種。〔註2〕而據張春輝先生統計，我國古代類書約成書七百多部，現存五百多部。〔註3〕相信是因義界不同，而造成數量的差異，但類書數量極爲龐大，乃爲不爭之事實。

　　《皇覽》是魏文帝爲撰文便利、治國所需，也爲掌握文獻的基本情況與精華，所以下令編修的。後繼的類書編輯目的與功能，也隨著類書漸受重視而產生新變。文學風氣可以刺激類書編成，如《華林遍略》、《修文殿御覽》、《北堂書鈔》、《初學記》、《白氏六帖》等很多類書是爲文作詩所編。又，因改朝換代或政局動盪之後，爲了沖淡士大夫的故國之思、點綴昇平，也產生了一批類書。如《藝文類聚》、《文思博要》、《太平御覽》、《太平廣記》、《永樂大典》、《古今圖書集成》、《淵鑒類函》、《子史精華》等。又，君王爲了借鑑歷史、作爲施政參考，產生如《冊府元龜》之類者。又，因科舉舉士，類書可爲應考利器，所以如《玉海》、《山堂考索》、《事文類聚》、《古今合璧事類備要》、《源流至論》、《事類賦》、《事物紀原》等應運而生。可知類書之產生因素眾多，不一而足。

　　《宋書》卷五十五〈傅隆傳〉載：「漢興，始徵召故老，搜集殘文，其體例疵謬，首尾脫落，難可詳論。」〔註4〕文中所謂「體例」係指書籍編寫格式。圖書編輯必然需要一個能夠呈現編纂目的的方式，也就是圖書體例。雖然類書編輯的動機各有不同，但作爲一種圖書，總是該有一個清晰的義界與體例。類書是一種工具書，對照現今發行的所有參考工具書，爲了讀者方便查檢，通常會運用許多適當的方式編纂。有按字順者，有按音韻者，有按分類者，亦有按編年或區域等。不同的編排方式，便有不同的體例現象與功效。例如：照字順排有利於迅速查檢；按分類編排，則方便於專題研究工作。〔註5〕

　　類書當然也有其體例特色，足以令其獨立於書海而不與其他體例書籍相混淆。如博捃群書原始資料，或片段、或成篇，並依資料主題分類系聯，以類相從等，即

〔註2〕 莊芳榮《中國類書總目初稿》「說明」（臺灣：學生書局，民國72年10月），頁9。

〔註3〕 張春輝〈類書的範圍與發展〉（文獻〔總第31期〕，1987年第1期），頁179～190。

〔註4〕 《宋書》卷五十五〈傅隆傳〉（臺北：鼎文書局，民國72年），頁758。

〔註5〕 但一部完善的工具書，一定會考慮到讀者不同查檢或利用的需要，而會另外編製不同的輔助索引。如一部字典，主要雖依部首順序排列，但在書後也常編有按注音或筆畫順序的索引；又如許多外文百科全書雖正文已按字母序排列，但還是會在書後編相關索引，在一個詞條之下，將與它有關連的詞條集中起來，並指示所在頁數，便於讀者依此分析，查詢更多的相關資料。我國古代類書雖無此完善的服務，但也有其漸進的改善作爲。

「兼『百科全書』與『資料匯編』兩者而有之。」〔註 6〕。但是類書的編纂，與所有書籍一樣，體例會隨著圖書編輯的思想、技術而更易，亦隨著編纂者的特殊設計而有別，並非固定不變的。要去捕捉一個時有新變的體例，並將之清晰界定，本是一件極困難的事。所以歷來學界因對於類書定義的差別，導致各家所認定的類書範圍不一。

　　如《宋史·藝文志》將政書及叢書都歸入類書。《明史·藝文志》則把政書歸入史部，但仍將叢書歸入類書。《四庫全書總目》則將所有的姓氏書都歸入類書。《燕京大學圖書館目錄類書之部》收錄更寬，它將姓氏書、政書、日用常識書都歸入類書。在今人論著中，則有人將《天工開物》〔註 7〕、《七修類稿》〔註 8〕等都歸入類書。可見古今學者對類書的定義、範圍理解都不一。主張從嚴定義者，以為：

　　　　因此，將《皇覽》作為類書之祖，是完全正確的。而十通、會典、會要等雖在政事範圍內內容廣泛，分類編纂，但其為編寫而成，故應入史部，不應歸入類書，而《冊府元龜》、《經濟類編》才完全符合類書條件。以《全芳備祖》與《天工開物》相比，二者都分類編排，但前者乃資料匯編，應屬類書，後者乃單一作者撰寫，分類編排的科技專著。再以《宋朝事實類苑》、《太平廣記》與《七修類稿》相比，前兩者乃資料匯編，應為類書，後一種乃屬單一作者撰寫，分類編排的筆記，不能歸入類書。姓氏書中，凡引用原始材料者可歸入類書，其它應歸入史部譜諜類。還有叢書，如《儒學警悟》、《津逮秘書》、《漢魏叢書》等，它們專門匯集獨立、完整的圖書，再冠以總名，與類書按類歸納片段資料截然不同，這也是很清楚的。〔註 9〕

但是主張放寬定義的，除將《通典》視為類書，還將《昭明文選》、《文苑英華》、《古文辭類纂》等書，都視為是「按類條分件繫，原文照錄或摘錄的類書」。〔註 10〕其間差異之大，豈能以千里計。

　　類書之義界不清，也導致類書淵源說的分歧。為何要推溯追尋類書源起，因唯有如此才能考察類書各個階段的發展與流變，達到「辨章學術，考鏡源流」的意義。當人們學會撮取大量資料中之特定部分，加以彙編運用時，已經發展出一種資料運

〔註 6〕胡道靜《中國古代的類書》（北京：中華書局，1982 年版）第 1 頁。此說非承認類書為百科全書，只是試圖說明類書性質。

〔註 7〕洪湛侯〈類書溯源〉（圖書館學通訊，1980 年 2 期）88 頁。

〔註 8〕闞勛吾《怎樣使用歷史工具書》（遼寧人民出版社，1979 年版）第 156 頁。

〔註 9〕張春輝〈類書的範圍與發展〉（文獻，1987 年第 1 期），頁 179～190。

〔註 10〕夏南強《類書通論》第一章〈類書的性質〉（武漢：湖北人民出版社，2001 年 12 月），頁 16。

用的概念，但在未集結成書，或所取擷範圍、篇幅、數量不大，未成氣候之前，這種行為只是一種醞釀的必經形態。學界因對類書醞釀過程的過分強化，以及對「淵源」的定義差別，所以對類書起源有許多說法，如起源於《詩經》、起源於《爾雅》等。還有以「遠源」說來模糊焦點，似乎什麼都像類書，什麼都可能是類書的祖先，只要有一個特徵或現象相似，都會被引述為類書「遠源」。

例如于大成先生在《類書薈編‧敘》一文中云：

> 類事之書，昉自《皇覽》，推厥原始，蓋出於《詩》。〔註11〕

于氏在次年所發表的〈談類書〉一文意見相同：

> 自宋朝的王應麟以來，咸以為此類之書（類書），最早的是魏文帝的《皇覽》。但吾人若推求其淵源，卻可以遠溯到戰國時代。……其實，吾人若推究一下彙集各類事物之書，最早，可以上推至《詩經》。〔註12〕

于先生提出「類事之書，昉自《皇覽》」，似乎同意《皇覽》為類書的起源。但又將類書的「原始」，上推以《詩經》為最早的「類事之書」。《皇覽》為類書，于氏以「類事之書」稱之，那類事之書便是類書之意。言下之意《詩經》豈不成為最早的類書？但下文又云：

> 雖然，分別部居，以類相從，前此固有其書矣，其書為何，斯《爾雅》是已。《爾雅》者實後世類書之權輿也。

「分別部居，以類相從」，是類書的特色之一，還不能斷定于氏稱《爾雅》為類書，但說「《爾雅》者實後世類書之權輿也」，就清楚的表示以《爾雅》為類書之源。一篇論文中先後以「昉」、「原始」、「權輿」來稱三種時代懸殊的文獻作品，其實已經混淆了淵源的概念。

筆者以為：類書體例一定經由長時醞釀，非一蹴可就。一種體例的成立，必須要有一本書的成形，符合類書的所有特質，才能算是一個源頭。它不可能空穴來風，但也不能將一切的可能牽連都算進族譜中。這樣有失「辨章學術，考鏡源流」的學術研究目的。類書的編纂，絕非是隨意彙集、任意檢錄資料。編修者的學術能力是否深厚？對事物的見識是否獨到？邏輯思維是否清晰？都關係到類書體例的建設，與內容選擇的優劣，當然也直接關係到類書的品質。編者豈能不慎？

從第一部類書問世，理論上其體例雖呈現統一性，卻也因為時代需求呈現新變。隋唐之前類書均已亡佚，若就隋唐以降現存類書體例觀察，隋唐類書中，《北堂書鈔》部類順序與《藝文類聚》不同，而天、地、人、事、物的部類排序，為後代絕大多

〔註11〕于大成《類書薈編‧敘》（木鐸，民國64年11月第三、四期合刊），頁26～27。
〔註12〕于大成〈談類書〉下（出版家雜誌，第51期，民國65年10月），頁40～41。

數類書繼承。《藝文類聚》子目下，先錄「事類」，後徵詩文，但相差不多時的《初學記》子目之下先「敘事」，次「事對」，後「詩文」。宋代《冊府元龜》專錄歷代君臣事蹟，按事類和人物分門編次。首創部有〈總序〉、門有〈小序〉。吳淑《事類賦》更將所引資料內容編成一賦，再列資料原文。高承《事物紀原》，專求源起；王應麟《玉海》部類僅限於天文、地理和典章，還設提要等。《永樂大典》「用韻以統字，用字以繫事」；《古今圖書集成》分六匯編、三十二典、六千一百零九部。每部先匯考，次總論，又圖表、列傳、藝文、選句、紀事、雜錄、外編等項等。類書體例一直有所新變，每一本類書對前修者的繼承與革新，一定有其取捨考量。而其中奧妙豈是三言二語可以盡述，怎能不細心體察。圖書是人類文化創造活動的外在表現，類書也是一種文化現象，從產生、形成、發展到衰落，從內容到體例，都有著深厚的社會文化背景。因此，要深入研究類書淵源與體例這個課題，就必須同時觀照其編纂時的社會文化背景。

　　類書在中華文化發展中有重要地位，但或受百餘年來類書地位下降的因素影響，前賢對其研究著力略少，所以筆者不揣鄙陋，嘗試探究類書淵源與其體例形成的種種，因學力不逮，還期方家學者指正爲禱。

貳、研究範圍與方法

　　綜觀學界過去研究成果，張滌華、聞一多、方師鐸、劉葉秋、胡道靜、夏南強諸君都曾對類書做過較整體的研究，分別對類書的性質、淵源、演進、分類等問題做了不同程度的闡明，但仍有可發揮的空間，或有值得重新探討之處。目前所了解的類書主題學位論文，兩岸共有二十四篇，其中五篇爲博士學位論文。內容以《太平廣記》爲範圍，做小說專題研究者最多，佔了九篇。其它還論及《藝文類聚》、《初學記》、《太平御覽》、《永樂大典》、民間日用類書、類書與中國文化等議題者。單篇論文目前收集到的約近四百篇（請參閱附錄一）。常因篇幅限制或刊物要求條件不同，學術表現層次不一。例如目前已收錄的論文中，探討整體類書發展的「總論」者佔大多數；或篇名標上「淺談」、「漫說」、「初探」、「略論」等字樣，在有限的篇幅中，對問題的探討常是片面的，即使有部分文章能以類書發展的歷程爲論述重點，實際上也未脫離概述的層次。比較起來，目前所收「分論」的資料較少。這些文章主要在介紹各單部類書的文獻狀況，包括編輯的動機源起、編者生平、全書體例、子目內容以及評價等。另外一個狀況是，研究論文本已嫌少，而卻與學位論文一樣，集中在《太平廣記》、《古今圖書集成》等幾部知名類書上。此外對類書目錄研究的

論文更少，大抵討論類書在圖書館學上編目著錄的方式爲主，沒有深入傳統目錄作發展沿革的探討，或發掘編理工作中的心理與背景，或各類目間的微妙互動關係等問題，因此亦仍有許多空間可供學者探索。

目前類書研究資料，在探討的廣度不足，著重時間縱向的資料陳述，而缺乏橫向多層次歷史背景參證，使得類書研究偏於文獻整理層次，而缺少文化意義的解析與開發。試想：類書體制本爲人們需求而生，但在千百年漫長的歷史長河中，爲了滿足於該時代的需求，而產生的漸進演變爲何？這種演變與人們生活、學術發展的關係爲何？科技的演進，對類書的體例、內容是否有所影響？社會結構的差異，或貿易型態的差異，或交通事業的發達等等，是否都直接間接影響了類書的編纂。這些都必須透過整體的類書發展史，進行深度的梳爬、研究，才能分明呈現。試想如果透過這些基礎文獻梳理，既可提供一般學者在研究上的文獻指引，發揮敘錄的功能，亦可能立足在這些成果上繼續發展剖析，更直接裨益於類書發展史之建立，並促類書新時代的發生。

本文研究範圍定以 1911 年爲限，在此年之前編輯之類書均在研究範圍中〔註13〕。因爲中國類書的發展史若以《皇覽》爲權輿，一千多年來，經歷多樣時空變化成果本已豐碩，而日後仍必有新的類書問世，爲免研究範圍無限擴張而設定時間點。雖然以政權更替時間作爲斷限，必然無法精準，但中國古籍圖書之編纂，至清已達巔峰，而民國之後，各種外在文化影響，對圖書內容起了革命性的變化，與「古籍」有極大的差異。故多所考量後，謹配合人們認知的習慣，選擇一個分界，以爲研討的參考點。

本文研究範圍：一、針對既有的類書概念作追溯。期望藉由類書傳統概念的回顧，同時察查以往類書淵源與體例研究上的問題，以建立一個明確的研究主題範圍。二、就類書的體例與流變作探討。期望建立明確的類書義界，以追考類書源起。另一方面，針對類書間不同的特色研究，期望洞察這些特色產生的原因。這種「同」與「分」的研究，將有助於掌握類書與當代文化共同脈動的跡象。三、就類書發展史觀察，分期探討類書在發展中，各種新體例的形成。四、體現類書體例在中國圖書文化中的意義。在表層的文獻現象中，開展其理論內涵與深刻意涵。

本文研究方法：一、以歷史發展的縱向結合橫向相關之內容：再以文獻整理彙纂爲軸線，追溯魏以前文獻整理的情況，掌握古籍編纂的傳承。觀察魏之後歷代類書體例或內容的差異並提出說明，並將同時代的政經文化背景納入，更配合圖書市

〔註13〕此爲參考多數學者對「古籍」之定義。如曹之《中國古籍版本學》（臺北：洪葉文化事業有限公司），頁 4～5。

場、印刷術等相關資料，以求還原類書編纂當時種種現況。二、以比較法呈現研究對象的縱橫間之差異：如以類書與其他編纂圖書作比較，體察在統一脈絡中的類書體例與內容的特色，更期了解各個轉變點上與其他圖書的關係。其次，將各個同時代的類書，或前後不同時代的類書相互比較，以見各期特色。再從其演進過程中，比較前後期編纂方式與形式的改變，檢討類書對傳統圖書形式滲透與異化的情形。三、以文獻考證為主體，以物質條件為輔助證據：文獻考證自然為研究的基礎，以便作為論述的直接依據。而圖書文獻的產生，自有其物質、科技等客觀條件的因素影響，隨著各類書出版年代的印刷術、紙張生產等，技術或市場經營理念因素的改變，必然會造成圖書事業的波盪，類書編纂的盛衰，所以本文列入同步考量。四、以計量數據為依據，嘗試解讀分析，以作綜合研判：研究資料中有可量化的部分，或可反映類書在發展過程中的各項消長情況。如類書數量的統計，或可說明類書成長狀態，分別出醞釀、發展、乃至鼎盛各期；數據的增減或可反映出當代學術風潮與社會因素；數據的運用，或可對歷代編輯、刊刻者的身分與地域作分析，這些均可作為補強論述的依據。

參、結　語

目前學科領域，分門別類，其數量之多，已令人嘆止。但每門學科都有其清楚的義界，而每一門類都是在歷史特定條件下所發展出來的。門類的產生並非偶然，在它形成的那段漫長歷史裡，只能作為一種朦朧的事物現象，還不能凝聚成人類心中的一種具有意義性的特定觀念。只有當這種特定指稱產物成形，而且這項產物形成人類最初的某一種特定意識觀念時，這一事物才能真正凝結成為人們追求的歷史源頭，追溯這個源頭的工程，也才能因此建構起來。

追溯類書的淵源，應該著重兩個原則：一是類書的特定性，即類書一詞是特定指稱什麼樣的事物；二是這種特定指稱的產物，是在人類什麼樣的歷史條件下才能產生。千百年來，類書已成為中國書籍洪流中的一條壯碩支流，它的產生必然有發展的朦朧時期，但當一切主客觀條件聚集、成熟時，第一部類書便應運而生，人類對類書的特定指稱意義也就開始形成。所以本文在追探類書的淵源時，必須要先釐清類書在中國歷史文化中的特定性；也同時求證類書形成所需的主客觀條件為何，因在這些條件成熟聚集之下，第一部類書方能產生。

本文首先擬由中國歷代重要史志與書目作為首要研究對象，檢驗類書這個特殊體制在千餘年來，學界所認定的特性為何？也藉以提出類書特質的相關問題。其次

為類書訂定清楚的義界。再藉以反省過去各種對類書起源推定的論點，尋求第一部符合類書特定意義的書籍。然後將藉由主客觀條件，從另一個角度切入，查察第一部類書創立的各種必要條件，了解該部類書之所以能在該時間點應運而生。當第一部類書產生之時，其特殊體例便已宣告成形。但為求深入關照，所以將繼續了解隋唐以降的政經環境與科技條件，確定類書修纂工作是否具有良好支援條件。再以「需求」作為動力，討論類書的功能性與其體例，如何因應各時代不同的需求，衍生豐沛多樣的體例變化。探討各代重要類書體例，從初創到成熟之間的變化，將是本文另一個重點。本文更將就歷代類書體例的興革，推斷類書文化未來的發展。

第二章 歷代書目中類書的歸部檢討

壹、問題的引出

要探索類書淵源，就必須先了解類書是什麼。類書在中國學術史上，已有千餘年發展歷程，該從何處著手方爲上策呢？清・王鳴盛云：「凡讀書最切要者，目錄之學。目錄明，方可讀書；不明，終是亂讀。」又說：「目錄之學，學中第一要緊事，必從此問途，方得其門而入。」〔註1〕故本文選擇由歷代書目中類書的歸部現象引出問題。

自漢成帝時劉向領導校書工作，「條錄其篇目，撮其指意，錄而奏之」，成就開創性的目錄——《別錄》後，劉歆又撰寫《七略》；班固改寫成〈藝文志〉列入《漢書》，奠定了我國編製目錄的規律。劉氏父子與班固，並不只侷限於登錄圖書，編製書目，而是進行了深入的學術研究。從現存的幾篇書錄與《漢書・藝文志》來考察，可以發現他們以廣蒐異本、校讎異同來確立定本；以勘定篇次、分類立目來分析和辨明學術流派、評論圖書；以撰寫書錄來表達學術觀點。把單純的編目工作，提升到學術研究的層次，也奠定我國古典書目的基本架構。所以章學誠云：

> 校讎之義，蓋自劉向父子部次條別，將以辨章學術，考鏡源流，非探明於道術精微、群言得失之故者，不足與此。〔註2〕

可知我國傳統書目是學者對其當代整體學術認知的體現，可以發揮「辨章學術，考鏡源流」的指標效果。周彥文先生也指出：因爲中國沒有公共圖書館，傳統書目編

〔註1〕〔清〕王鳴盛《十七史商榷》卷一「史記集解分八十卷」條，頁56、卷七「漢書敘例」條（臺北：廣文書局，民國60年5月），頁86。

〔註2〕〔清〕章學誠《校讎通義》卷一〈序〉，收於《文史通義校注》，（北京：中華書局，2001年1月三刷），頁945。

纂時並不需考量書籍上架與查詢的問題，於是書籍在分類時，主要功能便定位在讀書指引上。書目的類別即代表編者學術觀念，成為所謂學術分類。在設定書籍隸類時，非僅考量書籍自身定位，而是考量這部書的學術特性；更進一步的，在分類時將同屬一類學術性質的書籍聚合成類，再由類聚成為部。所以書目可以視為編者的學術觀點與系統呈現。〔註3〕

綜觀魏晉以降公私書目發展，魏晉至隋期間，著名的書目有魏・鄭默《中經》、晉・荀勗《中經新簿》、晉・李充《晉元帝書目》、宋《元嘉八年祕閣四部目錄》、梁・任昉《祕閣四部書目》、隋・牛弘《開皇四年四部目錄》等。另外亦有沿用劉歆《七略》之法，改進其部次與名稱者，如：宋・王儉《今書七志》、梁・阮孝緒《七錄》及隋・許善心《七林》等。

魏晉時期目錄學最大特點，是改《七略》和《漢書・藝文志》的六分法為四分法。面對漢以來文學創作漸多，史學也蓬勃發展，而子書、兵書相對減少的現象，書目為因應文獻的實際變化，分類方式勢必得做調整。阮孝緒云：

> 魏晉之世，文籍逾廣，皆藏在祕書中外三閣，魏祕書郎鄭默刪定舊文。時之論者，謂為朱紫有別。晉領祕書監荀勗因魏《中經》更著《新簿》，雖分為十有餘卷，而總以四部別之。惠懷之亂，其書略盡，江左草創，十不一存，後雖鳩集，淆亂已甚。及著作佐郎李充始加刪正，因荀勗舊簿四部之法，而換其乙丙之書，沒略眾篇之名，總以甲乙為次。自時厥後，世相祖述。〔註4〕

概括的點出魏晉以降四部分類發展的現象。雖在唐代之前眾體並驅，但自李充之後，四部分類「祕閣以為永制」。〔註5〕在眾多的書目中，影響類書歸部問題與學術性質判定最重要的是《中經新簿》。

四部分類法在唐代正式形成，對後世官私書目影響甚鉅。其中最重要的為《隋書・經籍志》，「雖遠承李充四部，而實兼祧阮士《七錄》，為《四部》、《七部》之揉合統一，類目詳密，故後世目錄家雖有損益，未不奉為圭臬。」〔註6〕參酌了前人的經驗發展出自身的道路。唐、五代著名書目，除前述《隋書・經籍志》外，尚有

〔註3〕 周彥文《中國目錄學理論・緒論》（臺北：臺灣學生書局，民國84年初版），頁8～9。

〔註4〕 收入釋道宣《廣弘明集》卷三（臺北：臺灣中華書局，民國59年）。

〔註5〕 《晉書》李充本傳。《晉書》卷九十二〈文苑〉（楊家駱主編《新校本晉書》，臺北：鼎文書局，民國72年7月），頁2385。

〔註6〕 李曰剛《中國目錄學・四部一統於李唐》（臺北：明文書局，民國72年初版），頁130。

元行沖《開元群書四部錄》、毋煚《古今書錄》、劉昫《舊唐書·經籍志》、蜀·王建《書目》等。本文僅就最早的《隋書·經籍志》與綜合元、毋二氏成果的《舊唐書·經籍志》爲代表討論。

　　五代之後，雕版印刷術發達，造成文化普及，著述日繁而體裁愈增，圖書取得也較前代容易，所以公私藏書增加，官私書目大盛。宋元明三代官修書目大抵遵循四部，而能在類屬上做增訂。私修書目，雖有承襲四部者，但也有許多能突破四部窠臼，展現學術觀點的演化現象。較著名的官修目錄有：北宋·朱昂、杜鎬《咸平館閣目錄》、王堯臣、歐陽修《崇文總目》、歐陽修、宋祁《新唐書·藝文志》、李燾《四朝國史藝文志》、南宋·陳騤《淳熙中興館閣書目》、元·王士點、商企翁《秘書監志》、元·脫脫《宋史·藝文志》、明·楊士奇《文淵閣書目》、張萱《內閣藏書目錄》等。私家目錄遵循四部成規而重要者如：宋·晁公武《郡齋讀書志》、尤袤《遂初堂書目》、陳振孫《直齋書錄解題》、元·馬端臨《文獻通考·經籍考》、明·高儒《百川書志》、徐𤊟《紅雨樓書目》、焦竑《國史經籍志》、祁承㸁《澹生堂藏書目》、黃虞稷《千頃堂書目》。胡應麟《二酉山房藏書目錄》。突破四庫窠臼而重要者有：南宋·鄭樵《通志·藝文略》、鄭寅《七錄》（鄭氏書目）、明·葉盛《菉竹堂書目》、陸深《江東藏書目》、晁瑮《寶文堂書目》、孫樓《博雅堂藏書目》、陳第《世善堂藏書目錄》、茅元儀《白華樓書目》等。

　　清代書目傳世較多，例如官修目錄有王鴻緒、張廷玉《明史·藝文志》、于敏中、彭元瑞《天祿琳琅書目》前後編、紀昀《四庫全書總目》等。私家目錄如錢謙益《絳雲樓書目》、錢曾《述古堂書目》、王遠聞《孝慈堂書目》、張學誠《史籍考》、孫星衍《孫氏祠堂書目》、繆荃孫《藝風藏書記》、張之洞《書目答問》等。

　　歷代書目之間有其傳承新變，將歷代書目前後串聯，可觀察學術流變，而將同代書目並列比較，又可發現學者之間微妙之異同。況且類書內容的廣博，兼有經、史、子、集的事實，造成書目編排時的一項課題。所以本文就歷代公私書目中對類書歸部有特殊意義者，依時代先後次序系聯，以便了解類書在古代學術體系中的地位。又，同步針對類書的名稱變化進行整理，以協助了解前人對類書特質的判定。

　　再考量我國傳統修撰前朝史書者，必爲後代承遞之政權，雖所載錄圖籍爲前朝藏錄狀況，但修史者所擁有的學術思想與水準，卻絕對是其當代思維反映。所以各代史志，在實質意義上可視爲編修當代官修書目，亦可以反映編修時代對類書的學術認知。據此，本文在作法上，史志依照編修者之朝代安排，以便進一步與該朝代其他公私書目對照。

　　由於，本文針對釐清類書特質研討爲主，所以僅就對類書歸部、立名有較大影響，且有較詳細資料可據研討者進行分析。另，如陳乃乾《南洋中學藏書目錄》等，對我國書目分類做革命性的調整者，暫不列入討論。

貳、類書在歷代書目的歸部情形與名稱分析

一、《中經新簿》—— 將《皇覽》歸附史部

　　當《皇覽》問世後，其當代書目將之分入何部，因鄭默《中經》已失傳，而不可考。但《隋書·經籍志·序》記載：

> 魏秘書郎鄭默始制《中經》，秘書監荀勖又因《中經》，更著《新簿》，
>
> 分爲四部，總括群書。……三曰景部，有史記、舊事、皇覽簿、雜事。〔註7〕

文中所謂「景部」，即後世史部，係因避唐諱而改。〔註8〕由《隋志》所錄即可見荀勖將《皇覽》入史部。《四庫全書總目》云：「今無可考。」乃是失察。鄭默《中經》有效的將性質相近的書籍分別歸類，「朱紫有別」，可見其用心。雖目前已不可見，但《新簿》因《中經》而成，或許《新簿》的分類曾參考《中經》，《四庫全書總目》所說：「當有所受之」，應是爲此。

　　荀勖的四部分類體系，是考察當代學術變異，從《七略》六大部演化而成者。西晉的藏書有秘閣、蘭台、崇文院，計有藏書十餘萬卷，與漢代相較，增長約十倍，如果還以《七略》部類，就難以容納後期新變現象。例如：史書在《七略》中附於〈六藝略〉的春秋類，只是〈六藝略〉的附屬，收有《世本》、秦《奏事》、《楚漢春秋》、《太史公》等九種史籍。但在西晉一統後，政局稍有穩定，經濟開始復甦時，私人編撰史書成爲風氣，〔註9〕史學的蓬勃發展，造成史籍的增加。荀勖必然察覺史籍書目不能再沿襲《七略》隨附《六藝略》，而應獨立成一部。也就是考量到書籍的實際種類與數量，而增設類目。

　　《皇覽》是一種新興體例的書籍，循序安排在史部。袁學良以爲如同荀勖將汲

〔註7〕據《隋書·經籍志·序》載《中經新簿》分爲四部，包括群書二萬九千九百四十五卷。其中甲部紀六藝及小學等書；乙部紀古諸子家、近世子家、兵書、兵家、術數；丙部紀史記、舊事、皇覽簿、雜事；丁部紀詩賦、圖讚、汲冢書。楊家駱編《中國目錄學名著第三集第一冊：新校漢書藝文志·新校隋書經籍志》（臺北：世界書局，民國52年4月初版），頁4。

〔註8〕因唐高祖之父名昞，避諱而改。當時子部爲乙部；史部爲丙部。

〔註9〕據余慶蓉、王晉卿《中國目錄學思想史》所統計，當時修《後漢書》的有九家，修《三國志》的有十五家。修國史的王隱、虞預各撰有《晉書》。（湖南：湖南教育出版社，1998年一版），頁49～50。

冢書這類經史性質書籍放入丁部，「大概是由於當時史類和文學類書籍較少，爲使四部書籍大體相當而爲。」〔註10〕這種說法有其不妥，若汲冢書屬經史類，何不放入史類較穩當。若歸《皇覽》於史部是「湊數」，那放在集部也可以有同樣功能，這是將問題簡化。以荀勗開創四部分類體系取代《七略》的魄力與眼光，將《皇覽》編製在史部必然有其充分考量。

　　對荀勗而言，將《皇覽》歸部是新的課題，但作爲一個目錄學者，有責任將之分類到最適宜的位置。傳統文獻分類是以圖書內容作爲依據，而試觀《皇覽》相關記載，《魏志・文帝紀》云：「帝好文學，以著述爲務，自所勒成，垂百篇。又使諸儒撰集經傳，隨類相從，凡千餘篇，號曰《皇覽》。」〔註11〕《魏志・楊俊傳》云：「《皇覽》合四十餘部，部有數十篇，合八百餘萬字。」由這兩項記載可知，《皇覽》本身在其當世雖爲鉅部圖書，但在整個書海仍爲孤舟，還不能獨立成類。「書少不能成一類者，附入性質相近之類」的原則，在劉歆《七略》時便立下義例。〔註12〕所以《皇覽》也必須考量合併於性質相近者。《皇覽》摘錄群籍的編撰方式與鈔撮之體例較爲相似，而鈔撮之學以鈔錄舊史爲主，已被歸入史部。〔註13〕加以《皇覽》內容「撰集經傳」，亦涉史籍，所以與之類聚是合理的。若再從荀勗《中經新簿》丙部的整體內容而言，除包括有史記正史之外，還包括了舊事、雜事等範圍較模糊的類別。故在類書未能獨立成部之時，安排在史部應是最佳考量。

二、《隋書・經籍志》── 將《皇覽》入子部雜家〔註14〕

〔註10〕　袁學良《古代書目分類法與文學典籍崖略》（成都：巴蜀書社，2002 年），頁 62～63。
〔註11〕　《魏志・文帝紀》卷二（臺北：明倫出版社，民國 61 年 7 月初版），頁 88。
〔註12〕　參見李曰剛《中國目錄學・斷始》意見。李氏以爲：「例如《六藝略・春秋家》之後，附錄《國語》二十一篇，《新國語》五十四篇，尚可視爲《春秋外傳》。而其下《世本》十五篇，《戰國策》三十三篇，《楚漢春秋》九篇，《太史公》百三十篇，……雖其書未必概爲《春秋》家學，而爲數僅有九家四百二十六篇，不能獨爲一略，故推本史學所自出，附入《春秋》家之後耳。」（臺北：明文書局，民國 72 年 8 月），頁 41。
〔註13〕　《隋書・經籍志》卷二「雜史」云：「自後漢以來，學者多鈔撮舊史，自爲一書。或起自人皇，或斷之近代，亦各其志，而體制不經。又有委巷之說，迂怪妄誕，眞虛莫測。然其大抵皆帝王之事。通人君子必博采廣覽，以酌其要。故備而存之，謂之雜史。」見楊家駱編《中國目錄學名著第三集第一冊：新校漢書藝文志・新校隋書經籍志》（臺北：世界書局，民國 52 年 4 月初版），頁 46。姚振宗《後漢藝文志》卷二云：「史鈔之學，起於後漢，而其書則自衛颯《史要》始。」
〔註14〕　在分論各代官修書目時，筆者以該書目實際編修之時代爲據，而不以所編修之目標時代爲據，例如《隋書・經籍志》爲唐代編修，本文便列入唐代官修書目之列。因爲，編修類書者爲唐代初期朝臣，而唐代初期便編修《藝文類聚》等類書，無論其編修目的，但編修史志者與編修類書者，可能有重複與來往，其間對類書之觀念，

　　唐太宗於貞觀三年（629）命魏徵、李延壽及敬播等人，以隋代國家藏書舊有目錄《隋大業正御書目》為據，參照梁‧阮孝緒《七錄》的分類體系而撰。《隋書‧經籍志》將荀勗《新簿》四部的名稱，正式更為經史子集，排列順序也有變動。另有總序一篇；四部後序四篇；分類小序四十篇；佛道錄序二篇；後序一篇；共四十八篇。將《皇覽》等類書納入之子部雜家。

　　《隋書‧經籍志》總序敘述初唐以前的圖書發展史，小序則敘述該類的學術發展概要。〔註15〕其總序云：

　　　　其舊錄所取，文義淺俗、無益教理者，並刪去之；其舊錄所遺，辭義可采、有所弘益者，咸附入之。遠覽馬《史》、班《書》，近觀王、阮《志》、《錄》，把其風流體制，削其浮雜鄙俚，離其疏遠，合其近密，約文緒義，凡五十五篇，各列本條之下，以備〈經籍志〉。雖未能研幾探賾，窮極幽隱，庶乎弘道設教，可以無遺闕焉。夫仁義禮智，所以治國也。方技數術，所以治身也。諸子為經籍之鼓吹，文章乃政化之黼黻，皆為治之具也。〔註16〕

可見編撰者除承繼前代目錄學之成就外，另依其思想、政治標準進行取捨，進行發展創新，可見其用心。《隋志》子部後序云：

　　　　《易》曰：「天下同歸而殊塗，一致而百慮。」儒、道、小說，聖人之教也，而有所偏；兵及醫方，聖人之政也，所施各異。世之治也，列在眾職。下至衰亂，官失其守。或以其業遊說諸侯，各崇所習，分鑣並騖。若使總而不遺，折之中道，亦可以興化致治者矣。《漢書》有諸子、兵書、數術、方伎之略，今合而敘之，為十四種，謂之子部。〔註17〕

子部從六分法改為四分法之後，兼收《漢書‧藝文志》諸子、兵書、數術、方伎等文獻，合而為一，可見內容就比較紛雜多樣性。但若以《易》：「天下同歸而殊塗，一致而百慮」的道理理解，這樣的安排仍有其合理性。但類書比附於雜家理由何在？該書「雜家」小序云：

或許有所交流與影響，故作如此安排。

〔註15〕《隋書‧經籍志》四部分類為：（一）經部：易、書、詩、禮、樂、春秋、孝經、論語、讖緯、小學；（二）史部：正史、古史、雜史、霸史、起居注、舊事、職官、儀注、刑法、雜傳、地理、譜系、簿錄；（三）子部：儒、道、法、名、墨、縱橫、雜、農、小說、兵、天文、曆數、五行、醫方；（四）集部：楚辭、別集、總集。另附錄道經、佛經。

〔註16〕楊家駱編《中國目錄學名著第三冊第一集：新校漢書藝文志‧新校隋書經籍志》（臺北：世界書局，民國77年），頁6～7。

〔註17〕《隋書‧經籍志》卷三，楊家駱編《中國目錄學名著第三集第一冊：新校漢書藝文志‧新校隋書經籍志》（臺北：世界書局，民國77年），頁110。

雜者，兼儒、墨之道，通眾家之意，以見王者之化，無所不冠者也。
古者，司史歷記前言往行，禍福存亡之道。然則雜者，蓋出於史官之職也。
放者爲之，不求其本，材少而多學，言非而博，是以雜錯漫羨，而無所指
歸。〔註18〕

「雜家者，百家所從入，期于爲治最切，蓋秦學也。」〔註19〕這是雜家原始面貌。
關於這一點《隋志》與《漢志》論點是一致的。但細查《隋志》雜家所著錄之書籍，
實將雜家作爲包容各種無類可分書籍的可能考量，在內容上已有擴充。《皇覽》內容
取材自經傳，多爲歷史故事，以爲帝王施政之參考，在《中經新簿》時權納史書一
類，於理可合。而《隋志》編寫時代，類書已經蔚爲大族，所錄類書除《皇覽》之
外，尚有魏晉以降所編制的類書，如：《類苑》、《華林遍略》、《壽光書苑》、《書圖泉
海》、《聖壽堂御覽》、《長洲玉鏡》等，在種類與篇幅上都已不能輕忽。又因其內容
捃摭群書，以類相從，放入史籍之類，已有不妥。又以類書內容非出於一家之言，
故改置子部雜家，也有其道理。劉咸炘云：「《提要》援《隋志》爲例，則非；彼特
姑附耳，固不可從也。」〔註20〕以爲《隋志》將類書附入雜家之中，是「特姑附耳」。
但若觀察《隋志》將農家五部一十九卷爲一類；小說家二十五部一百五十五卷亦成
一類現象，可知《隋志》期望分別學術之企圖昭明，非因部族量小而隨意任附某類。
再查類書設立目的，本欲輯天下群籍之精英，將資料大量分類集中，以供君王參考，
作爲與雜家類似，所以將類書歸附雜家，在當時不失爲一種學術考量。即便到了清
代，章學誠亦云：

類書自不可稱爲一子，隋唐以來之編次，皆非也。然類書之體亦有二：
其有源委者，如《文獻通考》之類，當附史部故事之後；其無源委者，如
《藝文類聚》之類，當附集部總集之後，總不得與子部相混淆。或擇其近
似者，附其說於雜家之後，可矣。〔註21〕

〔註18〕《隋書・經籍志》卷三，頁81，乃參照《漢書》之說。《漢書・藝文志》雜
家序：「雜家者流，蓋出於議官。兼儒、墨，合名、法。知國體之有此，見王治之無不貫，此
其所長也。及盪者爲之，則漫羨而無所歸心。」頁36～37。見楊家駱編《中國目錄
學名著第三集第一冊：新校漢書藝文志・新校隋書經籍志》（臺北：世界書局，民國
52年4月初版）

〔註19〕《閒堂文藪》〈雜家名實辯正〉。轉引《校讎廣義・目錄篇》（濟南：齊魯書社，1998
年），頁134。

〔註20〕近人劉咸炘《續校讎通義》下冊，〈四庫子部第十二〉，見楊家駱編《校讎學系編》
（臺北：鼎文書局，民國66年10月初版），章氏系～708。

〔註21〕〔清〕章學誠《校讎通義・宗劉第二》右二之五（北京：中華書局，1985年），頁
957～958。

強調類書可以依其內容特質，分別收入史部與集部，但他也說「或擇其近似者，附其說於雜家之後，可矣。」是說若不分置史、集二部，也可以加入子部，列在雜家之後。透露出即便後世分類圖書時，也會以為類書確實有類近雜家之處，所以《隋志》在類書部居處理上有其專業抉擇。

三、《舊唐書‧經籍志》——出類書於雜家，別立「事類」目

後晉時劉昫所撰《舊唐書‧經籍志》，取自唐‧毋煚《古今書錄》及《開元內外經錄》，惟嫌其卷軸繁多而刪除其原有之小序及注，所收錄的圖書只限於唐開元年間。在總序中說明「今錄開元盛時四部諸書，以表藝文之盛。」其書採四部分類法，以甲、乙、丙、丁為記，即為經、史、子、集。〔註22〕丙部（子錄）錄記十七家，第十五類為「事類」，〔註23〕著錄《皇覽》、《類苑》、《壽光書苑》、《華林編略》等類書二十二部七千零八十四卷。將類書別出於雜家，由從類附屬到獨立成目者，乃從劉昫開始。〔註24〕宋人陳振孫《直齋書錄解題》卷一四云：「前志但有雜家而無類書，《新唐志》始別出為一類」。另清人徐乾學題《編珠》書首稱「歷代史志有『雜家』而無『類書』，《新唐書》始別為一目。」〔註25〕這些說法並不正確。《舊唐書‧經籍志》其序言云：「雜家以紀兼敘眾說。」是延續了《隋書‧經籍志》將不好分類之書籍，納入雜家的傳統。但將類書獨立成目而稱之為「事類」，應該是因應類書在唐代已經蓬勃發展，不可小覷，故為之別立一目，仍依傳統歸於子部。以事類命名，應是考慮類書之內容，多取經傳故實，以事為主之故。

四、《崇文總目》——始以「類書」名

宋代官修目錄以仁宗時所修《崇文總目》為最著名。仁宗在景祐元年（1034），

〔註22〕《舊唐書‧經籍志》四部分類：（一）甲部經錄：易類、書類、詩類、禮類、樂類、春秋類、孝經類、論語類、圖緯類、經解類、訓詁類、小學類；（二）乙部史錄：正史類、古史類、雜史類、霸史類、起居注類、舊事類、職官類、儀注類、刑法類、雜傳類、地理類、譜系類、略錄類；（三）丙部子錄：儒家類、道家類、法家類、名家類、墨家類、縱橫家類、雜家類、農家類、小說家類、兵家類、天文類、曆數類、五行類、雜藝術類、類事、明堂經脈類、醫術類；（四）丁部集錄：楚詞類、別集類、總集類。楊家駱編《中國目錄學名著第三集第二冊：唐書經籍藝文合志》（臺北：世界書局，民國52年4月初版），頁4～6。

〔註23〕在劉昫《舊唐書‧經籍志》中前後文便有「事類」與「類事」的名稱差異，故後代學者有稱「事類」或「類事」者。筆者依照李曰剛《中國目錄學》之選擇，稱之為「事類」。見該書頁137（臺北：明文書局，民國72年8月初版）

〔註24〕此處無意辨析類書的定義與後世書目的差異，收書是否得宜等現象，但強調因其已聚合成碩大群體，必然引起編撰者之重視。

〔註25〕《編珠》書首（《景印文淵閣四書全書》887冊，臺北：臺灣商務，四庫全書文淵閣景本，民國72年），頁887～39。

命翰林學士王堯臣、史館檢討王洙、館閣校勘歐陽修等，綜合館閣藏書，仿《開元四部錄》，校正討論，分類編目。經時七年，於慶曆元年（1041）十二月己丑呈進。編成《崇文總目》六十六卷，採四分法分類，分爲四部四十五類。是宋代第一部全國性綜合圖書目錄，收錄圖書三千四百四十五部，三萬零六百六十九卷。可以肯定歐陽修在編纂過程中承擔了許多重要工作，特別是序文和解題主要是由歐陽修主筆。〔註26〕惟元紀以來，僅存書目一卷。乾隆中，四庫館臣由《永樂大典》等書輯爲十二卷。〔註27〕嘉慶年間，錢東垣、秦鑑等輯得原序三十篇，原釋九百八十條，引證四百二十條，編成《輯釋》五卷，《補遺》一卷。該書採四部分類，類書置於子部稱「類書類」。〔註28〕將類名改稱爲類書，應是考量類書所收內容，包含經史子集，非徒爲事類而已，所以以類聚的編輯特色命名，而不強化錄事一項。

五、《新唐書・藝文志》── 類書歸部與《崇文總目》同

《新唐書・藝文志》仍以《古今書錄》爲基，再收唐開元以後之唐人著述，整合爲唐代圖書資源的全貌。由曾公亮〈新唐書進表〉可知《新唐書》爲宋神宗嘉祐五年（1060 年）六月完成。其書亦以甲、乙、丙、丁爲記做四部分類，〔註29〕亦將類書編置在丙部（子錄）中，獨立成目，名稱爲「類書」，記錄類書二十四部。除著錄類書數量增加《筆海》、《事類》、《初學記》等，還兼載失姓名三家；不著錄三十

〔註26〕《歐陽修全集》〈崇文總目敘釋〉一卷，仍收有歐陽修對「易類」、「書類」等三十條敘釋爲證。參見歐陽修著、李安逸點校《歐陽修全集》卷 124（北京：中華書局，2001 年）第五冊，總頁 1879。

〔註27〕《崇文總目》卷三「類書類上：共四十六部，計四千六百五十卷。侗按《玉海》引《崇文目》類書，數與此同，云：始於《太平御覽》。舊本四千譌作一千，今校改，核計實四十四部，四千三百一十卷。」頁 174。卷三「類書類下：共五十一部，計八百六十五卷。侗按《玉海》引《崇文目》同，云：終於《搢紳集》。今核計實四十九部，八百四十四卷。頁 179（臺北：臺灣商務，民國 67 年 7 月臺一版）。

〔註28〕〔宋〕王堯臣等《崇文總目》四部分類，子部上：儒家類、道家類、法家類、名家類、墨家類、縱橫家類、雜家類、農家類、小說類、兵家類、類書類、算數類、藝術類、醫書類；子部下：卜筮類、天文占數類、歷數類、五行類、道書類、釋書類（臺北：臺灣商務，民國 67 年 7 月臺一版）

〔註29〕《新唐書・藝文志》四部分類：（一）甲部（經錄）：易類、書類、詩類、禮類、樂類、春秋類、孝經類、論語類、讖緯類、經解類、小學類；（二）乙部（史錄）：正史類、編年類、偽史類、雜史類、起居注類、故事類、職官類、雜傳記類、儀注類、刑法類、目錄類、譜牒類、地理類；（三）丙部（子類）：儒家類、道家類、法家類、名家類、墨家類、縱橫家類、雜家類、農家類、小說類、天文類、曆算類、兵書類、五行類、雜藝術類、類書類、明堂經脈類、醫術類；（四）丁部（集錄）：楚辭類、別集類、總集類。楊家駱編《中國目錄學名著第三集第二冊：唐書經籍藝文合志》（臺北：世界書局，民國 52 年 4 月初版。）

一家，一千二百三十八卷。〔註30〕可見類書數量在當時已經較唐代初年增加許多。

對照宋代的三大官修類書的修撰：《太平御覽》一千卷，乃宋太宗太平興國二年（977）三月詔翰林學士李昉等修撰，太平興國八年（983）二月書成，初名《太平編類》，後改爲《太平御覽》。《太平廣記》五百卷，宋太宗太平興國二年（977）修《御覽》時，又命李昉、扈蒙等取野史、傳記、故事、小說撰集，第二年即太平興國三年（978）八月書成。《冊府元龜》一千卷，宋眞宗景德二年（1005）詔王欽若、楊億等編修，至眞宗祥符六年（1013）八月歷八年而書成。三部鉅著在宋太宗太平興國二年（977）到宋眞宗祥符六年（1013）之間完成。而《崇文總目》、《新唐書‧藝文志》的編輯，都在這三大類書編纂之後二十年左右，三大類書成品俱在，書目的編者絕對會體認到宋代皇室對類書編輯的重視。二十年左右的潛移默化，在新一輩人才培育工作上，也可以在學術思想上，因這個編輯活動而達到一定程度的影響。歐陽修標立類目是以客觀的圖書內容與學術現象爲據，不以個人好惡決定。

《新唐書‧藝文志》類書的安置與部類名稱與《崇文總目》相同，並不是巧合。除編撰時間接近，編修人員亦有重複（如歐陽修）。一般學者都稱《新唐書‧藝文志》首先將類書名稱設定爲「類書」者，但若以成書時間爲據，則《崇文總目》是第一部以「類書」爲部類名稱者。宋代書目編修人員所見類書較修《舊唐書》者爲多，且所增加的唐代類書中事文結合的現象更爲普遍，已非僅類事而已，所以有重新命名的需要性。就「類書」的名稱而論，其包容性較大，又可呈現此類書籍的特色，所以即便後世偶有不同之意見，但多沿用「類書」一名。

唐宋時期私人藏書豐盛，而私人目錄也蓬勃發展，南宋時私人目錄竟然超過官修目錄。周密《齊東野語》書籍之厄條記載，當時藏書豐富者多達二十餘家，多者藏書達十萬餘卷。〔註31〕私家藏書目錄之學術價值，常與官修書目相提並論。有些

〔註30〕《新唐書‧藝文志》丙部子錄類書類小計云：「右類書類十七家，二十四部，七千二百八十八卷。失姓名三家，王義方以下不著錄三十一家，一千二百三十八卷。」，楊家駱編《中國目錄學名著第三集第二冊：唐書經籍藝文合志》（民國52年4月初版），頁269。

〔註31〕〔宋〕周密《齊東野語》卷十二「書籍之厄」條：「宋承平時，如南都戚氏、歷陽沈氏、廬山李氏、九江陳氏、番易吳氏、王文康、李文正、宋宣獻、晁以道、劉壯輿，皆號藏書之富。邯鄲李淑五十七類二萬三千一百八十餘卷、田鎬三萬卷、昭德晁氏二萬四千五百卷、南都王仲至四萬三千餘卷，而類書浩博，若《太平御覽》之類，復不與焉。次如曾南豐及李氏山房，亦皆一、二萬卷，然後不靡於兵火者。至若吾鄉故家石林葉氏、賀氏，皆號藏書之富，至十萬卷。其後齊齋倪氏、月河莫氏、竹齋沈氏、程氏、賀氏，皆號藏書之富，各不下數萬餘卷，亦皆散失無遺。近年惟直齋陳氏書最多，蓋嘗仕於莆，傳錄夾漈鄭氏、方氏、林氏、吳氏舊書至五萬一千一百八十餘卷，且倣《讀書志》作解題，極其精詳，近亦散失。」（北京：中華書局，

在分類、著錄、考訂提出新的見解於實踐，足以彌補官修書目之不足。現存者有晁公武《郡齋讀書志》、〔註32〕尤袤《遂初堂書目》、〔註33〕陳振孫《直齋書錄解題》。〔註34〕但因對類書的歸部與名稱，均與《舊唐書‧藝文志》相同，本文爲結省篇幅，

1997 年 12 月二刷），頁 216～217。

〔註32〕〔宋〕晁公武撰；孫猛校證《郡齋讀書志校證》（上海：上海古籍出版社，1990 年 10 月）子部：儒家類、道家類、法家類、名家類、墨家類、縱橫家類、雜家類、農家類、小說類、天文類、星曆類、五行類、兵家類、類書類、藝術類、醫書類、神仙類、釋書類。趙希弁所撰《附志》，雖部類名稱略有不同，但基本精神與之相同，故不贅敘。《郡齋讀書志》類書歸部與《舊唐志》同。採經史子集四部分類法，分四部三十二類。將類書置於子部，稱「類書」類。

〔註33〕〔宋〕尤袤（1127～1194）《遂初堂書目》，見《叢書集成新編（二）》（臺北：新文豐，民國73年），頁 1～4。總頁 1～2。部類：經總類、周易類、尚書類、詩類、禮類、樂類、春秋類、論語類、小學類、正史類、編年類、雜史類、雜傳類、故事類、偽史類、國史類、本朝雜史、本朝故事、本朝雜傳、實錄類、職官類、儀注類、刑法類、姓氏類、史學類、目錄類、地理類、儒家類、雜家類、道家類、釋家類、農家類、兵書類、數術家類、小說類、雜藝類、譜錄類、類書類、醫書類、別集類、章奏類、總集類、文史類、樂曲類。《遂初堂書目》未按四部分類，將圖書分爲四十四類，但依各類之排列順序推知，經史子集的次序隱然其間，類書大概位置在子書之間，類書歸部類同《舊唐志》。私人藏書家書目之性質，與其所藏書籍內容與成分相關，而書目價值則視藏書家學術思想水準而有差異。但因藏書家編著目錄的目的，是「定立儲盛」，爲自家所用，其著錄範圍限於自家藏書。所以私人藏書目錄與官修書目、史志截然不同，如尤袤就對《崇文總目》、《新唐志》中的類目，進行了刪除、改移和新增，以順應學術變化。尤袤《遂初堂書目》未按四部分類，這是對書目分類的一種修正，雖不是專爲類書，但可見宋時書目分類的新嘗試。

〔註34〕〔宋〕陳振孫（1183～1249）《直齋書錄解題》，見《叢書集成新編（二）》（臺北：新文豐，民國73年），頁 1～5，總頁 370～371。《直齋書錄解題》部類：易類、書類、詩類、禮類、樂類、春秋類、孝經類、語孟類、經解類、讖緯類、小學類、正史類、別史類、編年類、起居注類、詔令類、偽史類、雜史類、典故類、職官類、禮注類、時令類、傳記類、法令類、譜牒類、目錄類、地理類、儒家類、道家類、法家類、名家類、墨家類、縱橫家類、農家類、雜家類、小說家類、神仙類、釋氏類、兵書類、歷象類、陰陽家類、卜筮類、形法類、醫書類、音樂類、雜藝類、類書類、楚辭類、總集類、別集類、詩集類、歌詞類、章奏、文史類。《直齋書錄解題》將圖書分爲四錄五十三類，類書爲其中一類，稱「類書」。《四庫提要》云：「以歷代典籍分爲五十三類，各詳其卷帙多少，撰人名氏，且爲品題其得失，故曰解題。其書不標經、史、子、集之目，而核其所列，經之類凡十，史之類凡十六，子之類凡二十，集之類凡七，仍不外乎四部之說者也。」可知該書雖未以四部分類，但各類次序仍依照傳統四部次序，「類書」位置大概在子書部分，類書歸部與《舊唐志》同。《四庫提要》雖認爲其書不標四部之目，而其所列亦不外乎四部之說。但是若從陳氏新增「語孟類」；調整「起居注」內容；改移「樂類」於子部等作爲觀察，陳氏查察隨著時代變遷和典章制度的發展，發現了對舊目涵義不同的理解，造成文獻歸類不確切，甚至歸類錯誤的情況。陳氏在書目分類中依從科學性原則的思想，使書目的分類越來越細密。「類書類」的設立，陳氏並未給於解說，但在一致的編輯標準

將運用本章附表二一併呈現。

六、鄭樵《通志·藝文略》——首倡類書獨立為一級類目

第一位主張將類書獨立成第一級類目的是鄭樵的《通志》〔註35〕。鄭樵〈編次必謹類例論六篇〉云：

> 臣總古今有無之書，爲之區別，凡十二類：經類第一，禮類第二，樂類第三，小學類第四，史類第五，諸子類第六，星數類第七〔註36〕，五行類第八，藝術類第九，醫方類第十，類書類第十一，文類第十二。〔註37〕

鄭樵收錄古今書目編成〈藝文略〉，企圖反映出古今文化典籍流變概貌。注錄圖書一萬零九百一十二部，十一萬一千多卷。創造出十二大類的新分類法。大類之下又分一百五十七家，家下又分二百三十八種，擴張了類目的級數，首創三級分制，使書目分類更精密。較以往書目不同的重大革新，是增加了大類類目，將禮、樂、小學、星數、五行、藝術、醫方、類書八個類目提升爲大類類目。是有書目以來，收錄文獻數量最多的一部通史書目。

鄭樵提出「類例既分，學術自明」的著名論點。〔註38〕他要求要嚴格區分異同，不能將不同類的書籍混爲一類。如《新唐書·藝文志》將道家、道書、釋氏三種學術流派不同的書，合併爲「道家」即是。有同類的書，不應散置於不同類目。如《隋書·經籍志》列《謚法》三部於經解類，又列《汝南君諱議》、《魏晉謚議》於「儀注」類。《新唐書·藝文志》不察，延續了這個錯誤。鄭樵繼前人成就繼續精進，圖書分類就愈益精密。尤其將類書獨立一類，最爲卓識，解決類書歸類的問題。相信其放棄四部分類，雖然並非專爲類書而設計更改，但類書與其他書籍不同的特質，引起其注意並嘗試作有效改善。余慶蓉、王晉卿稱其「類目最爲詳盡」：

> 以前書目主要有四分、六分、七分、和九分。而《通志·藝文略》將禮、樂、小學、星數、五行、藝術、醫方、類書八個類目提升爲大類，更爲卓識，解決了類書不好歸類的問題。……〔註39〕

下，類書類的獨立，是被陳氏所肯定的。

〔註35〕〔宋〕鄭樵（1103～1162）《通志·藝文略》分爲經類第一、禮類第二、樂類第三、小學類第四、史類第五、諸子類第六、天文類第七、五行類第八、藝術類第九、醫方類第十、類書類第十一、文類第十二。

〔註36〕名稱與目錄「天文類」不同。

〔註37〕〔宋〕鄭樵《通志二十略·校讎略》〈編次必謹類例論六篇〉之二（北京：中華書局，1995 年），頁 1804。

〔註38〕同前註。

〔註39〕余慶蓉、王晉卿《中國目錄學思想史》第五章（湖南：湖南省教育出版社，1998 年4 月一版），頁 144。

鄭樵的這種見識，較同時代學者為深刻。

七、鄭寅《鄭氏書目》── 拔類書與四部抗顏行

　　鄭寅，字子敬，為鄭樵從孫。有《鄭氏書目》七卷，將所藏書籍分為：經、史、子、藝、方技、文、類書七錄，〔註40〕蓋亦祖述鄭樵之例，祇是併禮類、樂類、小學類於經錄；合星宿類、五行類、醫方類為方技錄。雖然比鄭樵《通志》十二類為少，但仍不同於劉向《七略》，亦以類書自立一類。昌彼得先生以為：「鄭氏能拔藝、技、類書與四部分庭抗禮，有較鄭樵〈藝文略〉合理者，惜其目不傳，不詳其體例。」〔註41〕姚名達亦稱讚鄭寅所立七類分部：

　　　　　此在分類學中，頗近合理。蓋空談之「諸子」萬不可與消遣之「藝術」、
　　　實用之「方技」合部，類書包含一切，更不宜屈居子部末，今鄭寅能拔藝、
　　　技、類與四部抗顏行，真可謂目光如炬矣。自是以後，作者無聞。〔註42〕

昌、姚兩位先生對鄭寅都是一致的肯定。

八、《宋史・藝文志》── 更名「類事類」

　　脫脫《宋史・藝文志》在元順帝至正五年（1345）纂修而成。乃根據宋代《三朝國史藝文志》、《兩朝國史藝文志》《四朝國史藝文志》、《中興國史藝文志》四部國史藝文志，刪其重複，增補宋寧宗嘉定以後的新書彙集而成。以經史子集四部分類，共分經部十類、史部十三類、子部十七類、集部四類，總計四十四部。〔註43〕將類書置子部，但將名稱更易為「類事類」。著錄類書三百零七部，一萬一千三百九十三卷。稱為類事類，與《舊唐書・經籍志》類似，或許更為強調類聚故事的特色。

〔註40〕《直齋書錄解題》卷八「目錄類」錄《鄭氏書目》七卷，云：「莆田鄭寅子敬，以所藏書為七錄，曰經、曰史、曰子、曰藝、曰方技、曰文、曰類。寅，知樞密院僑之子，博文彊記，多識典故。端平初，召為都司，執法守正，出為漳州，以沒。」《叢書集成新編（二）》（臺北：新文豐），頁 230，總頁 429。

〔註41〕昌彼得、潘美月《中國目錄學》（臺北：文史哲出版社，民國 75 年 9 月），頁 171。

〔註42〕姚名達《中國目錄學史・分類篇》〈《隋志》以後闖出「四部」牢籠之十幾種分類法〉（上海：上海古籍出版社，2002 年 6 月），頁 93。

〔註43〕〔元〕脫脫等修《宋史・藝文志》四部分類為：（一）經部：易類、書類、詩類、禮類、樂類、春秋類、孝經類、論語類、經解類、小學類；（二）史類：正史類、編年類、別史類、史鈔類、故事類、職官類、傳記類、儀注類、刑法類、目錄類、譜牒類、地理類、霸史類；（三）子部：儒家類、道家類、法家類、名家類、墨家類、縱橫家類、農家類、雜家類、小說家類、天文類、五行類、蓍龜類、曆算類、兵書類、雜藝術類、類事類、醫書類；（四）集部：楚辭類、別集類、總集類、文史類。《叢書集成新編（一）》（臺北：新文豐，民國 73 年）總頁 214、220、229、245。

九、《文淵閣書目》—— 類書與其他三十八類者並列

本書目係以永樂十九年從南京運到北京，安置於左順門北廊之書爲基礎，在移貯於文淵閣時，逐一清點，編制字號而成。因原爲閣中存記冊籍清冊，所以載錄時，各書多不著撰人姓氏，且只登錄冊數而無卷數，略記若干部爲一櫥，若干櫥爲一號而已。以千字文排次，自天字至往字得二十號五十櫥。《四庫全書總目》云：「士奇等承詔編錄，不能考訂撰次，勒爲成書，而徒草率以塞責，較劉向之編《七略》，荀勗之敘《中經》，誠爲有愧。」〔註44〕本書目未承襲官修書目傳統，不依四部分類法，分書三十九類，類書類稱「類書」〔註45〕。

《文淵閣書目》以官方書目地位，首先捨棄四部分類法，這項重大變革，對明代私人書目有很大影響，綜觀明代書目多未採四部分類，在圖書分類上常有新的嘗試，對類書性質與部類地位也常有新的考量。雖然其分類方式，未必完善，但對學者營建新分類體系的啓發，功不可沒。

十、陸深《江東藏書目》—— 類書提爲一級類目

其書目現已不傳，而其自序於胡應麟《經籍會通》有引載，可知明武宗正德三年（1508）六月書成。未採四部分類，將書區分爲：經、理性、史、古書、諸子、文集、詩集、類書、雜史、諸志、韻書、小學醫藥、雜流十三類。另收錄當代書籍爲制書，創十四分類法。其自序對類書立類的看法爲：「山包海匯，各適厥用，然姸媸錯焉，類書之謂也，故錄類書第八。」〔註46〕其將類書與制書、性理、詩集、雜史、諸志、韻書立類是仿照《文淵閣書目》，但將類書位置列爲第八，或許有重視提升之意。胡應麟對其分類結果有些批評，但對其將類書另錄乙節，大表贊同。〔註47〕

〔註44〕〔清〕永瑢、紀昀等《四庫全書總目》卷八十五〈目錄類〉一「文淵閣書目四卷」條（北京：中華書局，2003年），頁731。

〔註45〕〔明〕楊士奇《文淵閣書目》分類情形如下：天字：國朝；地字：易、書、詩、春秋、周禮、儀禮、禮記；玄字：禮書、樂書、諸經總類；黃字：四書、性理附經濟；宇字：史；宙字：史附、史雜；洪字：子書；荒字：子雜、雜附；日字：文集；月字：詩詞；盈字：類書；昃字：韻書、姓氏；辰字：法帖、畫譜；宿字：政書、刑書、兵法、算法；列字：陰陽、醫書、農圃張字：道書；寒字：佛書；來字：古今志；暑字：舊志；往字：新志（臺北：臺灣商務印書館，民國56年3月臺一版。）

〔註46〕〔明〕胡應麟《少室山房筆叢》卷二〈經籍會通〉二（上海：上海書店，2001年8月），頁20～21。同見收《儼山外集》卷三十一。

〔註47〕〔明〕胡應麟《少室山房筆叢》卷二〈經籍會通〉二：「案，子淵之目，亦以經、史、子、集爲次，而特尊本朝聖製，分門另敘，亦似合宜。但宋世理性之書，自有儒術類列於子家。諸志皆史也，雜技皆子也，韻書即經也，似不應更爲類。小學即韻類也，醫學即技類也，二者絕不相蒙，尤不應混列一塗。惜余生晚，不獲起前彥而質之。惟類書另錄最當，與余《山房書目》同。」頁21。

十一、高儒《百川書志》—— 歸子部稱「類書」

　　高儒《百川書志》嘉靖十九年（1540）編成，以四部分類，歸類書於子部三十類之一，稱類書。〔註48〕類書位置在子部第三十位，即最後一類，在「雜藝家」、「子鈔」之後。高儒「六年考索，三易成編，損益古志，大分四部，細列九十三門。」自有四部分類書目後，未若其詳密者。他追求類例詳明，乃受鄭樵影響很大。其書目二級類目增多，特別是「小說」、「演義」、「傳奇」等新類目的設立。他認爲隨著時代變遷與文化發展，書目之類目勢必配合實際現象而作增刪，以便統馭藏書。依此考量，其書目「類書」安置在「雜藝家」、「子鈔」之後，即在子部最後，或已考量類書性質明顯不同於其他子部類目。

十二、焦竑《國史經籍志》—— 稱「類家」

　　焦竑《明史》本傳記載：「（萬曆）二十二年，大學士陳于陛建議修國史，欲竑專領其事。竑遜謝，乃先撰〈經籍志〉……」，可知本志成書約在萬曆二十二年（1594）。〔註49〕在類目設置上，以鄭樵《通志・藝文略》爲基礎來作調整，因他推重四部分類法，故將《通志・藝文略》十二類分類法中的「禮」、「樂」、「小學」三者歸回經部，又將「天文」、「五行」、「藝術」、「醫方」、「類書」五者並回子部，整體又回歸四部。又在卷首新創「制書」大類，專收明代皇帝或大臣奉旨撰著之文，本書目遂成五部分類法目錄。類書與子部其他十五類，併以「家」稱，類書爲「類家」。〔註50〕小序云：

> 　　……前史有雜家，無類書，近代纂述叢雜，乃爲別出。要之雜家出自一人，類書兼總諸籍，自不容涵也。他如《嘉祐諡法》、《淳熙孝史》、《乾道翰院群書》，雖馳騁古今，而首尾一事，自歸其部，此不復列云。

清楚的說明其將類書別出於雜家，歸入子部的原因，更舉例區分與類書相混的他部書籍。

〔註48〕〔明〕高儒《百川書志》子部：儒家、道家、法家、名家、墨家、縱橫家、雜家、兵家、小說家、德行家、崇正家、政教家、隱家、格物家、翰墨家、農家、醫家、衛生術、房中術、卜筮家、歷數家、五行家、陰陽家、占夢家、刑法家、神仙家、佛家、雜藝術、子鈔、類書。收於馮惠民、李萬健等選編《明代書目題跋叢刊》下冊（北京：書目文獻出版社，1994年），頁1235。

〔註49〕〔清〕張廷玉《明史》卷二八八〈文苑〉四，焦竑本傳（臺北：鼎文書局，民國83年8月），頁7393。

〔註50〕〔明〕焦竑《國史經籍志》子類分十六家：儒家、道家、釋家、墨家、名家、法家、縱橫家、雜家、農家、小說家、兵家、天文家、五行家、醫家、藝術家、類家。收於馮惠民、李萬健等選編《明代書目題跋叢刊》下冊（北京：書目文獻出版社，1994年），頁388。

十三、陳第《世善堂藏書目錄》── 附史類稱「類編」

陳第〔註51〕將書分爲經類、四書類、諸子百家類、史類、集類、各家類六類，再分爲六十三部。其中將一般書目視爲經類者，分立爲經類與四書類；將一般書目列爲子部者，如：農圃、天文、時令、歷家、五行、卜筮、堪輿、形相風鑑、兵書家、醫家、神仙道家、釋典、雜藝等，另立「各家類」，而同時成立「諸子百家類」，立類標準與眾不同。將類書稱「類編」並附於史類之末，說明「兼入人文事物」，在作法上與《隋書·經籍志》類似〔註52〕。

十四、胡應麟《二酉藏書山房書目》── 別錄二藏、贋古書及類書為一部

胡應麟〔註53〕針對歷代書目分類演變現象，對四部分類進行檢討，提出「類書另錄最當」的五部法。〔註54〕其云：

> 案，類書鄭《志》另錄，《通考》仍列子家，蓋不欲四部之外別立門戶也。然類書有數種：如《初學》、《藝文》兼載詩詞則近於集；《御覽》、《元龜》事實咸備則鄰於史；《通典》、《通志》、聲韻、禮儀之屬，又一二間涉於經，專以屬之子部恐亦未安。余欲別錄二藏及贋古書及類書爲一部，附四大部之末，尚俟博雅者商焉。〔註55〕

他承認四部之法「九流百氏，咸類附焉」，但類書、釋藏、道藏及偽書不易歸類。故提出「別錄二藏及贋古書及類書爲一部，附四大部之末」說。

十五、徐㶇《紅雨樓書目》── 稱「彙書類」

明穆宗萬曆三十年（1602）撰成，分四部四十九類，將類書歸入子部十八類之第十五類，以「彙書類」稱之。〔註56〕名稱獨特，應是考量類書匯集群書之特色，猶大海匯納百川一般，但是未有其他書目跟從。

〔註51〕據考陳第生於 1541 年，歿於 1589 年，故本書目至遲應不晚於 1589 年。
〔註52〕〔明〕陳第《世善堂藏書目錄》二卷，知不足齋叢書本，收於《叢書集成新編（二）》（臺北：新文豐，民國 73 年），頁 39，總頁 62。
〔註53〕據考其出生於 1551 年，歿於 1602 年，故本書目至遲不應晚於 1602 年寫成。
〔註54〕參王國強〈胡應麟在目錄學史上的地位〉（四川圖書館學報，1986 年 2 期）
〔註55〕〔明〕胡應麟《少室山房筆叢》卷廿九〈九流緒論下〉（上海：上海書店，2001 年 8 月 286～287。
〔註56〕〔明〕徐㶇《紅雨樓書目》以四部分類，子部卷三：諸子類、子類、道類、釋類、兵類、卜筮類、地理類、醫類、農圃類、器用類、藝術類；卷四：彙書類、韻類、字類、書類、畫類、小說類、傳奇類。《徐氏家藏書目》，收於馮惠民、李萬健等選編《明代書目題跋叢刊》下冊，（北京：書目文獻出版社，1994 年），頁 1674～1734。

十六、祁承㸁《澹生堂藏書目》── 獨立一級類目

　　李曰剛云:「明代目錄編次有法,分類詳審,以祁承㸁《澹生堂藏書目》爲最。」
〔註57〕分書四十六類,二百四十三子目。本書目編成於萬曆四十八年(1620),類
目雖不標四部名稱,但類目次序實爲四部,甚有條理。並根據實際藏書情形,增列
許多新的類目,如:約史、叢書、餘集等。尤以將叢書獨立,爲分類學之大貢獻。
叢書在前人著錄時,多附於類書,而祁氏將之獨立成類的創舉,也影響類書類書籍
的內容。本書目將類書列於第三十八類,約爲傳統子部位置,稱「類家類」。〔註58〕

　　祁承㸁雖自稱「因四部之定例」,而實際兼具新創的精神。《澹生堂藏書約・藏
書訓略・鑒書訓》亦云:

> 　　夫類書之收於子也,不知其何故,豈以包宇宙而羅萬有乎?然而類固
> 不可概言也。如《山堂考索》,六經之源委,纖備詳明,是類而經者也;
> 杜氏《通典》,馬氏《通考》,鄭氏《通志》,歷朝令甲,古今故典,實在
> 於此,是類而史者也;又如《藝文類聚》之備載詞賦,《合璧事類》之詳
> 引詩文,是皆類而集矣。……余謂……宜另附四部之後。」〔註59〕

可以判定其因類書內容包羅萬象,各部類書內容或各有偏重,所以提出類書「宜另
附四部之後」的建議。故在其書目中,他放棄經史子集四部名稱,將類書與其他類
書籍一起提升爲一級類目。

十七、錢謙益《絳雲樓書目》── 一級類目稱「類書類」

　　未採四部分類法,分書爲七十三類,各類目排列次序,基本上與四部吻合。類
書稱「類書類」〔註60〕。

〔註57〕李曰剛《中國目錄學史・四部分化於宋明》(臺北:明文書局,民國72年8月初版),
　　　　頁166。

〔註58〕〔明〕祁承㸁《澹生堂藏書目》分類:易類、書類、詩類、春秋類、禮類、孝經類、
　　　　論語類、孟子類、經總解類、理學類、小學類(筆者按:以上約爲經部)、國朝史類、
　　　　正史類、編年史類、通史類、約史類、史鈔類、史評學類、霸史類、雜史類、記傳
　　　　類、典故類、禮樂類、政實類、圖志類、譜錄類(筆者按:以上約爲史部)儒家類、
　　　　諸子類、小說家類、農家類、道家類、釋家類、兵家類、天文家類、五行家類、醫
　　　　家類、藝術家類、類家類、叢書類(筆者按:以上約爲子部)、詔制類、章疏類、辭
　　　　賦類、總集類、餘集類、別集類、詩文評類(筆者按:以上約爲集部)。收於馮惠民、
　　　　李萬健等選編《明代書目題跋叢刊》下冊(北京:書目文獻出版社,1993年),頁
　　　　930〜934。

〔註59〕〔明〕祁承㸁《澹生堂藏書約》,知不足齋叢書本,收於《叢書集成新編(二)》(臺
　　　　北:新文豐,民國73年),頁60,總頁750。

〔註60〕〔清〕錢謙益《絳雲樓書目》分類如下,經部:經總類、易類、書類、詩類、禮類、
　　　　樂類、春秋類、孝經類、論語類、孟子類、大學類、中庸類、小學類、爾雅類、經

十八、錢曾《讀書敏求記》── 一級類目稱「類書」

書分四卷,分類雖未標明四部名稱,而每卷卷頭類目卻都用了經史子集的名稱,與其他類目屬同級地位,共分七十八類,類書位於第三卷末,相當於四部之子部,稱「類書」。〔註61〕

十九、《明史‧藝文志》── 子部類書

本書目為王鴻緒、張廷玉纂修,乃乾隆四年七月張廷玉所進。不同於以往史志,只收明人著述四千六百三十三種。〔註62〕類目分為三十五類,較為簡略。而且類目設置草率,一些類目歸併失當,甚至漏設一些重要類目。〔註63〕採經史子集四部分類,〔註64〕仍將類書置於子部,稱「類書類」。收錄類書八十三部,二萬八千一百八十六卷。

解類、緯書類;史部:正史類、編年類、雜史類、史傳記類、故事類、刑法類、譜牒類、史學類、書目、地志類;子部:子總類、子儒家類、道學類、子名家、子法家、子墨家、子雜家、縱橫家、子農家、子兵家、子釋家、子道家、小說類、雜藝類、天文類、曆算類、地理類、星命類、卜筮類、相法類、壬遁類、道藏、道書類、醫書類、天主教類、類書類、偽書類;集部:六朝文集類、唐文集類、唐詩類、詩總集類、宋文集類、金元文集、國初文集類、文總集類、騷賦類、金石類、書畫類、論策類、奏議類、文說類、詩話類、本朝制書實錄、本朝實錄、本朝國紀、傳記、典故、雜記。見《稿鈔本明清藏書目三種》(北京:北京圖書館出版社,2003 年 5 月)目錄頁 2~4。

〔註61〕〔清〕錢曾《讀書敏求記》第一卷:經、禮樂、字學、韻書、書、數書、小學;第二卷:史、時令、器用、食經、種藝、養生、傳記、譜牒、科第、地理輿圖、別志;第三卷:子、雜家、農家、兵家、天文、五行、六壬、奇門、曆法、卜筮、星命、相法、宅經、葬書、醫家、鍼灸、本草方書、傷寒、攝生、藝術、類家;第四卷:集、詩集、總集、詩文評、詞。另,錢曾《述古堂藏書目》卷三亦收錄類書。均收於《叢書集成新編(二)》(臺北:新文豐,民國 73 年)。

〔註62〕〔清〕張廷玉等修《明史》卷九十六〈藝文志〉總序云:「四部之目,昉自荀勗,晉宋以來因之。前史兼錄古今載籍,以為皆其時柱下之所有也。明萬曆中,修撰焦竑修國史,輯《經籍志》,號稱詳博,然延閣廣內之藏,竑亦無從遍覽,則前代陳編,何憑記錄,區區掇拾遺聞,冀以上承《隋志》而贋書錯列,徒滋譌舛,故今第就二百七十年各家著述稍為釐次,勒成一志,凡卷數莫考,疑信未定者,寧闕而不詳云。」收於《叢書集成新編(一)》(臺北:新文豐),頁 2,總頁 324。

〔註63〕參見袁學良《古代書目分類法語文學典籍涯略》第四章(成都:巴蜀書社,2002 年 4 月一版),頁 110。

〔註64〕《明史‧藝文志》四部分類為:(一)經部:易類、書類、詩類、禮類、樂類、春秋類、孝經類、諸經類、四書類、小學類;(二)史類:正史類、雜史類、史鈔類、故事類、職官類、儀注類、刑法類、傳記類、地理類、譜牒類;(三)子部:儒家類、雜家類、農家類、小說家類、兵書類、天文類、曆數類、五行類、藝術類、類書類、道家類、釋家類;(四)集部:別集類、總集類、文史類。見《叢書集成新編(一)》(臺北:新文豐),頁 2、19、43、61。總頁 324、328、334、339。

二十、《四庫全書總目》——歸入子部稱「類書」

　　參酌歷代書目優缺點，創建四部、四十四類、六十六屬的類例新體系，與萬餘種之提要結合，構成完整知識體。「斟酌古今，擇善而從」的原則下，《四庫全書總目》「詔令」依《新唐書‧藝文志》入史部；從《宋史‧藝文志》立「別史」門，又參酌錢溥《秘閣書目》新立「政書」門等，其他更動創新例証極多。在類書安排上，《總目》依照《隋書‧經籍志》將類書歸入子部。《四庫總目》類書類小序云：

　　　　類事之書，兼收四部，而非經、非史、非子、非集，四部之內乃無類可歸。《皇覽》始於魏文，晉‧荀勗《中經簿》分隸何門，今無所考。《隋志》載入子部，當有所受之。歷代相承，莫之或易。明胡應麟作《筆叢》始議改入集部，然無所取義，徒事紛更，則不如仍舊貫矣。〔註65〕……其專考一事，如《同姓名錄》之類者，別無可附，舊皆入之類書，今亦仍其例。〔註66〕

因為類書「非經、非史、非子、非集」，造成在四部分類中無類可歸的困擾。《四庫全書總目》採四部分類體系架構收錄群書，但遇到跨越四部分際，兼有群書內容的類書，在「無類可歸」之餘，便依循《隋書‧經籍志》的處理模式。館臣們相信《隋書‧經籍志》將類書載入子部，是「當有所受之」，是有其依據的。再加上歷代史志相承，未有變化，就更加篤定其所做的安排。館臣們認為雖有胡應麟提出將類書改隸集部的處理方式，但因「無所取義，徒事紛更」，所以《四庫全書》仍依傳統書目安排，將類書類編入子部之中。另如《同姓名錄》之類「專考一事」者，也因困於無門類可分，所以也依照傳統書目的安排，便附載於類書之中。

二十一、孫星衍《孫氏祠堂書目》——一級類目稱「類書」

　　有內外編，分經學、小學、諸子、天文、地理、醫律、史學、金石、類書、詞賦、書畫、說部等十二類，每類前有總序以條釋各類源流以及部次之意。其中類書類又分為事類、姓類、書目三類，後二類歸為類書是有爭議的，但是將類書與經學、史學並列，確是一種提昇與尊重。

〔註65〕據〔明〕胡應麟《少室山房筆叢》卷廿九〈九流緒論〉下：「余欲別錄二《藏》及贗古書及類書為一部，附四大部之末，尚俟博雅者商焉。」（上海：上海書店），頁 287。可以確定胡應麟主張是要在四部之外另立一部。《四庫全書總目》誤稱胡應麟《筆叢》始議改隸類書於集部。

〔註66〕〔清〕永瑢、紀昀等《四庫全書總目》卷一百三十五〈類書類〉一（北京：中華書局，1965 年 6 月），頁 1141。

二十二、張之洞《書目答問》——歸子部稱「類書」

將圖書分經部總目、史部總目、子部總目、集部總目，另有「叢書總目」、附「別錄總目」、附「清代著述諸家姓名總目」。將類書放在子部，稱類書。〔註67〕但子部第十三小序云：「類書實非子，從舊例附列於此。」可見張氏以爲附列未必是最好的選擇。將叢書獨立成部，與傳統四部鼎立，卻未將類書提升爲總目層級。

參、結 語

一、歷代書目對類書歸部命名綜合整理

目錄反映了既有的文獻的內容與形式，雖可辨章學術源流，但無法爲書籍的發展作出先創的指引。所以在新體制出現時，即便編者發覺其中有異於其他者，但主客觀條件未成熟之前，仍只能爲其尋找暫時依附的部類，以爲權宜。

所以《新簿》在類書初期發展時，將《皇覽》歸入史部；或《隋書‧經籍志》在類書初期發展時，將《皇覽》等類書歸爲子部依附雜家，都有其考量。類書的地位提升，要到《舊唐書‧經籍志》創立「事類」一目。在南北朝時期，類書已儼然成爲一支鉅流，編目者無法忽略，也必須爲其作更適當的調整。著錄於子部，是沿襲《隋書‧經籍志》，但爲其設立類目則是創舉。

《新唐書‧藝文志》編輯之時，宋代三大類書均已完竣，在學術觀念上的影響甚鉅，對類書性質的認識與地位的提升有很大幫助。在《新唐書》類書雖已更名，著錄卻仍列子部。

類書發展到宋代，數量繁多，已成泱泱大河，又內容龐雜，兼收四部，與子部眾類以已是不倫，而史志何以仍將之歸入子部？探究其原因，傳統觀點中子部因有雜家類，而雜家思想又是無所不包，所以子部成爲無所不容、可以綜括群集者。類書內容多樣而繁複，與雜家特性相似，與雜家有別，但在不願意打破四部分類的原則下，類書雖獨之爲類，卻仍保留在子部。雖是如此，胡道靜以爲此舉深具意義：

> 這個變革的重要意義是：（一）認識到類書和雜家書在性質上是有區別的；（二）顯示類書已更增加，蔚爲大國，既有必要且有可能獨自成爲一類。〔註68〕

〔註67〕《書目答問》子部：周秦諸子、儒家、兵家、法家、農家、醫家、天文算法、數術、藝術、雜家、小説家、釋道家、類書。張之洞原著、范希曾補正《書目答問補正》（臺北：新興書局，民國65年11月）。

〔註68〕胡道靜《中國古代的類書》（北京：中華書局，1982年2月第一版），頁3。

綜觀歷代史志幾乎均採四部分類法，故類書從《隋書・經籍志》的子部雜家附從地位，到《舊唐書・經籍志》獨立爲子部一類目後，多保持這個結果，亦《四庫全書總目》所云：「歷來如何」者，呈現一定程度的承傳與保守。官修類書之《文淵閣書目》卻未遵此道，分書爲三十九類，對明代私修書目影響甚鉅，這種現象與《四庫全書總目》高幟四部，明顯的影響有清一代書目形制相似。亦可見官方政策對民間文化存有很大影響。

　　歷代私人書目，如採取四部分類法者，對類書的安排都與史志相同。五大類分類法者如《書目答問》也將類書置於子部。六大類分類法者如《世善堂藏書目錄》將類書歸編入史部，或許取法《新簿》。其他更詳細分類的書目，雖然在其排列順序，類書仍與一般四部分類法子部類目編排在一起，且四部分類的影響仍若隱若現，但實質上「類書」已經獨立一類，並不歸屬任何門類。私人書目的彈性，多能尊重類書實際發展的狀況，而將其獨爲一類。這樣可以模糊四分法的困擾，對類書或隋世之後陸續發展出來的新體制書籍，都可得到解脫。

　　鄭樵《通志・藝文略》的縝密圖書分類理論，以及其新創的十二類分類法，則完全衝破了《七略》的藩籬，掃除了四部分類的拘限。《通志・校讎略・編次必謹類例論六篇》之六云：

　　　　類例既分，學術自明。以其先後本末具在，觀圖譜者，可以知圖譜之
　　所始；觀名數者，可以知名數之相承。讖緯之學盛於東都；音韻之書傳於
　　江左；傳注起於漢、魏；義疏成於隋、唐。觀其書可以知其學之源流，或
　　舊無其書而有其學者，是爲新出之學，非古道也。

鄭樵根據當時學術發展的需要，將禮、樂、小學自經部抽出；又將天文、五行、藝術、醫方、類書自子部抽出，分別獨立成部，建立十二類分類法。對類書地位之肯定，對後代私人書目作家，有指標性意義。姚名達稱云：「其膽量之巨，識見之宏，實曠古一人」，〔註69〕誠然不虛。

　　明清私人書目最值得重視的爲孫星衍《孫氏祠堂書目》，分書十二類類書居其第九，將類書提升到與經學、史學等相提並論。這在見識上較之分書三、四十類者，更爲明確肯定類書性質與地位。張之洞《書目答問》能獨具慧眼的將叢書提升到一級地位，對類書歸入子部也有所疑義，但卻未有更積極的作爲，殊爲可惜。所以，若以歷代書目資料觀察，可知世人對類書性質與地位雖然多所探索，但除少數學者如鄭樵、孫星衍外，大多都處曖昧不明狀態。

〔註69〕姚名達《中國目錄學史・分類篇》（臺北：臺灣商務書局，民國46年），頁84。

　　至於類書的名稱變易不大。自《舊唐書・經籍志》將之別出於雜家時，稱其爲「類事」。到《新唐書・藝文志》時，改「類事」爲「類書」。推其原因，可能初期類書均類集古事而成。類事偏重在集事，而類書發展到唐初，《藝文類聚》已將事文結合，《初學記》等又習用成風，若只說類事，在實際性質上未能完全符合實情，不如「類書」來得寬廣。加以後世類書在內容與體制並未有突發性的變化，而且一個名稱已經約定俗成，故後世書目雖偶有更易，〔註70〕類書之名仍沿用迄今。「類書」這個名稱，並非原創時所立，而是經年累月，在類書蓬勃發展的當中，漸漸確定下來的。

二、屈從四部所造成的問題

　　四部分類法由荀勖創立，李充修訂，《隋志》確立，歷經千餘年存。並非其設計良善，堪爲永式之法，僅以歷代史家沿用而不衰。然後世學術日新，圖書體例代變，拘於四部分類法，權以補充類目爲救，強納於子史。對書目「辨章學術、考鏡源流」的基本要求，往往無法達成。

　　到了唐宋之後，因爲類書數量愈多，內容因求其全備而多貌。若屈從四部，則出現許多無法妥善解決的問題。相同的，隨著社會文化的演進與圖籍的增加，書目家在編撰書目時，一定有許多類目都需要重新思考。《四庫全書總目》譜錄類小序云：

> 劉向《七略》門目孔多，後併爲四部，大綱定矣，中間子目遞有增減，亦不甚相遠。然古人學問各守專門，其著述具有源流，易於配隸。六朝以後作者漸出，新裁體倒多由創造，古來舊目遂不能該，附贅懸疣往往牽強。《隋志》「譜系」本陳族姓，而末載竹譜、錢譜、錢圖；《唐志》「農家」本言種植，而雜列錢譜、相鶴經、相馬經、鷹擊錄、相具經；《文獻通考》亦以香譜入農家。是皆明知其不安，而限於無類可歸，又復窮而不變，故支離顛舛，遂至於斯。惟尤袤《遂初堂書目》創立譜錄一門，於是別類殊名，咸歸統攝，此亦變而能通矣。〔註71〕

論敘因「六朝以後作者漸出，新裁體倒多由創造，古來舊目遂不能該，附贅懸疣往往牽強。」責難《隋志》與《唐志》的歸附牽強，而對尤袤《遂初堂書目》能創立譜錄新類目，以統攝其不安於舊類或無類可歸的圖書乙節，稱其變而能通。相對於《四庫全書總目》處理類書歸部問題時，因限於四部分類的前提，將類書依《隋志》

〔註70〕如稱「彙書類」（《紅雨樓書目》）；有稱「類編」者（《世善堂藏書目》）。基本上也都呈現類書內容、體制的特色。

〔註71〕〔清〕永瑢、紀昀等《四庫全書總目》卷一百一十五〈譜錄類〉小序（北京：中華書局，1965年），頁981。

歸置子部，又《同姓名錄》之類者，因「別無可附，舊皆入之類書」。《四庫全書總目》在類書問題，本比《隋志》還保守，又將《同姓名錄》等性質與類書有別者介入，徒然造成類書類所收書籍性質不一，混淆了類書的義界。「是皆明知其不安，而限於無類可歸，又復窮而不變，故支離顛舛」者。可見《四庫全書總目》在著錄編次之義例雖頗有可觀，然拘於四部之成法，但求部類整齊，於學術之源流，則不復計及。囿於四部分類傳統成見，不無牽湊籠統之弊。對於四部分類已呈現難以「綱紀群書，條析學術」的現象時，在四部分類之外另闢蹊徑，成為必須。

　　但千年的傳統，豈能輕易調整。所以《四庫全書總目》之後，學者對類書歸部仍提出許多意見，大體分為於配合四部分類將類書分歸各部者與獨立成部者兩大派，但都已不贊成依照傳統安置子部。前者如章學誠所論：

　　　　類書自不可稱為一子，隋唐以來編次，皆非也。然類書之體亦有二：其有源委者，如《文獻通考》之類，當附史部故事之後；其無源委者，如《藝文類聚》之類，當附集部總集之後：總不得與子部相混淆。或擇其近似者，附其說於雜家之後，可矣。〔註72〕

章氏提出將類書因其內容而分隸於史部與集部之中。另一派學者，與前述鄭樵等書目作者意見相近，主張類書應於四部之外，另立一部。如近人劉咸炘針對章學誠分派類書入三部說提出意見：

　　　　類書一門，章氏所謂有源委者，如《文獻通考》之類，當附史部故事；無源委者，如《藝文類聚》，當附集部總集；或擇其近似者，附於雜家之後，此說未盡也。《文獻通考》意主典章，以輔史志，故可以入之故事。《藝文類聚》意在輯文，以輔文選，故可入之總集，然類書不特此兩種也。類書源於《皇覽》，如《初學記》、《北堂書鈔》、《太平御覽》，皆非有意輔史、輔文也。其門類所該甚廣，非專於典章與藝文也。小小摘比，尤不可殫舉，或主益辭章，搜求秀艷，或取便繙檢，網羅數名。其體甚大，不比鈔摘之短；書其用亦宏，不比考史之譜牒。若不別立一門，強配必滋弊病矣。自宋鄭樵、鄭寅，明陸樹聲、胡應麟、沈節甫、茅元儀、祁承㸁，皆以類書別於四部。蓋類書之非四部所可該，故顯然也。〔註73〕

又云：

　　　　類書居小說之前，乃沿《新唐志》之誤，彼本由雜家分出故相次耳。

〔註72〕〔清〕章學誠《校讎通義・宗劉第二》右二之五（北京：中華書局），頁957～958。
〔註73〕劉咸炘《續校讎通義》上冊，〈外編第三〉，收於楊家駱編《校讎學系編》（臺北：鼎文書局，民國66年10月初版）章氏系～662～663。

張氏（張之洞《書目答問》）降之釋、道之後，曰類書實非子，從舊例附
列於此，頗有見矣。今入之外編。《提要》援《隋志》為例，則非；彼特
姑附耳，固不可從也。類書之中，體類又有數等：有兼該事文者，有以偶
語隸事文，但取華藻者，有加考證者，有專錄一門者，當分為總類、句隸、
類考、專類、策括五目。……〔註74〕

對張之洞能洞悉類書與子部之不同處，頗為稱道，故承襲其見解，將類書編入外編。
對《四庫總目》因循《隋書・經籍志》，將類書編置於子部，則加以指責，或許《隋
書・經籍志》可以「姑附耳」，但在後出轉精的期許下，《四庫總目》的安排是會有
爭議的。

　　類書在傳統書目中無法將其特質呈現，類書類中又常有其他書目混淆與依附，
這是類目設立不當，分類不精所致，這一點則又涉及到對類書定義的清晰與否。張
滌華云：

竊嘗推求其故，大抵皆由古人義界未精，分類未密，於一書之當屬何
類，初無共資循守之準繩，而又拘攣成規，窮而不變。〔註75〕

張氏又云：

而歷代簿錄，其所配隸，亦往往彼此觝異：如同一《皇覽》也，或入
之雜家，或入之類事；同一《同姓名錄》也，而或入之雜傳，或入之類書；
同一《通典》也，而或入之類書，或入之故事，或入之政書；同一《刀劍
錄》也，而或入之類書，或入之小說，或入之食貨，或入之藝術；甚至在
同一簿錄中，而有一書兩出者。漫無有紀，尤啟後人迷惑。夫此猶略舉其
著者而言，而校讐之家與夫目錄之書，其支離鞅輨已如此。

在其按語中清楚的舉出：《隋志》將《皇覽》入雜家，《唐志》改入類事。焦竑《國
史經籍志糾繆》，因議《隋志》之失，姚振宗《隋書經籍志考證》，又譏焦氏不知古
人類例。梁元帝《同姓名錄》，《隋志》入雜傳，《郡齋讀書志》以下入類書。杜佑《通
典》一書，《唐志》、《宋志》、《崇文目》、《通志》等，均列之類書，《國史經籍志》
改入故事，《四庫全書總目》又改入政書。陶宏景《刀劍錄》一書，《郡齋讀書志》
入類書，《崇文總目》、《宋志》入小說，《國史經籍志》入食貨，《文獻通考》入藝術，
又入類書。又如《新唐志》既列張楚金《翰苑》於類書，又列之於總集；《宋志》既

〔註74〕劉咸炘《續校讎通義》下冊，〈四庫子部第十二〉，收於楊家駱編《校讎學系編》（臺
　　　　北：鼎文書局，民國66年10月初版）章氏系～708。
〔註75〕張滌華《類書流別》（修訂本）（北京：商務印書館，1985年9月第一版），頁4。

列江少虞《皇朝事時類苑》於類事，又列之於故事。〔註76〕

　　劉咸炘亦曾就《四庫全書總目》所收之諸類書，爲之配隸；又謂《同姓名錄》、《元和姓纂》、《李氏蒙求》、《小名錄》、《帝王經世圖譜》、《職官分紀》、《歷代制度詳說》、《說略》、《古儷府》、《文選雙字》等書，宜歸入表譜、譜牒、小學、姓名、典要、官職、儒家、書鈔各門，《四庫全書總目》均爲誤收。〔註77〕

　　可知傳統書目中對類書所呈現歸部爭議現象，其實即爲對類書定義不明所致。書籍體例的成立，絕對是在定義完成之前。類書歸部立目的課題，到鴉片戰爭後，學界引進西方圖書分類法才有較大的突破。民國之後採用杜威十類分法，將類書歸爲「總類」，與百科全書等並列，雖然未必完全正確，盧荷生先生稱其爲不分之分，倒不失爲一較適當的處理方式。

　　古人對類書性質雖然有逐漸清晰的趨勢，但是限於傳統的四部分類法拘限，多數書目仍然無法釐清類書義界，這對圖書分類，學術研究都造成困擾。所以研究類書淵源或體例者，首要辨析類書義界，有了清楚的義界之後，才能區辨類書的範圍，追溯類書的淵源，探討類書千百年來體例變化的現象。

　　謹將上文整理爲「表一、類書在官修書目中歸部情形與名稱」與「表二、各代私家書目中類書歸部與名稱舉要」以便對照。〔註78〕

表一、類書在官修書目中歸部情形與名稱：

史　志　別	圖書分類法	類書歸部情形	名　　稱
《中經簿》	四部分類	丙部（史部）	
《隋書・經籍志》	四部分類	子部　歸雜家	
《舊唐書・經籍志》	四部分類	丙部（子錄）事類	事　類
《崇文總目》	四部分類	子部　類書類	類　書
《新唐書・藝文志》	四部分類	丙部（子錄）類書類	類　書
《宋史・藝文志》	四部分類	子部　類事類	類　事
《文淵閣書目》	三十九類	類書類	類　書
《明史・藝文志》	四部分類	子部　類書類	類　書
《四庫全書總目》	四部分類	子部　類書類	類　書

〔註76〕同上註，頁3～4。
〔註77〕詳見劉咸炘《續校讎通義》下冊，〈四庫子部第十二〉，收於楊家駱編《校讎學系編》（臺北：鼎文書局，民國66年10月初版）章氏系～708。
〔註78〕表一、二，參考葉怡君《類書之目錄部居探原》論文修訂（輔仁大學圖書資訊所碩士論文，民國86年）。

表二、各代私家書目中類書歸部與名稱舉要：

朝代	書　目　名	圖書分類法	類書歸部情形	名　稱
宋代	《郡齋讀書志》	四部分類	子部類書類	類　書
	《遂初堂書目》	四十四類	類書類（大類）	類　書
	《直齋書錄解題》	五十三類	類書類（大類）	類　書
	《通志·藝文略》	十二大類	類書類（大類）	類　書
	《鄭氏書目》	七部分類	類書類（大類）	類　書
元代	《文獻通考》	四部分類	子部類書類	類　書
明代	《江東藏書目》	十三類分部	類書（大類）	類　書
	《百川書志》	四部分類	子部類書類	類　書
	《國史經籍志》	四部分類	子部類家類	類　書
	《世善堂藏書目錄》	六大類分類	史類類編	類　編
	《二酉藏書山房書目》	五類分部	類書（大類）	類　書
	《紅雨樓書目》	四部分類	子部彙書類	彙　書
	《澹生堂藏書目》	四十六分類	類家類	類　家
清代	《絳雲樓書目》	七十三類	類書類	類　書
	《讀書敏求記》	四十四類	類家	類　書
	《孫氏祠堂書目》	十二大類	類書（大類）	類　書
	《書目答問》	七大類	子部類書類	類　書

第三章　類書義界

壹、分類的形成與運用

　　自《舊唐書・經籍志》將類書自子部雜家別出，稱爲「類事」起，類書這種體例的書籍，有了第一個名稱。稍後沿用迄今的「類書」名稱，也在宋代正式成立。如同「史書」、「經書」等名詞，「類」字標示出類書的特性。什麼是「類」？《正中形音義大辭典》解釋：〔註1〕

　　　　類（形聲）（會意）甲文金文類字闕。小篆類：從犬頪聲，本義作「種類」解，（見《玉篇》）乃性質相同或相近似者之通稱；以犬之相似爲最，故從犬。又以頪音未，有「鮮白貌」一義；相近似者，其共同之形性，的然可見，有先白意，故類從頪聲。音淚，力遂切，去聲寘韻。

　　　　品匯曰類；形性相同或相似者之稱。例《易・乾》：「本乎天者親上，本乎地者親下，則各從其類也。」《禮・月令》：「察物色，必比類。」疏：「品物相隨曰類。」《呂覽・召類》：「類同相召，氣同則合。」

可知類「乃性質相同或相近似者之通稱」。以「類」字標示類書，係由類書體例上「區以部類，條分件繫」的特徵而來。要「區以部類，條分件繫」就必須先談分類。

　　分類就是分別異同。亦即荀子所云：「同其所同，異其所異。」分類是人類天性，從出生起便一直演練實踐。賀胥黎（T. H. Huxley）云：「我人之所以將事物分類者：所以分其異，類其同，以求區別事物，而便於辨識記憶也。」說明了分類的目的，在便於辨識與記憶事物的特質。人類在分類的過程中，乃以認識與分辨事物的共同特徵，以決定事物是否屬於同一種類。這種歸屬關係的分類能力是人類學習各種概

〔註 1〕《正中形音義大辭典》（臺北：正中圖書公司，66 年 8 月增訂二版），頁 2066，類字。

念及定義的基礎，是人類學習發展重要的能力，可收同聲相應、同類相求之效。但若僅是能分類還嫌不足，在分其異，辨其同之後，還須將分類結果作系統的歸納整理。如許慎〈說文敘〉所云：「方以類聚，物以群分，同章條屬，共理相貫，雜而不越，據形系聯，引而申之，以究萬源。」即在分別異同後，我們還需將同類中的組織分子，按類似的等級排列起來，成為一個系統的集團。方能企求綱舉目張，舉一反三。《大英百科全書》科學分類條云：「科學分類者，在求事物系統的建立，根據其重要性，及彼此實際的關係，而成互不相掩，及各求其全的族類。」提醒我們在分類系統建立後，還要仔細檢查族類是否詳盡，以及類與類之間的不相重掩。〔註2〕

類的概念，在中國圖籍中出現甚早。《易象》云：「君子以族類辨物。」《易繫辭》云：「方以類聚，物以群分。」已經把事物區分為若干不同的類。先秦諸子更重視類的運用，例如在說理論道中運用分類概念者如：《孟子·告子》云：「故凡同類者，舉相似也。何獨至於人而疑之？聖人與我同類者。」〔註3〕孟子運用人們對同類「舉相若也」的同意，而推論到聖人與我同類。又如《荀子·正名》「推而共之，共則有共，至於無共，然後止。」「推而別之，別則有別，至於無別，然後止。」〔註4〕前句乃自同至於異，下句乃自異至於同，都是區辨分類的方法。又如《荀子·王制》「以類行雜，以一行萬」，〔註5〕荀子強調能分類而得其樞要，則不患於現象之紛雜。能施行於一人，則萬人可類推而治。其他或如《墨子·經說下》所云：「彼，彼止於彼；此，此止於此。」〔註6〕及《莊子·天下》：「大同而與小同異，此之謂小同異；萬物畢同畢異，此之謂大同異。」〔註7〕，不勝枚舉。

分類也運用在學術分類上，如《論語·先進》：「德行：顏淵、閔子騫、冉伯牛、仲弓；言語：宰我、子貢；政事：冉有、季路；文學：子游、子夏。」孔子將其弟子依所長，分為四門學術科別。《孟子·盡心》：「逃墨必歸於楊，逃楊必歸於儒。」分天下學術為三大派。《莊子·天下篇》分天下百家學術為鄒魯之士、墨翟、禽滑釐、

〔註2〕 以上參考王省吾《圖書分類法導讀》（文化大學出版社，民國78年7月新三版），頁4。

〔註3〕 《孟子注疏》卷十一上〈告子〉第七《十三經注疏》《孟子注疏解經》十一卷上（臺北：藝文印書館，民國86年8月初版），頁196。

〔註4〕 〔清〕王先謙《荀子集釋》卷十六〈正名篇〉（臺北：世界書局，民國63年1月），頁278。

〔註5〕 〔清〕王先謙《荀子集釋》卷五〈王制篇〉（臺北：世界書局，民國63年1月），頁103。

〔註6〕 〔清〕孫詒讓《墨子閒詁》卷十〈說經〉下（臺北：華正書局，民國76年3月初版），頁103。

〔註7〕 《莊子集釋》卷十下〈天下〉第三十三（臺北：華正書局，民國68年5月），頁1102。

宋鈃、尹文、彭蒙、田駢、愼到、關尹、老聃、莊周、惠施、桓團、公孫龍七派，論其異同得失。《荀子‧非十二子篇》分當時學術思想為：它囂、魏牟、陳仲、史鰌、墨翟、宋鈃、愼到、田駢、惠施、鄧析、子思、孟軻、仲尼、子弓等七派。又論儒家子張氏、子夏氏、子游氏三支的異同得失。《解弊篇》也論諸家之「弊」。《韓非子‧顯學》評儒家八派與墨家三派。《呂氏春秋‧不二篇》也論天下各派學術。《淮南子‧要略》敘述孔子、墨子、管子、晏子、縱橫家、申子、商鞅各家學術上的分派淵源及其代表人物。司馬談〈論六家要旨〉首次將戰國百家歸納為「陰陽、儒、墨、名、法、道德」六家，且評其得失，可見學術分類逐漸分明。

　　分類的思想在春秋時代已經用到圖書管理上。《左傳》哀公三年：「救火……南宮敬叔至，命周人出御書俟於宮。……子服景伯至，命宰人出禮書以待命。」御書與禮書分別儲藏，說明魯國公府藏書已經分類。戰國《孟子‧離婁》下：「晉之《乘》，楚之《檮杌》，魯之《春秋》，一也。」將之歸於史書一類。《史記‧自序》：「（漢初）蕭何次律令，韓信申軍法，張蒼為章程，叔孫通定禮儀。」說明漢廷圖書已分律令、軍法、章程、禮儀四類。劉向父子奉詔校書，更有系統的把古代分類思想用在圖書整理工作，按學術不同的性質，將國家藏書作系統分類。《漢書‧楚元王傳》附《劉歆傳》：「歆乃集六藝群書，種別為《七略》。」《漢志》據之總結最後的成果：「大凡書六略、三十八種、五百九十六家、萬三千二百六十九卷。」「略」是大類，「種」是小類。可知劉歆據書的內容與學術性質，將所見圖書分為六藝、諸子、詩賦、兵書、數術、方技六大類，而後世目錄深受其影響。〔註8〕

貳、類書義界

　　《四庫全書總目‧類書類小序》云：「類事之書，兼收四部，而非經、非史、非子、非集；四部之內仍無類可歸。」是指類書內容博采群書，類無專屬而言的。究竟類書的性質與範圍為何？從上一章論述中知，歷代學者有各種不同的理解。如《宋史‧藝文志》把政書及叢書《儒學警悟》都歸入類書。《明史‧藝文志》則把政書歸入史部，但仍把叢書《漢魏叢書》、《津逮秘書》歸入類書。《四庫全書總目》則把所有的姓氏書都歸入類書。鄧嗣禹《燕京大學圖書館目錄類書之部》所收更寬，將姓

〔註8〕　姚名達《中國目錄學史‧溯源篇》：「《諸子略》以思想系統分，《六藝略》以古書對象分，《詩賦略》以體裁分，《兵書略》以作用分，《數術略》以職業分，《方技略》則兼採體裁作用，其標準已絕對不一，未能採用純粹之學術分類法。……後世目錄之分類，無論正統派或別派無不深受《七略》之影響。」（臺北：臺灣商務書局，民國46年），頁60。

氏書、政書、日用常識書都歸入類書。自古到今，學界對類書的性質與範圍理解不一，造成類書研究的困擾。本文擬就近代類書研究成果中，挑選民國三十、七十、九十年代代表者，就其類書性質特色研究，作分析、歸納，再進一步比較其他學者研究，歸納出一較完備且界定清晰之類書定義，再進一步對應於古代類書如《皇覽》、《藝文類聚》、《初學記》等代表性類書，確定其有效度程度。

一、前人對類書義界的分析歸納

張滌華《類書流別》為較早期研究成果代表。其對類書界定為：

> 由今觀之，類書為工具書之一種，其性質實與近世辭典、百科全書同科，與子、史之書，相去秦越。語其義界，則凡薈萃成言，裒次故實，兼收眾籍，不主一家，而區以部類，條分件繫，利尋檢，資采掇，以待應時取給者，皆是也。〔註9〕

仔細分析張氏之言，可知其所謂類書，應包含以下各項條件：

（一）類書性質與近世辭典、百科全書相近，均為工具書——這是類書屬性。

（二）「薈萃成言，裒次故實」，即收錄成言、故實——這是類書輯錄資料的方式。

（三）「兼收眾籍，不主一家」，即資料來源寬博——這是類書資料來源的說明。

（四）「區以部類，條分件繫」，即將所輯資料分門別類、以類相從——這是類書系屬資料方式。

（五）「利尋檢，資采掇，以待應時取給」，即預期的功能——這是類書編撰目的。

其次分析戴克瑜、唐建華主編《類書的沿革》為類書所作之定義，該書以為：

> 凡采輯群書，全面系統的收集某科、多科或各科知識，經加工整理，以類相從，標明出處，條分件系，為便於人們翻檢知識和資料的工具書，稱之為類書。〔註10〕

分析其重點可得：

（一）「采輯群書」——為類書資料來源說明。

（二）「全面系統的收集某科、多科或各科知識」——是為類書收集資料的具體方向。

（三）「經加工整理，以類相從，標明出處，條分件系」——這是類書系屬資料方式。以這些工作達到編編輯目的，

（四）「為便於人們翻檢知識和資料」——此為類書編撰目的。

（五）「工具書」——說明類書屬於工具書的一種。

〔註9〕張滌華《類書流別》（修訂本）（北京：商務印書館，1985年9月），頁4。
〔註10〕戴克瑜、唐建華主編《類書的沿革》（四川省中心圖書館委員會編，1981年），頁2。

　　與張滌華定義最大不同者，爲強化類書所收資料有多科與一科之別，與類書資料「標示出處」。民國九十年代張三夕對類書定義，張氏云：

　　　　類書，是我國古代分類的資料彙編性的工具書。類書採輯古典文獻中有關典故史實、名物制度、詩文詞語等方面的各種資料，分門別類編排，每一門類下又分若干子目，以供讀者讀書或寫作時查閱、徵引。〔註11〕

分析其重點可得：

（一）「類書，是我國古代分類的資料彙編性的工具書」──這是類書屬性的說明。

（二）「類書採輯古典文獻中有關典故史實、名物制度、詩文詞語等方面的各種資料」──這是類書資料來源與輯錄方式。

（三）「分門別類編排，每一門類下又分若干子目」──這是類書系屬資料方式。

（四）「以供讀者讀書或寫作時查閱、徵引」──這是類書編撰目的。

　　張氏點出類書是分類彙編性的工具書，資料包括有典故史實等類，功能是讀寫時查閱徵引。定義中特別強化類書資料分類編排時，又分不同層次子目。

　　若綜合三位學者之定義，可知類書基本上應有下列特色：

（一）在屬性上，類書爲工具書一種。

（二）類書編撰主要目的是爲提供讀者查閱徵引之需。

（三）類書依其編撰主要目的，廣泛輯錄古代與當代書籍中相關主題資料的原文。

（四）所輯錄之資料經分門別類編排系屬，又可因需要分不同層次子目。

　　因考量類書有將資料彙集成一篇短文或賦者；有在部類前加「總序」，分類前加「小序」，以輔助讀者掌握資料內容者。但廣輯群書原文是類書的主體結構，是類書編撰的基本要求，不會被這些次要因素影響。所以應加入第五點。

（五）若爲服務所輯錄的原文，可另加以綜合性的文字成「總論」、「小序」或注釋等。

　　依照上述特色，可知凡輯錄各種古籍中某科、多科或各科知識材料篇、段、句、詞的原文，以分類或分韻的方式，編次排比於從屬類目，並標明出處，從而形成專科性或綜合性的資料彙編，編者無意藉之成一家之言，爲專供讀者翻檢查考的工具書，稱爲類書。其所集中的資料眾多，在內容上往往包涵歷史、文化、社會、政經、學術、思想、藝文等各層面，涉及中國傳統四部文獻資料。在概念上類書提供的是文獻內容而不是文獻內容提要，也不是字詞的音義，是輯集之功而非述作。〔註12〕

〔註11〕張三夕《中國古典文獻學‧第一章古典文獻的體裁與類型》（武漢：華中師範大學出版社，2003年3月），頁45。

〔註12〕許多先進以「述而不作」來概稱類書這項特色。據〔宋〕朱熹解釋：「述，傳舊而已。

在編輯體制與內容上，與百科全書、叢書、總集、政書、字辭書等不同。

二、以《皇覽》、《藝文類聚》、《初學記》求驗歸納結果

試觀古籍中對《皇覽》的重要相關記載：

（一）《三國志》卷《魏書・文帝紀》云：「……初，帝好文學，以著述爲務，自所勒成，垂百篇。又使諸儒，撰集經傳，隨類相從，凡千餘篇，號曰《皇覽》。」

（二）《三國志》卷二一《魏書・劉劭傳》云：「黃初中，爲尚書郎、散騎侍郎。受詔集五經群書，以類相從，作《皇覽》。」

（三）《三國志》卷二三《魏書・楊俊傳》注引《魏略》曰：「王象……受詔撰《皇覽》，數歲成，藏於秘府，合四十餘部，部有數十篇，通合八百餘萬字」

（四）《史記》卷一〈五帝本紀〉唐司馬貞《索隱》云：「《皇覽》，書名也。記先代冢墓之處，宜皇王之省覽，故曰《皇覽》。是魏人王象、繆襲等所撰也。」

（五）清・孫馮翼《問經堂叢書》輯本《皇覽》序云：「其書採集經傳，以類相從，實爲類書之權輿。」〔註13〕

（六）《四庫全書總目》卷一二三陸楫《古今說海》提要云：「考割裂古書，分隸門目者，始魏繆襲、王象之《皇覽》。」

如上述資料中「撰集經傳」、「集五經群書」、「採集經傳」、「割裂古書」等資料等，都說明了類書資料來源與集錄的方式。而「隨類相從」、「以類相從」、「分隸門目」、「合四十餘部，部有數十篇，通合八百餘萬字」等資料，說明了類書分門別類，以類相從的資料系屬方式。「宜皇王之省覽」則是編撰目的。基本上與本文歸納之重點相符。若以歐陽詢《藝文類聚・序》觀察：

> 夫九流百氏，爲說不同；延閣石渠，架藏繁積。周流極源，頗難尋究，披條索實，日用弘多。卒欲摘其菁華，採其旨要，事同游海，義等觀天。……
> 俾夫覽者易爲功，作者資其用。可以折衷今古，憲章墳典云爾。

前段敘述面臨繁多圖籍，在運用檢索時極爲不易的困擾。所以採取「摘其菁華，採其旨要」的方式，集結事義。以期達到「覽者易爲功，作者資其用。可以折衷今古，憲章墳典」的預期功效，這效果爲閱讀與作文兩方面都有利。又，《大唐新語》載：

作，則創始也。」若驗證孔子一生，所謂述，是指講述、鈔傳、記錄、整理、編修等實用性較強、創造性較弱的「寫」行爲。所謂作，是指創造、綜合、變通、生發、想像等實用性較強的「寫」。《禮記正義》卷三十七：「故知禮樂之情者能作，識禮樂之文者能述。」鄭元注：「述謂訓其義也，作者之謂聖；述者之謂明。明、聖者，述、作之謂也。」而類書編者無意於著述，其功在「輯」，所以強化之。

〔註13〕〔清〕孫馮翼《問經堂叢書》（百部叢書集成，臺北：藝文印書館，民國73年），頁1。

玄宗謂張說曰：「兒子等欲學綴文，須檢事及看文體。《御覽》之輩，部帙既大，尋討稍難。卿與諸學士撰集要事並要文，以類相從。務取省便，令兒子等易見成就也。」說與徐堅、韋述等編此進上，詔以《初學記》爲名。〔註14〕

其中「撰集要事並要文」是類書輯錄資料的方式。「以類相從」是類書編輯材料的方式。「欲學綴文，須檢事及看文體」、「務取省便，令兒子等易見成就也」是類書編撰目的，也與本文歸納重點相符。所以，本文歸納之類書義界是可信的。

參、類書義界與其他工具書的異同

張滌華曾言：「雖然，類事之書，林林總總，亦有循形雖似，而察實則非者，……亦有循形雖非，而察實則是者，……」〔註15〕，所以張滌華在對類書作定義後，加強說明類書與總集、政書、叢書等體制書籍的區別。

> 凡博采諸家，彙輯眾體，而意在文藻，不徵事實，如《文館詞林》、《文苑英華》之屬，是曰總集非類書也；品式章程，刊列制度，而只悎重數典，非徒記問，如《通典》、《會要》之屬，是曰政書，非類書也；此外薈萃古書，合爲一帙，如《百川學海》、《永樂大典》之屬，是曰叢書，非類書。記錄異聞，備陳瑣細，如《太平廣記》、《說略》之屬，是曰稗編，非類書也；自餘時令之書（如度臺卿《玉燭寶典》、韓鄂《歲華紀麗》），職官之記（如楊侃《職林》、孫逢吉《職官分記》），譜錄之體（如陶宏景《刀劍錄》、李孝《美錢譜》），牒乘之編（如梁元帝《同姓名錄》、陸龜蒙《小名錄》），以及誨童蒙（如李瀚《蒙求》、李伉《系蒙》），益勸戒（如于立政《類林》、田錫《咸平御屏風》），資博物（如高承《事物紀原》、董斯張《廣博物志》）諸作，方之類書，亦已不同，悉從沙汰，轉免糅雜。蓋兼收並蓄，則如朱紫之易淆；慎取明辨，則同涇渭之終別。孔子曰：「必也正名乎，」不其然邪！〔註16〕

張氏原意本在清楚區辨類書與總集等其他體例之不同，但卻也呈現類書體例與總集等書籍體例的重疊之處。《類書的沿革》也作了相同的辨析工作，其云：

> 它（類書）與總集有別。因爲總集是將各家不同體裁的文章加以收編

〔註14〕〔唐〕劉肅《唐新語》卷九（北京：中華書局，1984年），頁137。

〔註15〕張滌華《類書流別》（修訂本）（北京：商務印書館，1985年9月第一版），頁5～6。

〔註16〕張滌華《類書流別》（修訂本）（北京：商務印書館，1985年9月第一版），頁4～5。

　　而成的書籍。其次，它與政書也有所不同，凡匯集各朝各代的典章制度的
　　書籍列入政書，如《通典》、《會要》等。最後，它與叢書也區別開來了，
　　凡匯集各種古書給以總名的列入叢書，如《百川學海》等。至於它與字典、
　　詞典的關係，它們是既有聯繫又有區別的。類書可以說是在字典、詞典發
　　展過程中分離出來後獨立發展起來的。〔註17〕

強化類書與總集、政書、叢書、字詞典的不同。這樣簡要辨析，在許多學者論述中
都有，可知現今學界在類書定義上周延的企求。類書因為體例的特殊，或說類書體
例特色有部分與其他體例之書籍重疊，如「兼收眾籍」或「廣輯群書」之特色，則
與叢書、辭典、總集、政書資料來源類似，若不仔細分辨，則非常容易混淆。本文
謹擇項分析類書與其他體制相類似書籍之同異。

一、類書與現代百科全書

　　學界常將類書與現代百科全書的性質混淆。張滌華曾云：

　　　　由今觀之，類書為工具書之一種，其性質實與近世辭典、百科全書同
　　科，與子、史之書，相去秦越。〔註18〕

張滌華欲以一種比擬法，試圖說明類書的性質，但並非說類書是辭典或百科全書。
若與張祖淑所云比較：

　　　　我國類書從內容、體例、功用以及它在古典目錄學中的位置，都可說
　　明它與百科全書性質是相同的。〔註19〕

在類比中已經去除辭書，且強化由類書的內容、體例、功能及在古典目錄學的位置，
都可以說明類書性質與百科全書相同。此說，已經忽視了類書與百科全書在體例與
功能上的差異，強異為同。王端延也說「類書和百科全書是同一性質的工具書。」
但其論述有更大的變化，王瑞延云：

　　　　我國類書作為百科全書，久已為各國學術界所重視和認可。享有百科
　　全書權威之稱的《英國百科全書》，在介紹我國百科全書時，就列舉了我
　　魏及隋唐以至近代百科全書不下 27 種之多，其他各國百科全書也都引
　　述，……。〔註20〕

引用《英國百科全書》等書，將我國類書視為百科全書之說，證明類書即是百科全

〔註17〕《類書的沿革》（四川省中心圖書館委員會編，1981 年），頁 2。
〔註18〕張滌華《類書流別》（修訂本）（北京：商務印書館，1985 年 9 月第一版），頁 4。
〔註19〕張祖淑〈試論我國古代「百科全書」〉（圖書館學刊，1984 年，第二期），頁 79～83。
〔註20〕王端延〈從《古今圖書集成》看我國類書的性質〉（貴圖學刊，1984 年 1 期），頁 54
　　　～58。

書，且以爲各國學術界所重視。論述中，認定類書就是百科全書。〔註21〕其後倪海曙的論文更強化：

> 我國類書是我國古代的百科全書，而我國現代百科全書就是我國類書的繼承和發展。〔註22〕

將古代類書視爲百科全書，並將現代百科全書說成是類書的繼承與發展。這又太過於勉強的將類書與現代百科全書接軌。稱類書爲「中國古代百科全書」者，還如張三夕云：

> 類書收集的資料既龐雜又豐富，涉及的範圍也很廣泛，大千世界，人間萬象，天文地理，飛禽走獸，無所不包，因此，被稱爲中國古代的百科全書。〔註23〕

用「中國古代百科全書」這樣的稱呼，是僅在皮象上觀察西方的百科全書，只注重兩類書籍收羅資料的豐富完備，卻沒有清楚的了解兩者之間的眞實差異。

張春輝查閱《英國百科全書》發現，百科譯編條目「Encyclopedia」之下，另設一個標題「Encyclopedia in the East」，即東方百科全書條。其下列舉了二十八種中國古籍，計有：類書二十二種，包括《皇覽》、《編珠》、《藝文類聚》、《北堂書鈔》、《初學記》、《太平御覽》、《冊府元龜》、《玉海》、《永樂大典》、《三才圖會》、《佩文韵府》、《韵府拾遺》、《駢字類編》、《子史精華》、《古今圖書集成》、《事物原會》、《小視錄》、《經傳釋義》、《齊名記數》、《四書五經類典集成》、《壹是紀始》、《二十四史九通政典類要會編》。政書五種，包括《通典》、《文獻通考》、《通志》、《九通》、《清朝續文獻通考》，及辭書《辭源》一種。張氏強調：

> 但就在同一條目「Encyclopedia」一開始的第二段，就對此作了說明，現中譯如下：「本條目中的 Encyclopedia 這個詞，其涵義不僅包括當今大型的、綜合性的百科全書，而且還包括各種類型旨在系統編纂關於一個或一組主題的『全部知識』的精華。其中包括哲學詞典，美國歷史辭典及《世界年鑑》之類的，其實質上是一種當代情報資料的百科全書類型。」〔註24〕

〔註21〕其說法可以潘樹廣資料補證：「《英國百科全書》在介紹百科全書的歷史時，列舉了我國古代《藝文類聚》等二十餘種著名類書；國外學者還把我國清代大型類書《古今圖書集成》逕稱爲「康熙百科全書」（K'ang His Imperial Encyclopaedia）。從類書的包羅宏富和便利檢索這些特點來看，它們確與百科全書有相似之處。」見潘樹廣《古典文學文獻及其檢索》（西安：陝西人民出版社，1984年），頁362。但潘先生下文區辨類書與百科全書之差異，非常清楚。

〔註22〕倪海曙〈關於百科全書〉（辭書研究，1985年7月四期），頁1〜14。

〔註23〕張三夕《中國古典文獻學·第一章古典文獻的體裁與類型》頁45。

〔註24〕張春輝〈關於類書性質的商榷〉（圖書館學刊，第5期〔總第40期〕，1988年），

張氏以爲《英國百科全書》條目的撰寫者,是將所列古籍都歸入「各種類型旨在系統編纂關於一個或一組主題的『全部知識』的精華」範圍之內。而部分學者未能細察 Encyclopedia 條目的全文,將類書歸入「古今大型的、綜合性的百科全書」這個範圍來進行論證,顯然是誤解原撰者的旨意。吳楓以爲:

> 類書雖類似百科全書,但與現代百科全書又有質的區別:類書只是分類羅列匯編古書記載的有關某類事物的原始資料,僅僅是照抄或摘鈔下來再加以編排,並不作概括性總結和論斷;而近現代百科全書則是編者在收集前人資料的基礎上要用自己的話作概括性論述。〔註25〕

朱燕平云:

> 類書和百科全書有接近之處,所以人們又稱它爲古代百科全書,但與現代百科全書又有區別。類書取材於古代書籍,分類羅列原始文獻;百科全書則是重視收集近代、現代的科學並有系統地概括地論述各種科學、技術的基本知識。〔註26〕

都在在強調類書與現代的百科全書略爲相似,但並不相同。百科全書的名稱是從希臘文 encyclopedia 翻譯而來。en 有「完全」的意思,cyclo 是「圓圈」,pedia 爲「知識」、「教育」,綜合意義爲「在這個圓圈裡薈集著所有的知識」,也就是說「全部知識都收羅在這部書理了」。緣此中文名稱之「百科」是指門類和科目的繁多,「全書」是說包括在這部書裡的知識齊全。Encyclopedia 旨在教育、傳授,以當時對客觀世界認識的水準,有系統編寫一切門類的最新知識,以供閱讀或查檢的工具書。雖也用條目的形式,作者也收集前人相關資料,但在闡釋原委時,作者必須要用自己的文字作概括性論述。著重將最新知識作系統的、全面的介紹。若說類書是中國古代的百科全書,乃因見類書門類眾多,所收內容包羅萬象,但這與現代意義的百科全書並不相同。類書是輯錄古書中以歷代對客觀世界認識與描述的原始資料,分類集中,編纂者並不作概括性總結和論斷。類書屬於編輯,而百科全書屬於著述。〔註27〕

二、類書與辭書

類書與辭書性質同科,但體制與編輯目標不同。杜澤遜云:

頁 28~31。

〔註25〕吳楓《中國古典文獻學・第二章古籍編纂的體類》(武漢:華中師範大學,2003 年 3 月),頁 80。

〔註26〕朱燕平〈略論類書的特點、起源及作用〉(圖書館研究與工作,1997 年第 3 期),頁 62。

〔註27〕參見倪海曙〈關於百科全書〉(辭書研究,1985 年,第 4 期),頁 1~14。

　　類書與辭書的不同，在於辭書的任務要歸納出辭義、義項，這是用力
較深之處。辭書要引例句，是爲了印證詞義，因而引文一般限於句子，而
且例句一般不多，例句以時代較早者爲佳。類書則不要求歸納詞義、義項，
即使要釋義，一般也只引古代字書、辭書、韻書如《説文》、《爾雅》、《廣
韻》而已，不作新的歸納功夫，而其抄集文句則追求豐富廣泛。辭書的重
心在釋義；類書的重心在摘取文句。〔註28〕

清楚的闡釋辭書的編輯目的在「歸納出辭義、義項」，若要舉例句印證，引文一般限
於句子。而類書匯輯資料而不歸納詞義、義項，若有也是徵引古代字書韻書。還以
編排形式較爲類似辭書的《永樂大典》、《佩文韻府》等類書爲例，進一步說明即便
依韻編排，看似字書者，考其編輯重心在摘句而非釋義，仍爲類書。

三、類書與叢書

　　張滌華《類書流別》初版云：「凡薈蕞古書，合爲一帙，如《百川學海》、《永樂
大典》之屬，是曰叢書，非類書。」而其初版按語亦補充：左圭《百川學海》、葉盛
《菉竹堂書目》及解縉《永樂大典》等，《明志》與《四庫全書總目》均將之列爲類
書，以爲處理失當。而在該書1985年修訂版中，卻將《永樂大典》由叢書改判爲類
書，可見類書與叢書的判定，即使專才也可能失誤。杜澤遜指出類書與叢書差異云：

　　類書與叢書不同，在於叢書是整部書整部書地排列在一起，分類也
罷，不分類也罷，原書完好，不予分割。類書則要摘取各書的詞句或段落，
按類別編排。其相似之處，在於對原文一般不作改動。〔註29〕

雖然類書和叢書均爲薈蕞古書，但類書自書中選取部分資料，或爲章節或爲段落乃
至片語，然後分類結集於系統的類目之下，綜合成一部新的資料匯編；而叢書則是
「匯集群書，統一規格，一書單刊，綜合成套，冠以總的書名，若將叢書拆開，又
保持每本書的獨立完整性。」〔註30〕雖然，偶有叢書所匯集的書籍並非首尾完整，
而有刪節選錄的，但至少各書資料都是獨立不相混編。

四、類書與政書

　　「政書」這個名稱是在清代修《四庫全書》時開始使用的。我們一般稱「典章制
度」者，係指包括土地、田賦、貢稅、職官、禮俗、樂律、兵刑、科舉等社會制度與
法令。記載典章制度的書就是「政書」，《四庫全書》史部三十七〈政書類小序〉云：

〔註28〕杜澤遜《文獻學概要》第九章類書與叢書（北京：中華書局，2001年9月），頁275。
〔註29〕同前註。
〔註30〕朱燕平〈略論類書的特點、起源及作用〉（圖書館研究與工作，1997年第3期），頁
　　　　62。

……今總核遺文，惟以國政朝章，六官所職者，入於斯類，以符周官
故府之遺。……考錢溥秘閣書目有「政書」一類，謹據以標目，見綜括古
今之義焉。〔註31〕

可知這個分類名稱由來之原委。政書可分為兩大類：

一類是「通古今」的，即所謂「三通」、「九通」、「十通」；另一類是
斷代的，即所謂「會要」和「會典」。記載一代典章制度發展變化的是「會
要」，記載一代行政機構職責及章程法令的是「會典」。〔註32〕

而十通、會典、會要等雖在政事範圍之內容廣泛，分類編纂，但端賴編纂者編寫解
述方成，故應入史部，不應歸入類書。像《冊府元龜》、《經濟類編》也以史事為內
容，但完全整理彙編前人資料，才符合類書條件。

五、類書與其他體例書籍

類書與其他體例書籍容易相混者，張滌華曾列舉如：

……時令之書（如度臺卿《玉燭寶典》、韓鄂《歲華紀麗》），職官之
記（如楊侃《職林》、孫逢吉《職官分記》），譜錄之體（如陶宏景《刀劍
錄》、李孝《美錢譜》），牒乘之編（如梁元帝《同姓名錄》、陸龜蒙《小名
錄》），以及誨童蒙（如李瀚《蒙求》、李忼《系蒙》），益勸戒（如于立政
《類林》、田錫《咸平御屏風》），資博物（如高承《事物紀原》、董斯張《廣
博物志》）諸作，方之類書，亦已不同……〔註33〕

仔細查察張滌華均以其編撰目的與功能性將之與類書區辨，是正確的。即便如此，
類書的認定在學界還是有許多爭議之處，張滌華以為：「然苟按其取材之範圍，考其
部居之方法，核其纂輯之恉意，則蒼素立辨，夫何模稜之有！」〔註34〕是有道理的，
但如不深入剖析，豈能真正釐清？

〔註31〕《四庫全書總目》卷八十一史部三十七（北京：中華書局，1965 年 6 月），頁 693。
〔註32〕戚志芬《中國的類書政書與叢書》（臺灣：臺灣商務印書館，1995 年 12 月），頁 97。
〔註33〕張滌華《類書流別》（修訂本）（北京：商務印書館，1985 年 9 月第一版），頁 5。
〔註34〕同上註，頁 6。

第四章　類書淵源各家說法探討

壹　類書淵源各家說法剖析

　　歷來類書的起源有許多不同說法。比較重要的，依所指稱源起作品的時代順序
列述：〔註1〕有張舜徽先生為代表的《爾雅》說；〔註2〕有汪中為代表的《呂氏春秋》
說；〔註3〕有鈕樹玉為代表的《淮南子》說；〔註4〕有袁逸為代表的《洪範五行傳論》、
《新序》、《說苑》說；〔註5〕有王應麟為代表的《皇覽》說；〔註6〕有晁公武為代表
的《同姓名錄》說等〔註7〕。但大多數的學者，如胡道靜、戚志芬等，都支持王應
麟為代表的《皇覽》說。〔註8〕謹分項一一為之析辨如下。

〔註1〕 勞榦以為：「類書的起源是由於結合名物。最先集合名物的，是《詩》。」見勞榦〈說
　　　　類書〉（新時代，第一卷，第七期，民國50年7月），頁27。因此論點爭議不高，
　　　　一般學者都不採納，所以省略不論。

〔註2〕 見張舜徽《清人文集別錄》卷十五「玉函山房文集五卷續集五卷」條（臺北：明文
　　　　書局，民國71年2月），頁423～424。

〔註3〕 見汪中《述學・補遺・呂氏春秋序》（臺北：廣文書局，民國59年12月初版），頁
　　　　20。

〔註4〕 見鈕樹玉《匪石先生文集》論淮南子條。收入《叢書集成續編》192冊（臺北：新
　　　　文豐出版公司，民國77年），頁764。

〔註5〕 見近人袁逸〈試論類書之起源〉一文。（四川圖書館學報，1983年2月），頁86～92。

〔註6〕 見王應麟《玉海》卷五十四（臺北：臺灣華文書局，民國53年1月），頁24（1070）。

〔註7〕 見晁公武《郡齋讀書志》卷十四類書類《同姓名錄》提要：「齊梁間士大夫之俗，喜
　　　　徵事以為其學淺深之候。梁武帝與沈約徵栗事是也，類書之起當在此時，故以此錄
　　　　為首。」（臺北：廣文書局，民國56年），頁840。

〔註8〕 詳細論述可參見胡道靜《中國古代的類書》（北京：中華書局，1982年2月），頁5
　　　　～6；戚志芬《中國的類書政書與叢書》（臺北：臺灣商務印書館，民國83年9月），
　　　　頁8。

一、《爾雅》

一說認為《爾雅》是中國最早的類書。此說以今人張舜徽先生為代表。他認為：「類書之起，昉於明分部類，據物標目，蓋必推《爾雅》為最先。」〔註9〕以「明分部類，據物標目」的特徵為據，將《爾雅》視為類書之最先。馮浩菲亦云：

> 就現在所見資料而言，中國的類書當以《爾雅》為濫觴。《爾雅》十九篇，前三篇匯編一般基本詞彙的訓義，後十六篇分類匯編各種物名的訓義。因此它既是一部早期的訓詁辭典，又開了類書的端緒。〔註10〕

進一步說明由於《爾雅》後十六篇是「分類匯編各種物名的訓義」，所以《爾雅》既是早期的訓詁辭典，也同時為第一部類書。于大成曾云：

> 雖然，分別部居，以類相從，前此故有其書矣，其書為何，斯《爾雅》是矣。《爾雅》者，實後世類書之權輿也。特其書自昔列於經，後人莫敢以晚出之類書與之相攀緣，而陸機以下諸書，遂亦得躋身經部之列矣。〔註11〕

《爾雅》一書收錄《十三經》中近一半的詞語，特別是《詩經》中的詞與詩句，所以漢代以降，認為《爾雅》是為訓釋儒家幾部重要經典而作。東漢·鄭玄《駁五經異義》云：「《爾雅》者，孔子門人作以釋六藝之文言，蓋不誤也。」〔註12〕魏·張揖〈上廣雅表〉云：「周公著《爾雅》一篇，以釋其（指禮）意義」〔註13〕；唐·陸德明《經典釋文·序錄》也以為周公作《爾雅》，「《爾雅》者，所以訓釋《五經》，辯章同異。」〔註14〕以經學學術傳統而言，《爾雅》列入經部是有資格的。所以唐末正式被列入「開成十二經」之一，成為儒家的語言經典。〔註15〕但于氏之說強調《爾雅》就是類書，只因被列為經書，所以後人不敢將其視為類書。

〔註9〕張舜徽《清人文集別錄》卷十五，「玉函山房文集」條（臺北：明文書局，民國71年2月），頁424。

〔註10〕馮浩菲《中國古籍整理體式研究》（北京：北京圖書館出版社，1997年2月一版），頁369。但該書後文又說：「魏晉南北朝時期，編纂之業大興，正宗的類書陸續出現。」該書所謂的正宗類書，係指《皇覽》等一般學者所謂廣泛承認的類書。這又是淵源定義過寬所致。

〔註11〕于大成〈「類書薈編」敘〉，《木鐸》，3卷4期（民國64年11月），頁26～30。

〔註12〕〔東漢〕許慎撰；鄭玄駁；〔清〕王復輯《駁五經異義》，頁3（問經堂叢書本）收於《叢書集成新編9》（臺北：新文豐出版社）總頁428。

〔註13〕〔魏〕張揖〈上廣雅表〉，收錄於〔清〕王念孫《廣雅疏證·表》（南京：江蘇古籍，2000年），頁3。

〔註14〕〔唐〕陸德明《經典釋文》卷第一〈序錄〉（臺北：鼎文書局，民國64年3月再版），頁17。

〔註15〕竇秀艷〈試論《爾雅》經部地位的形成〉（遼寧教育學報，19卷3期，2002年3月），頁19。

爲何《七略・六藝略》編目時將《爾雅》編入「經部・孝經」，竇秀艷以爲：

> ……《爾雅》具有解經功能，能間接的爲現實政治服務，與經典關係
> 密切，形同半經，所以既不能歸入「小學類」之間，其位置大致應該處於
> 經末與「小學類」之間，於是附入最後一部經書之中。〔註16〕

從西漢以降，《爾雅》的學術地位日益升高，漢人相信《爾雅》是爲訓詁儒家經典而作，可以解決儒家經典中的許多訓詁問題。王充《論衡・是應》云：「《爾雅》之書，五經之訓故。」〔註17〕《爾雅》在經部的地位，有增無減。以致兩漢《志》都將《爾雅》歸附於《孝經》，視爲儒家經書。

雖《爾雅》經學之地位既定，但它是類書嗎？趙伯義云：

> 《爾雅》爲我國最早的漢語辭典，它按意義編排解釋詞與，爲我國辭
> 書的編寫開創出新體例，也爲其他相關著述的編寫導航。〔註18〕

張祖淑亦云：

> 類書又是以類相從的大型編撰物。秦漢時期誕生的《爾雅》就是按類
> 編排的「百科辭典」。它「明分部類，據物標目」，舉凡天文地理、人文關
> 係（釋親）、建築器物、植物動物以及文詞訓詁莫不皆載。這種體例，與
> 後世按天文地理、帝王人事、名物制度、工藝器物、植物動物編排的類書，
> 不無相似之處。〔註19〕

都指出《爾雅》採以意類聚的編寫體例，即按意義爲辭語劃分類別、篇目、章組、釋條、義例，其釋義單位從大到小，逐層深入，使辭語多而不亂，各得其所。後世類書體制受其影響，也採取「以意類聚」分層編次的方式，內容也包羅萬象。就因此體制與後世類書相似，導致學者辨識的混淆。

關於《爾雅》作者及成書過程，歷來說法不一。重要說法如下：第一、爲周公、孔子等所作或增，第二、是孔子的弟子解釋六藝五經的訓詁，三、是秦漢間學《詩》的人纂集的《詩經》博士的訓詁之言，第四、以爲《爾雅》「大抵小學家綴輯舊文，

〔註16〕同前註，頁20。

〔註17〕〔東漢〕王充著：黃暉校釋《論衡校釋》卷第十七〈是應篇〉（北京：中華書局，1996年），頁765。

〔註18〕趙伯義〈論《爾雅》的學術成就〉（河北師院學報（社會科學版），1997年2期，1997年4月），頁113～114。

〔註19〕張祖淑〈試論我國古代的「百科全書」〉後文又說：「後漢、三國時期，正式產生了百科全書類型的類書。其中《皇覽》『撰集經傳，隨類相從』，被推爲『千古類書之權輿』。自此，類書之作，橫互千年，綿延不衰。」（圖書館專刊，1984年，第2期），頁79～83。

遞相增益。周公、孔子，皆依託之詞。」〔註20〕最後一觀點比較接近事實。「此書既非一時所作，又非一人所作，而是從戰國時開始纂輯，至秦漢時才定型成書，是一部以語義爲分類標準的辭典，也是我國第一部字辭典。」〔註21〕

　　至於《爾雅》的編纂目的，晉郭璞〈爾雅序〉云：

　　　　夫爾雅者，所以通詁訓之指歸，敘詩人之興詠，總絕代之離詞，辯同實而殊號者也。……若乃可以博物不惑，多識於鳥獸草木之名者，莫近於爾雅。〔註22〕

宋鄭樵《爾雅・鄭註序》將《爾雅》編纂目的說得更透徹，「古人語言於今有變，生今之世，何由識古人語？此釋詁所由作。」又「五方言語不同，生於夷，何由識華語？此釋言所由作。」再如：「宗族婚姻稱謂不同，宮室器樂命名亦異，此釋親、釋宮、釋器、釋樂所由作。」再如：「生於此土，識此土而已。九州之遠，山川邱陵之異，何由歷？此釋地、釋邱、釋山、釋水所由作。」〔註23〕可知由於時代與地域的區隔，古今異語，夷夏殊辭，所以實同而名異，或名同而實異。《爾雅》的功能便是「總絕代之離詞，辯同實而殊號者也。」使得古今四方異語能接近雅正，納入規範。宋・歐陽修認爲《爾雅》是「秦漢間學《詩》者，纂集說《詩》博士解詁之言」而成。〔註24〕近人羅常培認爲《爾雅》是漢代經師解釋六經訓詁的匯集。〔註25〕今人錢劍夫以爲《爾雅》爲詮釋經傳的最基礎的依據。所以歷代都將它列在「經部」。〔註26〕

　　《爾雅》共十九篇，一萬三千一百一十三字。在體例上，其篇目爲釋詁、釋言、釋訓、釋親、釋宮、釋器、釋樂、釋天、釋地、釋丘、釋山、釋水、釋草、釋木、

〔註20〕〔清〕永瑢、紀昀等《四庫全書總目》卷四十〈爾雅註疏提要〉（北京：中華書局，2003 年），頁 339。

〔註21〕謝貴安《古代字典與辭典》第二章第一節（收於李國祥主編《國學知識指要——古籍整理研究》）（廣西人民出版社），頁 345。其他學者意見如：洪誠以爲「《爾雅》作於戰國孟子以前，流傳到秦漢之間續有增補。」高小方承之。何九盈認爲《爾雅》編纂於戰國末年，李開和之。洪說見氏著《訓詁學》（江蘇：江蘇古籍出版社，1984年）；高說見氏著《中國典籍精華叢書・語文名著》之《爾雅》評介（北京：中國青年出版社，2000 年）；何說見《中國古代語言學史》（廣東：廣東教育出版社，2000年）；李說見於〈關於《爾雅》的作者〉，載（中國語文，1989 年第 1 期）整體而言成書大概不晚於戰國後期。

〔註22〕〔晉〕郭璞注；〔宋〕邢昺疏《十三經注疏：爾雅疏卷第一・爾雅序》（臺北：藝文印書館，民國86 年 8 月），頁 4～5。

〔註23〕〔宋〕鄭樵《爾雅・鄭註序》（臺北：藝文印書館，民國 54 年），（學津討原本）收於叢書集成初編《爾雅及其他二種》（北京：中華書局，1991 年）。

〔註24〕〔宋〕歐陽修《詩本義》卷十〈文王〉（臺北：臺灣商務書局影印線裝書），頁 2b。

〔註25〕見周祖謨、吳曉玲《方言校箋及通檢》中羅常培序（臺北：鼎文書局，民國 61 年。）

〔註26〕錢劍夫《中國古代字典辭典概論》（北京：商務印書館，1986 年 1 版），頁 126。

釋蟲、釋魚、釋鳥、釋獸、釋畜。「雖說其間有釋字義與釋名物之異，但解釋名物，亦所以解釋字義，二者精神實無二致。」〔註27〕

　　今人高小方分析，《爾雅》在內容上，前三篇將一般詞語分爲古語詞（釋詁）一七三組、常用詞（釋詞）二八〇組、疏狀詞（釋訓）一一六組。後十六篇爲百科名詞，又分「社會生活名詞」與「自然萬物名詞」兩大類，社會生活名詞又分「人的社會關係」（釋規）與「人的日常生活」（釋宮、釋器、釋樂）。「自然萬物名詞」分「天文」（釋天）、「地理」（釋地、釋丘、釋山、釋水）、「植物」（釋草、釋木）、「動物」（釋蟲、釋魚、釋鳥、釋獸、釋畜）。〔註28〕可知在內容上莫不備載。

　　進一步分析《爾雅》的「明分部類，據物標目」分類原理，又可概分爲天文地理（釋天、釋地、釋丘、釋山、釋水）、人文關係（釋親）、建築器物（釋宮、釋器、釋樂）、植物動物（釋草、釋木、釋蟲、釋魚、釋鳥、釋獸、釋畜）以及文詞訓詁（釋詁、釋言、釋訓）五大類，可說是於儒家學說指導下，創立了「天、地、人、事、物」的類分體系。這體系是中國古代哲學「天人合一」宇宙觀的直接反映。這種體例，與後世按天文地理、帝王人事、名物制度、工藝器物、植物動物編排以類相從的類書，不無相似之處。因此張滌華與胡道靜都將《爾雅》視爲類書的遠源。

　　但細究《爾雅》，雖最早採用「分明部類，居物標目」的體制，與類書基本特色之一相同，但卻不符合類書「廣集群書」的特性，所以並不是類書。張滌華以爲：《爾雅》十九篇，內容「有屬文者，有屬事者，有以屬器物者。」後代援其體例來正名辨物者，成爲訓詁之書，如《廣雅》、《要雅》；循其體例比事纂言者，則成爲類書，如《皇覽》、《華林遍略》。這兩類書的區分「惟訓詁之書分類，屬事者最略；而類書之分類，則屬事者最詳。」〔註29〕意即，《爾雅》分類屬事這一系統逐漸發展爲類書的特色之一。但不能稱《爾雅》爲類書，不能說《爾雅》爲類書的起源。

　　若再深入《爾雅》的內文，如：

　　　　初、哉、首、基、肇、祖、元、胎、俶、落、權輿，始也。〔註30〕

郭璞注曰：

　　　　《尚書》曰：「三月哉生魄。」《詩》曰：「令終有俶。」又曰：「俶載南畝。」又曰：「訪予落止。」又曰：「胡不承權輿。」胚胎未成，亦物之

<hr>

〔註27〕于大成《類書薈編・敘》（木鐸，第3、4期合刊，民國64年11月），頁26～30。

〔註28〕據高小方《中國典籍精華叢書・語文名著》之《爾雅》評介，第27頁列表調整。

〔註29〕張滌華《類書流別・體制第三》（修訂本）（北京：商務印書館，1985年9月），頁16。

〔註30〕《十三經注疏：爾雅疏卷第一・釋詁第一上》（臺北：藝文印書館，民國86年8月），頁6。

始也。其餘皆義之常行者耳，此所以釋古今之異言，通方俗之殊語。〔註31〕

如果翻譯就是「初、哉、首、基、肇、祖、元、胎、俶、落、權輿」，都是「始」的同意字詞。《爾雅》是以這種方式解釋古今之異言，溝通方俗間之殊語。又如：

　　如、適、之、嫁、徂、逝，往也。〔註32〕

郭璞注曰：「《方言》云：『自家而出謂之嫁，猶女出爲嫁。』陸德明《音義》：「適，傷亦反。」邢昺《疏》：

　　　　皆謂造於彼也。如者，自我而往也。《春秋》公及大夫朝聘，皆曰如。
　　之者，《論語》云之一邦，言又往一國也。適、嫁、徂、逝，皆方俗語。〔註33〕

如果翻譯就是「如、適、之、嫁、徂、逝，都是往的意思。」其他如：

　　〈釋天〉：春爲蒼天，夏爲昊天，秋爲旻天，冬爲上天，四時。〔註34〕
　　〈釋天〉：穀不熟爲饑，蔬不熟爲饉，果不熟爲荒，仍饑爲荐，災。〔註35〕
　　〈釋山〉：泰山爲東嶽；華山爲西嶽；霍山爲南嶽；衡山爲北嶽；嵩高爲
　　　　　　中嶽。〔註36〕
　　〈釋宮〉：雞棲於弋爲榤；鑿垣而棲爲塒。〔註37〕

邢昺在郭璞《爾雅注·序》「夫《爾雅》者，所以通詁訓之指歸」句下，進一步詮釋云：

　　　　《爾雅》者，所以通詁訓之指歸也。詁，古也，通古今之言，使人知
　　也。訓，道也，道物之貌，以告人也。指歸，謂指意歸鄉也。言此書所以
　　通暢古今之言，訓道百物之貌，使人知其指意歸鄉也。若言：初、哉、首、
　　基者，其指歸在始也。若言：番番、矯矯者，其指歸在勇也。略舉一隅，
　　他皆放此。〔註38〕

〔註31〕同前註。
〔註32〕同前註，頁7。
〔註33〕同前註。
〔註34〕《十三經注疏：爾雅疏卷第六·釋天第八》（臺北：藝文印書館，民國86年8月），頁94。
〔註35〕同前註，頁95。
〔註36〕《十三經注疏：爾雅疏卷第七·釋山第十一》（臺北：藝文印書館，民國86年8月），頁118。
〔註37〕《十三經注疏：爾雅疏卷第五·釋宮第五》（臺北：藝文印書館，民國86年8月），頁73。
〔註38〕《十三經注疏：爾雅疏卷第一·爾雅序》（臺北：藝文印書館，民國86年8月），頁

可知《爾雅》是在分類整理、解說，極類似今日的字辭典。非自任何一書收錄一段資料，而是在詮釋時，因需求而彙集相關資料，另行撰寫爲一段文字，以達到訓詁近雅的目的，但並非類書。

二、《呂氏春秋》

　　一說認爲類書起源于秦，認爲秦時呂不韋的《呂氏春秋》是我國最早的類書。此說以清・汪中爲代表。他在《述學・補遺・呂氏春秋序》中云：

> 司馬遷謂不韋使其客人人著所聞，以爲備天地萬物古今之事。然則是書之成，不出一人之手，故不明一家之學，而爲後世《修文御覽》、《華林遍略》之所托始。《藝文志》列之雜家，良有以也。〔註39〕

清人馬國翰在《玉函山房文集》卷三的〈鎦珠囊序〉中也表達了同一觀點：

> 類書之源，開於秦，衍於漢。余觀《呂氏春秋》，〈十二紀〉取諸〈月令〉；〈至味篇〉取諸伊尹書，〈當染篇〉取《墨子》書；〈上農〉、〈任地〉、〈辨士〉、〈審時〉四篇述后稷之言，與《亢倉子》所載略同。而取《黃帝》、《老子》、《文子》、《子華子》之說，不一而足。意蓋以周〈月令〉爲紀，雜採百家分屬之。此類書之最先者也。

試觀《史記・十二諸侯年表・序》：

> ……孔子明王道，干七十餘君，莫能用。故西觀周室，論史記舊聞，……魯君子左丘明，懼弟子人人異端，各安其意，失其眞。故因孔子史記，具論其語，成《左氏春秋》；鐸椒爲楚威王傅，爲王不能盡觀春秋，采取成敗，卒四十章，爲《鐸氏微》。趙孝成王時，其相虞卿，上采《春秋》，下觀近世，亦著八篇，爲《虞氏春秋》。呂不韋者，秦襄王相，亦上觀尚古，刪拾《春秋》，集六國時事，以爲八覽、六論、十二紀，爲《呂氏春秋》。及如荀卿、孟子、公孫固、韓非之徒，各往往捃撫《春秋》之文以著書，不可勝紀。〔註40〕

4。

〔註39〕〔清〕汪中《述學・補遺・呂氏春秋序》（原注：代畢尚書作），收於陳奇猷《呂氏春秋校釋附錄・考證》（臺北：華正書局，民國78年8月初版），頁1870～1871。今人胡道靜先生觀察到畢沅《呂氏春秋新校正》自序並非直接採用汪中代作序文，但確實有吸收許多汪中的看法，可信是以汪文爲藍本而改寫。然而汪中那句大膽假設「而爲後世《修文御覽》、《華林遍略》之所託始」的話，畢沅並無採用。《中國古代典籍十講・類書的源流和作用》（上海：復旦大學出版社，2004年5月），頁75。

〔註40〕〔漢〕司馬遷撰《史記》卷十四〈十二諸侯年表〉（臺北：七略出版社，民國80年9月2版），頁229。

司馬貞《史記索隱》對《鐸氏微》的解釋：「鐸椒所撰。名鐸氏微者，春秋有微婉之辭故也。」便說明《鐸氏微》是對《春秋》除有摘錄行爲外，還進一步的發微解析，類似後世解經之書，而並非類書純粹摘錄。再者，呂不韋「上觀尚古，刪拾《春秋》，集六國時事」，便說明《呂氏春秋》中還有對上古史實的觀察，六國時事載入，非只是輯錄《春秋》舊著。《史記‧呂不韋列傳》亦載：

> ……當是時，魏有信陵君；楚有春申君；趙有平原君；齊有孟嘗君，皆下士，喜賓客，以相傾。呂不韋以秦之強，羞不如，亦招致士，厚遇之，至食客三千人。是時，諸侯多辯士，如荀卿之徒，著書布天下。呂不韋乃使其客，人人著所聞，集論以爲八覽、六論、十二紀，二十餘萬言；以爲備天地萬物古今之事，號曰《呂氏春秋》；布咸陽市門，懸千金其上，延諸侯游士賓客，有能增損一字者，予千金。〔註41〕

荀卿等人之書，爲有系統傳述政治思想，企求實踐治國平天下理念的著作。呂不韋期望與當時行走各國的游士、學者相抗衡，必須有自己的創見。如只是鈔撮、輯錄古籍資料，賓客只是背誦，沒有什麼學問，也無法炫耀，更無成一家言的希望。《呂氏春秋》匯合了先秦各派學說，內容以闡述儒、道思想爲主，兼及名、法、墨、農及陰陽家言。並在議論中引證了許多古史舊聞和有關天文、歷數、音律、文學、藝術、政治、軍事、教育、農業等方面的知識。有系統的綜合整理，並非雜亂拼湊貪圖碩大。〔註42〕

鈕樹玉《匪石先生文集》卷下〈論淮南子〉云：

> 秦之呂不韋，始聚能文之士，著爲《呂覽》；而其言則自成一家，且多他書所未載，非徒涉獵也。〔註43〕

張滌華《類書流別》云：

> 雜家始於《呂覽》，其書大抵撢取往說，區分臚列，而古今鉅細之事，

〔註41〕〔漢〕司馬遷《史記》卷八十五〈呂不韋列傳〉（臺北：七略出版社，民國 80 年 9 月 2 版），頁 1013～1014。

〔註42〕關於雜家的定義，張滌華在《類書流別‧緣起第二》做了清楚的考訂：「按《說文》，『雜，五采相合也。』《漢書》卷八十五〈谷永傳〉：『雜焉同會。』注：『雜謂相參也。……雜焉，總萃貌。』所以雜字本含有糾合之義。《隋志》：『雜者，兼儒、墨之道，通眾家之意，以見王者之化無所不冠者也。』……然則雜家也者，謂融合諸家，自成一說者也。自後世目錄學家誤爲駁雜，此類之書，遂無統紀（《四庫提要》卷一一七雜家小序云：『雜之義廣，無所不包，』即誤解之一例。）不知古義初不如是也。以學者沿訛，迷其本始，故爲附訂於此。」（北京：商務印書館，1985 年），頁 8～9。

〔註43〕〔清〕鈕樹玉《匪石先生文集》論〈淮南子〉。見《叢書集成續編》192 冊（臺北：新文豐出版公司，民國 77 年），頁 764。

靡不綜貫。相其體制，益近類事家言；然猶漱潤增華，非徒以襞積爲事。
〔註44〕

于大成以爲雜家著作與類書的編纂之道無大分別，但差異爲：

> 所不同者，厥爲類書止是鈔纂材料，而《呂覽》與《淮南》則爲一家之言，具有中心思想。《呂氏春秋》的中心思想，胡適之先生說，都在〈本生〉、〈重己〉、〈貴生〉、〈情欲〉數篇裏發揮的一種很健全的個人主義。而《淮南子》，則高誘敘云：「其旨近老子，淡泊無爲，蹈虛守靜，大較歸之於道」。又一般類書，僅鈔錄舊文，不加組織，而《呂覽》、《淮南》則取所輯得的材料，組織成爲首尾完具脈絡分明的單篇文字。此其不同也。〔註45〕

《呂覽》嘗試將他人說法集結，成爲自己欲表達的觀點，類似現今論文引經據典，成就自己論點一樣。試觀《呂覽》據春生（木德）、夏長（火德）、秋收（金德）、冬藏（水德）的觀點，將相關主題的論文安排在十二紀中，如「春」之三紀，先後依序載錄〈本生〉、〈重己〉、〈貴公〉、〈去私〉、〈貴生〉、〈情欲〉、〈當染〉、〈功名〉、〈盡數〉、〈先己〉、〈論人〉、〈圜道〉十二篇文章。強調統治者應保護人民生長，多用賞賜，少用刑罰，救濟貧困，優待賢士。原則上以道家思想爲主，兼采儒家思想。又如「冬」的三紀，收有〈節喪〉、〈安死〉、〈異寶〉、〈異同〉、〈至忠〉、〈忠廉〉、〈當務〉、〈長見〉、〈士節〉、〈介立〉、〈誠廉〉〈不侵〉等十二篇論文，主要強調忠信廉節的氣節，以及對喪葬的一些意見。多處引用了儒家的意見，卻也呈現墨家有關喪葬的思想。

戰國末期，政治在經歷長期紛戰後，天下一統的觀念已經醞釀成氣候；思想在百家齊鳴的盛況後，「在學術思想的方面，亦有攝取精華，排斥渣滓的統一運動。」
〔註46〕呂不韋之前，《莊子·天下》便言：

> 天下之治方術者多矣，皆以其有爲不可加矣……天下多得一察焉以自好。譬如耳目口鼻，皆有所明，不能相通。猶百家眾技也，皆有所長，時有所用。雖然，不該不遍，一曲之士也。……是故內聖外王之道，闇而不明，鬱而不發。天下之人各爲其所欲焉以自爲方。悲夫！百家往而不反，必不合矣！……道術將爲天下裂。〔註47〕

〔註44〕張滌華《類書流別·緣起第二》，（修訂本）（北京：商務印書館），頁9。
〔註45〕同前註。
〔註46〕見尹仲容〈呂不韋與呂氏春秋〉一文，收錄尹仲容《呂氏春秋校釋》（臺北：國立編譯館中華叢書編審委員會，民國68年2月再版），頁6。
〔註47〕〔清〕郭慶藩輯《莊子集釋》卷十下〈天下〉（臺北：華正書局，民國86年11月），頁1065～1069。

《呂氏春秋‧不二》亦云：

　　　老聃貴柔；孔子貴仁。墨翟貴廉；關尹貴清。楊朱貴己；孫臏貴勢。

　王廖貴先；兒良貴後。〔註48〕

可知各家學說都有其自成一格的主義，但眾說紛紜，何者為是？《呂氏春秋‧察今》：

　　　人以自是，反以相誹。天下之學者多辯，言屬辭倒，不求其實，務以

　相毀，以勝為故。〔註49〕

呂氏希望有一個取捨適當、最好的，最後的學說出現。當然也就能超越其他家門的
說法，吻合秦欲一統天下的企圖，可作為一個指導原則。例如《呂氏春秋‧不二》：
「齊萬不同，愚智工拙，皆盡心竭能，如出乎一穴。」〔註50〕可見融會眾說為一爐
的企圖。《呂氏春秋‧序意》〔註51〕有云：

　　　維秦八年，歲在涒灘。〔註52〕秋甲子朔，朔之日，良人請問十二紀。

　文信侯曰：「嘗得學黃帝之所以誨顓頊矣，爰有大圜在上，大矩在下。汝

　能法之，為民父母。蓋聞古之清世，是法天地。凡十二紀者，所以紀治亂

　存亡也；所以知壽夭吉凶也。上揆之天；下驗之地；中審之人，若此則是

　非可不可，無所遁矣。」〔註53〕

可見《呂氏春秋》之編修，非只是抄錄百家舊文，在數量上取勝者。「它雖然是呂不
韋門下賓客所集成，在體例及文字上雖不免蕪雜，大體上，它是有中心主張，有系
統的一部巨著。」〔註54〕乃嘗試在天地人之間，尋求一個「則是非可不可」的法則，
作為施政的依據。是配合秦的強大國勢所為，更為秦的一統天下的企圖所為。如以
黃帝教誨顓頊的傳承思考，甚至呂不韋期望將之以教誨引領秦的君王。所以並非是
一類書的編撰思考，而是有系統的設計編寫，「集論以為八覽、六論、十二紀，二十
餘萬言。以為備天地萬物古今之事」，是有系統的傳達一種複雜的思想。高誘《呂氏

〔註48〕見《呂氏春秋》高誘序（臺北：中國子學名著集成編印基金會，民國67年初版，據
　　　　明萬曆庚申吳興凌氏刊朱墨套印本影印），頁3。

〔註49〕見《呂氏春秋‧察今》，尹仲容《呂氏春秋校釋》（臺北：國立編譯館中華叢書編審
　　　　委員會，民國68年2月再版），頁40。

〔註50〕見《呂氏春秋‧不二》，尹仲容《呂氏春秋校釋》（臺北：國立編譯館中華叢書編審
　　　　委員會，民國68年2月再版），頁68。

〔註51〕一作「廉孝」。

〔註52〕「秦八年」即秦始皇即位八年。

〔註53〕見《呂氏春秋‧序意》，尹仲容《呂氏春秋校釋》（臺北：國立編譯館中華叢書編審
　　　　委員會，民國68年2月再版），頁259。

〔註54〕尹仲容〈呂不韋與呂氏春秋〉一文，收入《呂氏春秋校釋》（臺北：國立編譯館中華
　　　　叢書編審委員會，民國68年2月再版），頁5。

春秋‧序》云：

> 然此書所尚，以道德爲標的；以無爲爲綱紀；以忠義爲品式；以公方
> 爲檢格。與孟軻、孫卿、淮南、揚雄，相表裏也。〔註55〕

可證《呂氏春秋》是一部思想性著作，也許綜錄群書的方式相似，但並非僅鈔錄舊文的類書。

三、《淮南子》

　　一說認爲我國最早的類書，發端于西漢淮南王劉安及其門客著的《淮南子》一書。此說以宋人黃震爲代表：

> 《淮南鴻烈》者，淮南王劉安，以文辯致天下方術之士，會粹諸子，旁搜異聞以成之。凡陰陽、造化、天文、地理，四夷百蠻之遠，昆蟲草木之細，瓌奇詭異，足以駭人耳目者，無不森然羅列其間，蓋天下類書之博者也。〔註56〕

所謂「會粹諸子，旁搜異聞」是編纂方式，而包括陰陽、天文、地理等「無不森然羅列其間」，這是稱讚《淮南子》內容涉獵廣博。更重要的是，黃氏認爲《淮南子》是一本類書。清人馬國翰也同意這個說法：

> 《淮南鴻烈》實仿《呂覽》爲之，書中採《文子》語幾盡，其他大抵皆有所本。劉向《洪範五行傳記》及《新序》、《說苑》，率取古說，分類條列，皆類書也。〔註57〕

因爲馬氏前文論定《呂氏春秋》是類書，而《淮南子》仿效爲之，又書中內容「採文子語幾盡，其他大抵皆有所本」，即下文「率取古說，分類條列」之意。並指出《呂氏春秋》、《淮南子》以及劉向《洪範五行傳記》等都屬於類書。

　　清人鈕樹玉在《匪石先生文集》卷下《論淮南子》中說：

> 類書之端，造於《淮南子》。古者著書，各道其自得耳，無有裒集群言，納於部類者。秦之呂不韋，始聚能文之士，著爲《呂覽》，而其言則自成一家，且多他書所未載，非徒涉獵也。至《淮南》一書，乃博采群說，分諸部類，大旨宗老、莊而非儒、墨。雖泛濫龐雜，醇疵互見，而大氣浩瀚，故能融會無跡，則探索之力亦深矣。〔註58〕

〔註55〕見《呂氏春秋》高誘序（臺北：中國子學名著集成編印基金會，民國67年初版，據明萬曆庚申吳興凌氏刊朱墨套印本影印），頁3。

〔註56〕〔宋〕黃震《黃氏日鈔》卷五十五（見王雲五主持：四庫全書珍本二集160號，臺北：臺灣商務印書館），頁35。

〔註57〕〔清〕馬國翰《玉函山房文集》卷三《〈鎦珠囊〉序》，收於張舜徽《清人文集別錄》卷15「玉函山房文集」條（臺北：明文書局，民國71年2月），頁423～424。

〔註58〕〔清〕鈕樹玉《匪石先生文集》〈論淮南子〉（臺北：新文豐，叢書集成新編，民國

紐氏指出「古者著書，各道其自得耳，無有裒集群言，納於部類者」，《呂氏春秋》率先運用這種體例，這種體例也是類書很重要的特色之一。但是《呂氏春秋》「其言則自成一家」，「非徒涉獵也」，不符合類書述而不做的特質，所以判定《呂氏春秋》不是類書。這一點與筆者前文論述相同。而《淮南子》雖體例上也是「博採群書，分類部居」，但是因其「大氣浩汗，故能融會無跡」。言下之意，《淮南子》為類書。

漢‧淮南王劉安《漢書》的本傳載：

> 淮南王安，為人好書、鼓琴，不喜弋獵狗馬馳騁。亦欲以行陰德，拊循百姓，流名譽，招致賓客方述之士數千人，作為《內書》二十一篇，外書甚眾，又有中篇八篇，言神仙黃白之術，亦二十餘萬言。時武帝好藝文，以安屬為諸父，辯博善為文辭，甚尊重之，每為報書及賜，常召司馬相如等視草，乃遣。初，安入朝，獻所作內篇，新出，上愛秘之。使為《離騷傳》，旦受詔，日食時上。又獻《頌德》及《長安都國頌》。每宴見，談說得失及方技賦頌，昏暮然後罷。〔註59〕

《漢書‧藝文志‧雜家》記載《淮南子》有內篇二十一篇，外篇三十三篇。顏師古注曰：「內篇論道，外篇雜說。」現今所存的二十一篇，大概是原書內篇部分。

近年對《淮南子》寫作時間研究較為詳細重要者，如：（一）徐復觀先生嘗言：「（班固）這段話，正是寫在七國平定之後，及漢武帝即位、劉安入朝的中間；由此可知劉安招致賓客、大事著作，正在他27歲到40歲之間的這個年齡裡面。」〔註60〕（二）牟鐘鑒以為「查劉安入朝在建元二年，把這一年定為《淮南子》成書的年代是恰當的，當時劉安四十歲。」「思想比較成熟，而且在學識上、資歷上具備了召集眾多賓客撰寫長篇的條件。從客觀條件看，平息七國叛亂到建元二年這十多年間，政治上較為平靜，《淮南子》的寫作時間大約是在這一時期的後半段，完成於劉安入朝前夕。」平息七國之亂為景帝三年（154年）夏六月，到武帝建元二年共有十六年，若為後半期，則有約八年時間。〔註61〕（三）張岱年認為：「淮南王劉安召致賓客，寫成《淮南內書》。這書可能是景帝時寫成，到武帝時獻上。」〔註62〕（四）吳光以為《淮南子》從《史記》《漢書》及高誘《淮南子敘》研判，當在景武之間。

72年）。

〔註59〕〔東漢〕班固《漢書》卷四十四〈淮南衡山濟北王傳〉（臺北：藝文印書館），頁1037～1038。

〔註60〕徐復觀《兩漢思想史卷二‧淮南子與劉安的時代》（臺北：學生書局，2000年9月初版六刷），頁178。

〔註61〕牟鐘鑒《〈呂氏春秋〉與〈淮南子〉研究》（齊魯書社，1987年9月），頁161。

〔註62〕張岱年《中國哲學史史料學》（北京：三聯書店，1982年），頁106。

綜合以上各說，大概都同意寫作在景武之間，劉安入朝前。以本傳所記，劉安應是有計畫的編纂《淮南子》。

高誘《淮南鴻烈解·序》云：

> 天下方術之士，多往歸焉。於是，遂與蘇飛、李尚、左吳、田由、雷被、毛披、伍被、晉昌等八人，及諸儒大山、小山之徒，共講論道德，總統仁義，而著此書。其旨近老子，淡泊無爲，蹈虛守靜，出入經道。言其大也，則燾天載地；說其細也，則淪於無垠，及古今治亂存亡禍福，世間詭異瓌奇之事。其義著，其文富，物事之類，無所不載。然其大較歸之於道，號曰鴻烈。鴻，大也；烈，明也。以爲大明道之言也。故夫學者不論《淮南》，則不知大道之深也。是以先賢通儒，述作之士，莫不援采以驗經傳。〔註63〕

《淮南子》爲漢·淮南王劉安主持，由他與他的門人集體編寫的。此書以道家、陰陽家思想爲基礎，原有內、中、外三書，中、外書都已經失傳，留下來的只有內書二十一篇。《漢書·藝文志》將之列爲雜家。將老莊一派的道教學說與陰陽五行學說結合，並且吸收當時某些自然科學的知識，企圖建立起自己的體系。梁啓超云：「《淮南鴻烈》爲西漢道家言之淵府，其書博大而有條貫，漢人中著述第一流也。」〔註64〕劉文典稱：「誠渺義之淵叢，嘉言之林府。」〔註65〕胡適云：「道家集古代思想大成，而《淮南王書》又集道家的大成。」〔註66〕《淮南子》何以得此佳譽？戰國中期，封建制度逐漸瓦解，而天下將由分裂走向統一。在思想理論上也有相對應的趨勢，由百家爭鳴的道術分裂狀況，逐漸走向眾家融會的道術合一。在齊國數以百計的學者群聚稷下，講學辯論，發展出稷下黃老學派。其後呂不韋在秦編寫《呂氏春秋》「上考之天，下揆之地，中通諸理。」「以道德爲標的，以無爲爲綱紀，以忠義爲品式，以公方爲檢格。」〔註67〕融會百家，建構一個適應大一統需求的理論。漢初採取黃老治國，其實是對《呂氏春秋》理論的回歸。《淮南子》則以總結秦亡教訓與漢興七十年的經驗上，以道家爲主體，兼採儒墨之善，撮刑名之要，因陰陽之大順的

〔註63〕見《呂氏春秋》高誘序（臺北：中國子學名著集成編印基金會，民國67年初版，據明萬曆庚申吳興凌氏刊朱墨套印本影印），頁3。
〔註64〕梁啓超《中國近三百年學術史·清代學者整理舊學之總成績（二）》（臺北：里仁書局，民國89年5月30日初版二刷），頁333。
〔註65〕劉文典《淮南鴻烈集解·自序》（北京：中華書局，1997年），頁1。
〔註66〕胡適《淮南王書——中國思想史的一章》（臺北：臺灣商務書局，民國51年），頁16。
〔註67〕見《呂氏春秋》高誘序（臺北：中國子學名著集成編印基金會，民國67年初版，據明萬曆庚申吳興凌氏刊朱墨套印本影印），頁3。

融合路線，以建立新的適應大一統所需之治國理論。

《淮南子》是否爲類書？張舜徽評《玉函山房文集》五卷《續集》五卷，曰：

> （國翰）……如論及類書之起源，則謂《呂氏春秋》〈十二紀〉，取諸〈月令〉。〈至味篇〉取伊尹書；〈當染篇〉取《孟子》書；〈上農〉、〈任地〉、〈辨土〉、〈審時〉四篇，述后稷之言，與《亢桑子》所載略同。而取《黃帝》、《老子》、《文子》、《子華子》之說，不一而足。意蓋以周〈月令〉爲紀，雜採百家分屬之，此類書之最先者。《淮南鴻烈》，實仿《呂覽》爲之，書中採《文子》語幾盡，大抵皆有所本。劉向《鴻範五行傳記》，及《新序》《說苑》，率取古說，分類條列，皆類書也。（是集卷三《錙銖囊序》）國翰此言，乃由乎不明古書體例而致繆戾耳。夫諸子百家，以立言爲宗，例多緣據舊語，以明欲宣之義。《詩》云《書》曰見之《論語》、《孟子》者，亦已多矣，安得悉謂爲類書耶？〔註68〕

張氏提出相反意見。梁啓超也以爲《淮南子》一書雖與門客蘇飛、李尙等八人分別撰寫，但作書的宗旨及體例，是事先規範設計好的，《要略》中說明了篇次的安排及內在聯繫。所以說《淮南子》實可謂集道家學說之大成，就其內容爲嚴密的分類，毋寧以入道家也。〔註69〕

于大成也持反對意見：

> ……至《淮南子》，直是由劉安擬爲大綱，分命門客就前人書中鈔撮可用的材料，而分別纂組於二十篇之中。我昔年曾就《淮南書》中的材料，一一考其出處，乃知事事有其來源；及馬王堆《黃帝四經》出，則前此所不可考者，又得其若干。然則今之所不能知者，自由所據原書不傳之故。就此一點來說，可謂與類書的編纂之道無大分別。所不同者，厥爲類書止是鈔纂材料，而《呂覽》與《淮南》則爲一家之言，具有中心思想。《呂氏春秋》的中心思想，胡適之先生說，都在〈本生〉、〈重己〉、〈貴生〉、〈情欲〉數篇裏發揮的一種很健全的個人主義。而《淮南子》，則高誘敍云：「其旨近老子，淡泊無爲，蹈虛守靜，大較歸之於道」。又一般類書，僅鈔錄舊文，不加組織，而《呂覽》、《淮南》則取所輯得的材料，組織成爲首尾

〔註68〕 張舜徽《清人文集別錄》卷15「玉函山房文集」條（臺北：明文書局，民國71年2月），頁423～424。

〔註69〕 梁氏從《呂氏春秋》與《淮南子》的比較中，認爲《呂氏春秋》是最古的類書。張品興編《梁啓超全集》第8冊第十六卷《漢書藝文志‧諸子略考釋》（北京：北京出版社，1999年7月一版），頁4725。

完具脈絡分明的單篇文字。此其不同也。〔註70〕

他用「事事有來源出處」、「具中心思想」、「將所及材料組織為單篇文字」三個條件區分類書與《淮南子》不同。

劉安主編《淮南子》，既有一個恢弘的中心目的，又委請眾人共同執筆，當然在必須有一番周詳策劃，所以劉安與眾賓客「共講論道德，總統仁義，而著此書。」〔註71〕共商其書「宗旨及體例，計必先行規定，然後從事；或安自總其成，亦未可知。觀《要略》所提挈各篇要點及排列次第，蓋匠心經營，及有倫脊，非漫然獺祭而已。」〔註72〕劉安動機也反映在書名，其書本名《鴻烈》，高誘言「鴻烈」乃劉安「以為大明道之言也」，所明之道即是以黃老道學為依歸的帝王之道。他自負的稱之為「劉氏之書」，並上獻給漢武帝，屬意所在，亦可想見。故有學者稱《淮南子》為「資治哲學」、「帝王教科書」。

再從《淮南子》本身求證。〈要略〉開首便云：「書做為書論者，所以紀綱道德，經緯人事，上考之天，下揆之地，中通諸理。」〔註73〕可見《淮南子》無論是通過道德的弘揚以規劃人事，還是透過上考之天、下揆之地的方式，都是要通中間的人事。「故言道而不言事，則無以與世浮沉；言事而不言道，則無以與化游息。」可知《淮南子》之所以落實人事，是要由人事出發、擴展。再以宇宙最根源的「道」為基點，反過來觀察人事。這人事非一般常人之事，而是王者之事。這與當時時代需求相關。漢初，君臣都設法記取秦滅亡的教訓，而開展出漢代長治久安的政治指導原則。劉安為解決政治需求，「故著書二十篇，則天地之理究矣，人間之事接矣，帝王之道備矣。」〔註74〕備帝王之道是《淮南子》最終目標，當然內容便非純粹彙整歸類成文，乃是編者政治思想所寄。劉安是贊成竇太后的政治思想，也希望武帝能堅持用無為而為的黃老道學治身治國。但他的身分和地位決定他不可能像竇太后那樣督促武帝，於是便模仿呂不韋編寫《呂氏春秋》，為帝王提供一統天下、治理國家的方略。

若從類書三大特性檢討，《淮南子》內容雖多取自《文子》，雜以《呂氏春秋》、

〔註70〕見于大成〈談類書〉上（出版家雜誌，第50期，民國65年9月），頁106。
〔註71〕〔漢〕高誘〈敘目〉，載於何寧《淮南子集釋》（北京：中華書局，1998年10月），頁5。
〔註72〕梁啟超意見，見張品興編《梁啟超全集》第8冊第十六卷《漢書藝文志‧諸子略考釋》（北京：北京出版社，1999年7月一版），頁4725。
〔註73〕見〔漢〕劉安《淮南子》卷二十一〈要略〉。何寧《淮南子集釋》（北京：中華書局，1998年10月），頁1433。下同。
〔註74〕雷健坤〈《淮南子》的中心思想及其理論架構〉（天府新論，2002年五期），頁66～72。

《莊子》、《列子》、《鄧析》、《愼子》、《山海經》、《爾雅》等書，似乎符合類書「廣集群書」的特色。但該書對所采錄內容多所分析、議論，且該書也收錄許多劉安賓客之言論，化變群說而「融會無跡」，組織成為首尾完具脈絡分明的單篇文字。並不符合類書「輯而不作」的特性。另外，該書收錄雖然較《呂氏春秋》為廣泛，但仍「大旨宗老、莊而非儒墨」，收錄層面仍嫌不足。所以說《淮南子》也不能算作類書。

四、《洪範五行傳論》、《新序》、《說苑》

《洪範五行傳論》、《新序》、《說苑》為類書之說，由清・馬國翰在〈鋌珠囊序〉首先提出：

> 劉向《洪範五行傳論》及《新序》、《說苑》，率取古說，分類條列，
>
> 皆類書也。〔註75〕

以為劉向的這三本作品，都是輯錄古書資料，並將資料分類條列，所以都是類書。這個說法，受到今人袁逸重視，並以這三本書編成的時代較其他類書為早，所以是類書起源。〔註76〕

首先，袁氏根據《辭海》對類書的定義來檢視《洪範五行傳論》三書，《辭海》云：「輯錄各門類或某一門類的資料，按照一定的方法編排，便於尋檢徵引。」又列舉五點共同特徵來說明《洪範五行傳論》三書為類書。〔註77〕

一、三書均感時而作，「針對當時『母黨專政』『權在外家』的嚴重局面，著者援引前鑒，以古喻今、以古戒今，目的為『陳法戒』，『助觀覽』，以正紀綱。黜異端，強漢宗，卑私門。」所以雖然是草木蟲魚，災異夢兆，都用來為政治服務。

二、三書均取材先秦諸子及部分漢代著作，擇要慎取，內容專一，特別著重歷代興衰與君臣得失。

三、三書體例：書有大序，篇有小序，捃摭眾說，各據本文，比類相從，各有類目。

四、內容重出復現，同一事物往往在二書中或一書中的不同篇中重見，按不同的角度歸類入不同的篇中重見。如「趙氏孤兒」條分別收錄在《新序》「節士」條與《說苑》「復恩」篇等。

五、三書具有輯佚、考證，方便查閱等功能。認為「輯佚存亡也是劉向編撰諸

〔註75〕〔清〕馬國翰在《玉函山房文集》卷三的《鋌珠囊・序》。收於張舜徽《清人文集別錄》卷15「玉函山房文集」條（臺北：明文書局，民71年2月），頁423 424。

〔註76〕袁逸〈試論類書之起源——兼析劉向《說苑》等三書〉（四川圖書館學報，1983年2期），頁86～92。

〔註77〕為了方便論述，以下徵引袁氏部分原文。

書的動機之一」，所以《說苑》輯錄先秦典籍及漢代述作而成，引用諸書現多已亡佚。後世《太平御覽》等類書也從《說苑》、《新序》摘錄僅存的原始資料。右三書都是按類編排、分類精細，方便查閱。

　　馬氏、袁氏均認定劉向《洪範五行傳論》三書是類書。馬氏未對其說法進行說明，而袁氏的論證卻有可商榷之處。

　　《辭海》對類書定義這樣的定義稍嫌簡單，容易引起誤會。試為其分析說明，所謂輯錄「各門類」資料，指的是綜合式的類書；輯錄「某一門類」資料者為專科類書，「按照一定的方法編排」說得就過於含糊，應該強化是將所輯錄的資料分類系屬；「便於尋檢徵引」則是類書編輯的功能與主要目的。

　　致於袁氏提出的特點第一項，說明了劉向著書的目的，選取可用材料為政治目的服務，但這不能決定這三書是否為類書。特點第二項說明三書引用前人資料，選材著重歷代興衰，君臣得失，選材方向類似於史鈔。特點第三項所述體例，確實是類書的特點之一，但綜觀劉向三書之體例，並非如此完善，袁氏文中云：「（《新序》）有無大小序已不可考，但從著者其它著作均有大小序這一點推測，當也有之。」袁氏這項推論，似乎大膽了些。又稱：「（《說苑》）改變了《新序》內容雜燴一鍋，類名概念不清的缺點。」可見《新序》的分類概念似乎又有問題，《新序》的體例與成就是否應該質疑？袁氏文中這樣「以一概三」的論點頗多，某一書的優點，將之稱為三書共同特點，有欠公允。再換個角度思考，如果劉向此三書為類書之起始，體例誠如袁氏所云如此完備，何以後出的《皇覽》或《藝文類聚》的體例還不如其整齊？試想有一完善的體例在前，何以百年時間，眾多人才都未能借鏡，這在學術發展史上是不合理的。特點第四項說同一資料往往重複歸類或重複出現。如同一資料歸在不同類可以諒解，但三本書內容重複豈有其必要性？為何不用「互見」等方式進行？為何是特色而不是缺點？這三本書是否在統一而有計畫的編寫為前後三本？這些都是頗令人費解的。特點第五項更有趣，「輯佚」、「考證」都是這三本書附加且後出之功能，絕非劉向編輯時主要目的，其他類書有輯佚、考證功能，也是因為其引用大量前人資料已經亡佚，在後世所衍生附加的功能，怎可當作類書的必要條件。而方便查考是一般書籍所必須條件，無法成為特色，也不能據此證明其為類書。

　　袁氏綜合之五項特點，並不能證明劉向《洪範五行傳論》等三書為類書。若依袁氏意見，三書應視為一體才為完整。但三書的成書時間前後不同，亦無法證明三書為一體分三階段完成者，在邏輯上更不該說三書均為類書起源。

　　要釐清劉向《洪範五行傳論》等三書是否為類書？是否為類書之起始？就必須對這三本書進行分析。

　　劉向處於漢元、成二帝時期，也正是外戚宦官交相干政，「稱譽者登進，忤恨者誅傷，游談者助之說，執政者為之言」的狀態，劉氏皇權日益衰落之時。〔註78〕劉向目睹朝風日下，社稷日衰，憂心忡忡，又以「累世蒙漢厚恩」之宗室遺老自居，不畏權勢，忠言直陳，矛頭直指當權。雖兩度下獄，被貶為庶人。但當他重返政治舞台時，責任感促使其頻頻上書，正所謂「吾而不言，孰可言者。」他集結上古迄漢的福瑞災異的紀錄，推跡行事，連傳禍福，作《洪範五行傳論》，以彈劾時政。探集《詩》、《書》所載賢妃貞婦，興國顯家可法則或孽叛亂亡者，作《烈女傳》，以感悟時君；他捃拾戰國以來百家傳記，以類相從，著《新書》、《說苑》，以規戒天子。三書所欲傳達者應是作者一己之言，雖有分類形式，但仍非類書。

（一）《洪範五行傳論》

　　王嘉曾有劉向經黃衣老人授五行洪範之文，雖為《洪範五行傳論》增添神秘色彩，但不足採信。〔註79〕若從《漢書》劉向本傳記載查證：

> 是時，帝元舅陽平侯王鳳為大將軍秉政，倚太后，專國權，兄弟七人皆封為列侯。時數有大異，向以為外戚貴盛，鳳兄弟用事之咎。而上方精於《詩》、《書》，觀古文，詔向領校中《五經》秘書。向見《尚書·洪範》箕子為武王陳五行陰陽休咎之應。向乃集合上古以來歷春秋六國至秦漢符瑞災異之記，推迹行事，連傳禍福，著其占驗，比類相從，各有條目，凡十一篇，號曰《洪範五行傳論》。奏之。天子心知向忠精，故為鳳兄弟起此論也，然終不能奪王氏權。〔註80〕

可知劉向此書的創作動機是向君王進諫，藉古事而諷今者。故清人何焯在解說杜甫〈秋興八首〉「匡衡抗疏功名薄」二句時云：

> 少而早識尾大之徵，欲痛哭而無路；晚而追原外戚之咎，抱忠蓋而莫奏也。時肅宗復偏聽張氏，故公欲以劉向《洪範五行傳論》為諫書。〔註81〕

〔註78〕〔清〕王先謙補注《漢書》卷三十六〈楚元王傳〉（臺北：藝文印書館，民國40年），頁974。

〔註79〕王嘉曰：「向校書天祿閣，專精覃思。夜有老人著黃衣，植青藜杖，扣閣而進。見向闇中獨坐誦書，老父乃吹杖端烟然，因以見向，說開闢以前。向因受五行洪範之文，恐辭說繁廣忘之，乃裂裳及紳以記其言。」〔清〕朱彝尊《經義考》卷九十五，〈劉向洪範五行傳記〉條。（臺灣：中華書局，民國59年），頁4。

〔註80〕〔東漢〕班固《漢書》卷三十六〈楚元王傳〉（臺北：鼎文書局，民國72年），頁971。另參考卷十〈成帝紀〉，漢成帝河平二年六月，成帝悉封諸舅，王譚為平阿侯；商為成都侯；立為紅陽侯；根為曲陽侯；逢時為高平侯，五人同日封，世謂之五侯。次年劉向以王氏權位太盛而上此書。見同書，頁310。

〔註81〕〔清〕何焯《義門讀書志》第五十五卷〈杜工部集·進體〉（北京：中華書局，1987

認爲杜甫應認同此書原爲進諫之書，更欲以之進諫唐肅宗。但此書是否爲輯而不作呢？宋・王應麟《漢書藝文志考證》卷一劉向「五行傳記」條云：

> 劉向《五行傳記》十一卷，本傳曰《洪範五行傳論》。沈約曰：「伏生創紀大傳，五行之體始詳。劉向廣演洪範，休咎之文益備。」歐陽氏曰：「箕子陳洪範，條其事爲九類，別其說爲九章，考其說不相附屬。向爲五行傳，乃取五事皇極庶證附於五行，以爲八事，皆屬五行歟。則至於八政、五紀、三德稽疑福極之類，又不能附至。俾洪範之書失其倫理，所謂旁引曲取而遷就其說也。然自漢以來，未有非之者。又祥眚禍痾之說，自其數術之學。」〔註82〕

如此看來「劉向廣演〈洪範〉」，不僅僅只是想成就一本收集資料的類書。劉向若期藉此書啓發君王對王氏專權的警惕，便需加上自己的意見。歐陽修「向爲《五行傳》，乃取五事皇極庶證附於五行，以爲八事，皆屬五行歟。」便是說明此書非爲單純之資料匯集，而有劉向刻意的附會行爲，以便達到其政治上諫言的目的。歐陽修所謂破壞〈洪範〉倫理的效應，起因就是「蓋自漢儒董仲舒、劉向與其子歆之徒，皆以《春秋》、〈洪範〉爲學，而失聖人之本意，至其不通也，父子之言自相戾，可勝嘆哉！」〔註83〕葉適也有相同的意見：

> 劉向爲王氏考災異著《五行傳》，歸於切劘當世。……然〈洪範〉之說由此黷裂，使經世之成法，降爲災異陰陽之書矣。〔註84〕

其他如朱朝瑛批評此書附會穿鑿，不足爲信：

劉向父子《五行傳》，附會穿鑿，固不足信。雨暘燠寒風之分，應於貌言視聽思，〈洪範〉則有明文，豈可概置不講，而謂一切事應俱，屬謬妄哉。〔註85〕宋・鄭樵也評之爲「巫瞽之學也」：

> 《洪範五行傳》者，巫瞽之學也。歷代史官皆本之以作〈五行志〉。天地之間，災祥萬種，人間禍福，冥不可知。若之何一蟲之妖，一物之戾，皆繩之以五行？……董仲舒以陰陽之學倡爲此說，本於《春秋》牽合附會。歷世史官自愚其心目，俛首以受籠罩而欺天下，臣故削去〈五行〉而作〈災

〔註82〕　〔宋〕王應麟《漢書藝文志考證》卷一〈藝文類・五行傳記條〉。歐陽修原文見《新唐書》卷三十四〈五行一〉（臺北：鼎文書局，民國83年），頁872。

〔註83〕　同前註。

〔註84〕　〔宋〕葉適之說，見〔清〕朱彞尊《經義考》卷九十五〈劉氏向洪範五行傳記〉條（臺北：臺灣中華書局，民國55年），頁4。

〔註85〕　同前註，頁5。

祥略〉。〔註86〕

鄭樵更指責歷來史官受董仲舒陰陽之學所愚欺，進而牽強附會欺漫天下。但《通志》之說正可以補強《洪範五行傳》乃有意之創作。牽合附會即非單純載錄，而是有意的創作、改寫。例如《洪範五行傳》「日月亂行」類，引《左傳》昭公二十四年日蝕事：

> 二十四年五月乙未朔，日有食之。〔註87〕向以為：自十五年至此歲，
> 十年間天戒七見，人君猶不寤。後楚殺戎蠻、子晉滅陸渾、戎到殺衛侯兄、
> 蔡莒之君出奔、吳滅巢、公子光殺王僚、宋臣以邑叛其君。〔註88〕

引文中「五月乙未朔，日有食之」為《左傳》的原文，而從「向以為」之下均為劉向匯整歸納的天地異象的徵驗事例，以求君王能重視天地異象，進而記取歷史教訓，端正朝綱。這種「向以為……」的感慨和評說，在此書中處處可見，可知此書為劉向精心編撰，其中包含其舖衍增設的內容，並不符類書「述而不作」的特性。

（二）《新序》

《新序》是一部以諷諫為政治目的的歷史故事類編。成書於陽朔元年（前24）。《漢書》本傳記載：

> 向以為王教由內及外，自近者始。……及採傳記行事，著《新序》、《說
> 苑》凡五十篇，奏之。數上疏言得失，陳法戒。書數十上，以助規覽，補
> 遺缺。〔註89〕

成帝河平三年（前26），劉向受詔任領校秘書，他以自己的政治思想作為取材標準，編撰《新序》這本「既具很強的故事性，又具濃厚的政治諷刺意味的著作。」〔註90〕《新序》各則均有所據，全書所取用的資料，多為諸子百家傳記內容。其中以《呂氏春秋》、《韓詩外傳》、《史記》、《戰國策》最多，其他還有《春秋》三傳、《荀子》、《韓非子》、《晏子》等書。所以《崇文總目》云：

> 所載皆戰國、秦、漢間事，以今考之，春秋時事尤多，漢事不過數條。
> 大抵採百家傳記，以類相從，故頗與《春秋》內外傳、《戰國策》、太史公

〔註86〕〔宋〕鄭樵《通志二十略·總序》（北京：中華書局，1995年），頁9。

〔註87〕事見《春秋左傳注疏》卷五十一（《十三經注疏》6冊，臺北：藝文印書館，民國54年），頁885。

〔註88〕引自〔清〕黃奭《黃氏逸書考》中的《劉向洪範五行傳》（《續修四庫全書》1209冊，上海：上海古籍出版社，2002年第一版），頁420。

〔註89〕〔東漢〕班固《漢書》卷三十六〈楚元王傳〉（臺北：鼎文書局，民國72年），頁973。

〔註90〕王蘇鳳〈論劉向《新序》的社會政治思想〉（河南大學學報〔社科版〕，2000年5月第40卷第3期），頁42～47。

書互相出入。〔註91〕

宋·高似孫《子略》「新序、說苑」條云：

> 先秦古書甫脫爐劫，一入向筆，采擷不遺。至其正紀綱、迪教化、
> 辨邪正、黜異端，以爲漢規監者，盡在此書，茲《說苑》、《新序》之旨
> 也。〔註92〕

《四庫全書總目》雖說高似孫此言推崇過甚，但對《新序》能「推明古訓，以衷之於
道德仁義」部分，猶稱其「在諸子中，猶不失爲儒者之言也。」〔註93〕王瑛亦指出：

> 致於治國的大政方針和具體辦法，作者展示給人們的仍不外是儒家的
> 「仁政」和「德治」。……這種政治要求國君崇儉抑奢、輕徭薄賦、任賢
> 去佞，頒布的法令要寬緩而穩定；要求官吏秉公執法、清廉自守。……在
> 君臣關係方面，這種政治要求國君能夠兼聽獨斷，尊賢下士，信賞必罰；
> 臣下則應感恩圖報，盡心盡職，爲君爲國不惜獻出一切。〔註94〕

既然說「爲漢規監」不失爲儒者之言，那劉向也非純爲資料收集而已，而是「要爲
漢代的君王臣民各色人等建立一套道德規範，同時也爲漢代君臣在一些重大的政策
的決策上提供歷史經驗」，〔註95〕

　　在體例上，《新序》對資料的運用方式，李華年以爲有五種：第一種是綜合多種
資料，重加組合，用自己的語言表述；第二種是原文照錄；第三種是原文照錄後，
劉向加上自己從這事實所引發的某種見解；第四種是所引資料前人本有評論，但與
劉向的意見不同，劉向用其資料而刪其評論，並另作評論；第五種是引用的資料原
附評論，而此評論爲劉向認同，固保留原資料與原評論，劉向不再加自己意見。再
說每一單元的系統，先有一段序說，再加以相同主題的事件。如《新序·雜事一》，
首先有三百餘字的一段文字，從舜耕稼盡孝道言起，推衍到歷山之耕者讓畔，陶者
器不苦窳，漁者分均，及立爲天子，天下化之。歸結到孔子曰：「孝弟之至通於神，
明光於四海，舜之謂也。」又舉孔子篤行孝道之例，推衍其鄉黨子弟受感化，七十
二子歸之，將爲魯司寇時國人不正者改之，既爲司寇，「季孟墮郈費之城；齊人歸所

〔註91〕〔清〕永瑢、紀昀等《四庫全書總目》卷九十一〈新序提要〉（北京：中華書局，1965
　　　　年6月），頁772。

〔註92〕〔宋〕高似孫《子略》卷四「新序、說苑」條（臺北：臺灣中華書局，民57年4月
　　　　臺二版），頁5。

〔註93〕〔清〕永瑢、紀昀等《四庫全書總目》卷九十一〈新序提要〉（北京：中華書局，1965
　　　　年6月），頁772。

〔註94〕王瑛《說苑全譯》前言（貴州：貴州人民出版社，1992年版），頁4～5。

〔註95〕李華年譯注《新序》前言（台北：臺灣古籍出版社，1997年10月初版），頁4。

侵魯之地」，這些都是由於舜與孔子言行積正所致，結論為「故曰其身正不令而行。」可知這是一段有計畫的論述，引用舜與孔子為例，導出其身正不令而行的結論，是此篇的中心議題，可稱為總論。其後附加的古事都是之稱這個論點者。「上述情況說明，劉向作《新序》，並不是簡單地雜採傳記，以類相從而已，他是採用周秦以來子部著作中固有的用敘事加議論的寫作方式，藉列敘古事來闡明自己的道德體系。」

清人譚獻云：

> 《新序》以著述當諫書，皆與封事相發，董生所謂陳古以刺今。〔註96〕

可見，劉向《新序》內容與平日劉向所陳封事內容相互輝映，有強烈明顯的政治目的，亦是藉古事以諷今朝的手法。細觀《新序》內容，包含了先秦至漢代政治家們的德行修養、用人藝術、治國之道、功過是非、成敗得失、智謀韜略、守節之士、義勇之士的典型事蹟等。雖未如後出的《說苑》分類細密，但也概成幾個體系。〔註97〕王蘇鳳將之歸納為「為政以得的仁政思想」、「賢人治國的思想」、「藏富於民的民本思想」、「從善納諫的思想」四大類，〔註98〕可知其亟欲傳達儒家思想。

綜觀《新序》所體現的政治思想，無疑是儒家「仁政」、「賢治」思想為核心。所以無論從編撰目的或是內容，都充滿了儒家修身齊家治國平天下的政治思想。與類書主要編撰目的或方法有很大差異。

（三）《說苑》

《說苑》始見著錄於《漢書‧藝文志》，其後歷代公私書目皆有著錄。劉向〈說苑序奏〉說明了其編輯的經過與裁量標準。云：

> 護左都水使者光祿大夫臣向言：所校中書《說苑雜事》，及臣向書、民間書，誣校讎。其事類眾多，章句相溷，或上下謬亂，難分別次序。除去與《新序》復重者，其餘者淺薄，不中義理，別集以為百家後。令以類相從，一一條別篇目，更以造新事，十萬言以上。凡二十篇，七百八十四章，號曰《新苑》，皆可觀。臣向昧死。〔註99〕

道說國家圖書館原本舊藏有《說苑雜事》，但是內容龐雜，類別眾多，而且章句混亂

〔註96〕〔清〕譚獻《復堂日記》卷六（《叢書集成續編》218冊，臺北：新文豐書局，民78年1版），頁12。

〔註97〕許素菲指出：《新序》既分節士、刺奢、義勇、善謀分卷，「而不為雜事分類立名，其可怪也歟？」見其著《劉向《新序》研究》（臺北：臺灣學生書局，1980年）。

〔註98〕王蘇鳳〈論劉向《新序》的社會政治思想〉（河南大學學報〔社科版〕2000年5月第40卷第3期），頁42～47。

〔註99〕〔漢〕劉向撰；向宗魯校證《說苑校證‧說苑序奏》（北京：中華書局，2000年），頁1。

倒置，難以分別次序。劉向以家藏本與民間本相校對，刪去與《新序》重複者，也刪去內容淺薄或不合義理的資料。再加上新的資料，依類編輯成《新苑》。

　　值得注意的是「除去與《新序》復重者，其餘者淺薄，不中義理，別集以為百家後。」再加以「更以造新事」，這已經包含了作者編輯的企圖與創作。細探《說苑》一書，徵引遍及群籍，分類輯錄先秦至秦漢之間的史事多達百條，其中大部分見於《左傳》、《國語》、《荀子》、《晏子春秋》、《史記》等書，而在文字上有所出入，另有一部分章節為其他史籍所無。如《說苑》所載太子與武王共事共八章，其中除〈貴德〉章外，於皆不見他書。從《說苑》以君道、臣術、建本、立節、貴德、復恩、政理、尊賢、正諫、法誡、善說、奉使、權謀、至公、指武、談叢、襍言、辨物、修文為篇目。很明顯的呈現編撰目的，即劉向以修己、求賢、為民為基本理念，將君道、臣術作為兩大階層的畫分，以建本、立節等篇作為施政者內在養成的修養，再以政理、尊賢等篇的作為外在實踐的知能。

　　《說苑》每篇前面幾乎都有一段總說，介紹這一類主題的內容，然後排列所選取的故事，在故事後面也往往加有編者的案語。而其中有些故事是作者在原有材料的基礎上加以改寫的。如在第十五卷《指武》裏「孔子北游東上農山」，〔註100〕寫孔子和子路、子貢、顏淵等言志，原是從《論語‧公冶長》取材，作者把原來極短的篇幅擴大，而且把原來的記言，變成為人物情態和行動的描寫，已類似于小說。所以黑琨云：

> 　　《說苑》雖多「採傳記行事」（《楚元王傳》），然而其中也有劉向本
> 人的斟酌損益，包括有意的「更以造新事」（《說苑序錄》），內容十分豐
> 富，且善於運用寓言、隱言等形象化手段來闡明道理，間或於寫人狀物
> 時增加一些想像甚至於虛構的成分，使其所記之事更為細膩生動，曲折
> 有致。〔註101〕

　　這種每篇前面有總說的現象，使得《說苑》也有大序之說。如《說苑‧建本》的總論：

〔註100〕〔漢〕劉向撰；向宗魯校證《說苑校證》卷十五〈指武〉「孔子北游東上農山」條
　　　　　（北京：中華書局，2000 年），頁 375。〔漢〕韓嬰著；屈守元箋疏：《韓詩外傳箋
　　　　　疏》卷七作「景山」（頁 656）；卷九作「戎山」（頁 784）。（四川：巴蜀書社，1996
　　　　　年）。向宗魯、屈守元的意見是此事本於《韓詩外傳》，而在《論語‧公冶長》顏淵
　　　　　季路侍章，敘述則僅存「各言爾志」的部分。〔宋〕朱熹《論語集注》卷三〈公冶
　　　　　長〉（上海：上海古籍出版社，2001 年 12 月），頁 95。
〔註101〕黑琨〈嚴謹全面的學術新著──《劉向說苑研究》評介〉（魯行經院學報，2003 年
　　　　　1 期），頁 123～124。

孔子曰：「君子務本，本立而道生。」夫本不正者末必倚；始不盛者終必衰。《詩》云：「原隰既平，泉流既清。」本立而道生，《春秋》之義，有正春者無亂秋，有正君者無危國。《易》曰：「建其本而萬物理，失之毫釐，差以千里。」是故君子貴建本而重立始。〔註102〕

這是一段論述文章，引證孔子、《詩》、《易》的話，提出「是故君子建本而重立始」的本篇宗旨。其後舉出「魏武侯問元年於吳子」、「子路子欲養而親不待」、「孔鯉學《詩》學《禮》」等三十則古事繫附。再如：《說苑‧立節》總論：

士君子之有勇而果於行者，不以立節行誼而以妄死非名，豈不痛哉！

士有殺身以成仁，觸害以立義，倚於節理而不議死地，故能身死名流於來世。非有勇斷，孰能行之？〔註103〕

在此論述之後，列舉「孔子過陳西門不軾」等古事，〔註104〕以見證「立節」的重要性。也是先立中心議題，再附加相同論點的古事，這是《說苑》體例的標準範例。

葉大慶《考古質疑》舉出：《新序》雜事卷一「昭奚恤對秦使者」條，事件中所稱司馬子生在奚恤前二百二十年；葉公子高、令尹子西在奚恤前一百三十年，均非同時之人，豈能同處出現。又其書雜事第三，將與孟子論好色好勇之對象，由齊宣王誤為梁惠王。〔註105〕這種缺點在《說苑》也同時可見，〔註106〕《四庫全書總目》說是劉向一時失查，引用不同資料來源所致。其實這正是劉向欲以此上諫，達到「陳法戒」、「助觀覽、補遺缺」的目的。

〔註102〕〔漢〕劉向撰；向宗魯校證《說苑校證》卷三〈建本〉（北京：中華書局，2000年），頁56。

〔註103〕〔漢〕劉向撰；向宗魯校證《說苑校證》卷四〈立節〉（北京：中華書局，2000年），頁77。

〔註104〕〔漢〕劉向撰；向宗魯校證《說苑校證》卷四〈立節〉（北京：中華書局，2000年），頁79。此條本之韓嬰《韓詩外傳箋疏》卷一（頁47）。

〔註105〕〔宋〕葉大慶《考古質疑‧卷二》（《景印文淵閣四庫全書本》853冊，上海：上海古籍出版社，1992年），頁853～28～29。

〔註106〕《說苑》之失，參〔宋〕葉大慶《考古質疑》卷四（《景印文淵閣四庫全書》853冊），頁40～43。又，《四庫全書總目》卷九十一「說苑二十卷」條亦引：葉大慶《考古質疑》摘其「趙襄子賞晉陽之功，孔子稱之」一條；「諸御已諫楚莊王築臺引伍子胥」一條；「晏子使吳見夫差」一條；「晉太史屠餘與周桓公論晉平公」一條；「晉勝智氏，後圍閼襄郢」一條；「楚左史倚相論越破吳」一條；「晏子送曾子」一條；「晉昭公時戰郊」一條；「孔子對趙襄子」一條，皆時代先後，邈不相及。又「介子推舟之僑並載其龍蛇之歌，而之僑事尤舛。黃朝英《緗素雜記》亦摘其固桑對晉平公論養士一條，《新序》作舟人古乘對趙簡子。又楚文王爵筦饒一條，《新序》作楚共王爵筦蘇。二書同出向手，而自相矛盾，殆捃拾眾說，各據本文，偶爾失於參校也（北京：中華書局，1965年），頁772。

劉向先後編成《新序》與《說苑》，其間體例有其相類性。《四庫全書總目》云：

　　其書(《說苑》)皆錄遺聞佚事，足為法戒之資者，其體例一如《新序》。

〔註107〕

以此類推，可知《新序》、《說苑》的編寫體例是類同的。而《說苑》「更以造新事」，可知此書並非只抄錄舊籍，分類歸部而已，加入劉向個人文章，正可以呈顯劉向所欲傳達的儒家仁政思想。相同的手法，在《新序》也同樣運用。以寓言故事輔佐主題思想的呈現，正是先秦諸子的遊說技巧之一，或許這就是《新序》、《說苑》被批評為雜有諸子的原因。《四庫全書總目‧說苑提要》稱劉向「其議論醇正，不愧儒宗。」曾鞏也強調「向之學博矣，其著書及建言，尤欲有為於世。」〔註108〕高似孫《子略》卷四云：

劉向《新序》、《說苑》奇矣，亦復少探索之工，闕詮定之密，其敘事有與史背者不一。〔註109〕這是劉向自創「更為新事」的部分，即所有資料是為其著作目的而設，所以會有與史相背者。曾鞏為劉向辯解：

　　向采傳記百家所載行事之迹以為，此書奏之欲以為法戒。然其所取或
　　有不當於理，故不得而不論也。〔註110〕

筆者以為董其昌所論最佳，其云：

　　向之《說苑》自君道臣術迄於修文返質，其標章持論，鑿鑿民經，皆
　　有益天下國家，而非雕塵鏤空，縱談六合之外，以動觀聽者，是為裨用，
　　可傳也。漢承秦後，師異道，人異學，自仲舒始有大一統之說。然世猶未
　　知宗趣，向之此書雖未盡洗戰國餘習，大都主齊魯論家語，而稍附雜以諸
　　子，不至逐流而忘委，是以獨列於儒家，是為述聖，可傳也。元成間，中
　　官外戚株連用事，向引宗臣大義，身攖讒吻，顧所謂三獨夫者，共憂社稷，
　　懷忠不效，又進《說苑》以見志。吾讀其〈正諫〉一篇蓋論昌陵、論外戚
　　封事之餘音若縷焉，是為獻讜，可傳也。〔註111〕

董其昌以為此書有益於天下國家，便是裨益於用，不淪為空談。祖述「齊魯論家語」，

〔註107〕　〔清〕永瑢、紀昀等《四庫全書總目》卷九十一〈說苑提要〉（北京：中華書局，
　　　　　1965年），頁772。

〔註108〕　〔宋〕曾鞏〈說苑序〉，收於《說苑校證》（北京：中華書局，2000年），頁1～2。

〔註109〕　〔宋〕高似孫《子略》卷四，「新序說苑」條（臺北：臺灣中華書局，民57年4月
　　　　　臺二版），頁5。

〔註110〕　〔漢〕劉向撰；向宗魯校證《說苑校證》卷十五〈指武〉「孔子北游東上農山」條
　　　　　（北京：中華書局，2000年），頁375。

〔註111〕　〔明〕賀復徵《文章辨體彙選》卷二九二（《景印文淵閣四庫全書》1405冊，臺北：
　　　　　臺灣商務，民72年），頁1405～552。

雖稍附雜以諸子，但「不至逐流而忘委」，所以對儒家而言有述聖之效。藉由古事諫論時事，與平素所上封事相為呼應，是為「獻讜」。這是對《說苑》予以極高的評價，但這已經不是單純類書擷錄資料的編輯行為，《說苑》以外貌觀察可稱是一部分類歷史故事集，但從內容思想查察，可以發現是一本陳論政治原理與施政法則的著作。

由前文析論可知，馬氏與袁氏忽略了類書為提供讀者查閱徵引之需的工具書，與其他作者運用文字表達思想者有很大的差異。劉向《洪範五行傳論》、《新序》及《說苑》三書並非只是捃摭舊文加以分類，其中包含劉向自己的改寫與創作，用以表達更高更深的旨意與政治目的。既然劉向《洪範五行傳論》等三書均非類書，那更不可能為類書起源。

五、《皇覽》

一說認為類書起源於三國，認為《皇覽》是我國最早的類書，古今持此說者人數最多，而最具代表性的應屬宋·王應麟。

> 類事之書，始於《皇覽》。（原注：韋誕諸人撰。）建雲臺者非一枝，成珍裘者非一掖，言集之者眾也。〔註112〕

他除了首先提出類書始於《皇覽》之說，也強調《皇覽》為多人所合作編成。明·焦竑非常支持這想說法，云：

> 瀏覽貴乎博，患其不精；強記貴乎要，患其不備；古昔所專，必憑簡策，綜貫群典，約為成書，此類家所由起也。〔註113〕自魏《皇覽》而下，莫不代集儒碩，開局編摩；乃私家所成，亦復猥眾。大都包絡今古，原本始終，類聚臚列之，而百世可知也；韓愈氏所稱「鈎元提要」者，其謂斯乎！〔註114〕

可見他除了支持《皇覽》為類書之始外，還敘述了類書功能與體制概要。明人方以智則考定史籍，強化類書確實起於《皇覽》。〔註115〕其他尚有《四庫全書總目》卷

〔註112〕〔宋〕王應麟《玉海》卷五十四〈藝術篇〉（臺北：臺灣華文書局，民國51年1月）。

〔註113〕此段文字乃承襲王應麟《玉海》卷五十四〈藝術篇〉「承詔撰述類書」條意見。王應麟云：「學古貴乎博，患其不精；記事貴乎要，患其不備，古昔所專，必憑簡策，綜貫群典。約為成書。」

〔註114〕〔明〕焦竑《國史經籍志》卷四下〈類家〉（粵雅堂叢書本），引自馮惠民、李萬健等選編《明代書目題跋叢刊（上冊）》（北京：書目文獻出版社，1994年1月），頁89，總頁388。

〔註115〕〔明〕方以智《通雅》卷三，「類書始於《皇覽》」條下〔《通考》：類書始於梁元帝《同姓名錄》。晁氏曰：「齊、梁喜徵事，類書之起，當在此時。」智按《唐志》類事之書，始於《皇覽》而直齋止於祖珽、李徵撰《修文殿御覽》，不引前有《皇覽》、《類苑》、《遍略》等書，則世已無其書，皆并合入新編內矣。考《魏志·劉劭傳》：

一三五吳淑《事類賦》提要云：「類書始於《皇覽》」。孫馮翼《問經堂叢書》輯本《皇覽》序云：「其書採集經傳，以類相從，實爲類書之權輿。」〔註 116〕等，亦主此說，茲不贅引。

《魏志・文帝紀》云：

又使諸儒撰集經傳，隨類相從，凡千餘篇，號曰《皇覽》。〔註 117〕

此處所稱的諸儒，諸史記載不一：有謂王象撰者〔註 118〕；有謂劉劭撰者；〔註 119〕有謂桓範、王象等撰者；〔註 120〕有謂王象、繆襲等撰者；〔註 121〕有謂繆卜等撰者；〔註 122〕有謂韋誕等撰者等。〔註 123〕導致後人頗生疑義，例如清代梁章鉅《三國志旁證》，便懷疑《皇覽》有不同的成品。〔註 124〕但《魏志》〈文帝紀〉明言使諸儒撰集，則諸儒實俱曾奉詔，王象、劉劭俱在撰集之列，《皇覽》非專出一人。

〔註 125〕

「黃初中，受詔集群書，以類相從，號《皇覽》。」《魏略》云：「常侍王象撰八百餘萬字。」《隋志・雜家》「皇覽百二十卷，繆卜等撰，何承天、徐爰合之，蕭琛抄之。而《史記注》：「皇覽，記先代冢墓，是魏人王象、繆襲等撰。」則當時亦止就《修文御覽》等書引用，未及核其全書也。」（見王雲五主持四庫全書珍本三集 202 號，臺北：臺灣商務印書館），頁 11～12。

〔註 116〕孫馮翼〈皇覽序〉。見鍾肇鵬《古籍叢殘彙編》（北京：北京圖書館出版社，2001年 11 月），頁 1。

〔註 117〕《魏志》卷二〈文帝紀〉（臺北：明倫出版社，民國 61 年 7 月），頁 88。

〔註 118〕《魏志》卷二三〈楊俊傳〉注引《魏略》：「王象……受詔撰《皇覽》，使象領祕書監，象從延康元年始撰集，數歲成，藏於祕府。合四十餘部，部有數十篇，通合八百餘萬字。」

〔註 119〕《魏志》卷二一〈劉劭傳〉：「黃初中，爲尚書郎，散騎侍郎，受詔集五經群書，以類相從，作《皇覽》。」（臺北：明倫出版社，民國 61 年 7 月），頁 617。

〔註 120〕《魏志》卷九〈曹爽傳〉注引《魏略》：「桓範……建安末，入丞林左監，以有文學，與王象等典集《皇覽》（臺北：明倫出版社，民國 61 年 7 月），頁 290。

〔註 121〕司馬貞《史記索隱》卷一：「注《皇覽》：書名也，記先代冢墓之處，宜皇王之省覽，故曰《皇覽》。是魏人王象、繆襲等所撰也。」

〔註 122〕《隋書》卷三十四〈藝文志〉：「《皇覽》一百二十卷。繆卜等撰。……」

〔註 123〕《太平御覽》卷六〇一引《三國典略》：「齊主如晉陽，尚書右僕射祖珽等上言：『昔魏文帝命韋誕諸人撰著《皇覽》，包括群言，區分義別。』」

〔註 124〕〔清〕梁章鉅在〈魏文帝記〉：「初，帝好文學，以著述爲務，自所勒成垂百篇。又使諸儒撰集經傳，隨類相從，凡千餘篇，號曰《皇覽》。」本文之後，引用《隋書・經籍志》：「《魏文帝集》十卷，梁二十三卷。又《列異傳》三卷，魏文帝撰」資料，又按云：「《史記索隱》云：『《皇覽》記先代冢墓之處，宜皇王之省覽，故曰『皇覽』。』是魏人王象、繆襲等所撰，當非此書也。」可見梁氏認爲《皇覽》可能有不同的成品，收錄不同內容。見〔清〕梁章鉅撰、楊耀坤校訂《三國志旁證》卷三（臺北：藝文印書館，民國 53 年），頁 22 下～23 上。

〔註 125〕孫馮翼疑繆襲、繆卜本一人（見孫氏〈皇覽序〉）；姚振宗則謂繆十一作繆卜，蓋即

前引《魏志・楊俊傳》注文載王象受詔撰《皇覽》，數歲而成。「合四十餘部，部有數十篇，通合八百餘萬字。」《皇覽》有四十多個部類，每一類又有數十篇，合計一千餘篇，八百多萬字，篇幅非常宏偉。所以張滌華云：

> 綜今考之，其書作者六七人，分部四十餘，字數數百萬，且歷時數載
> 始成，較之後世《太平御覽》、《冊府元龜》諸大書，未遑多讓。言類書者，
> 此誠其巨擘矣。〔註126〕

可惜因為體制龐大，加以後出類書襲用，所以《皇覽》內容迅速流逝，篇制也日益縮減。《隋書・經籍志》卷三〈雜家〉載：

> 《皇覽》一百二十卷
> 　繆卜等撰。梁六百八十卷。梁又有《皇覽》一百二十三卷，何承天合。
> 《皇覽》五十卷，徐爰合。《皇覽目》四卷。又有《皇覽抄》二十卷，梁
> 特進蕭琛抄。亡。〔註127〕

到了《舊唐書・藝文志》載：「皇覽一百二十二卷。何承天撰。又，八十四卷徐爰并合。」〔註128〕可見亡佚的速度驚人。孫馮翼〈皇覽序〉云：

> 阮孝緒《七錄》所載，本六百八十卷，至隋而僅存一百二十卷。唐時
> 之本，則何承天所合併，亦著於《七錄》，而闕一卷。……又徐爰合《皇
> 覽》五十卷，《唐志》稱八十四卷。……繆氏舊著，唐人已未及見，後更
> 無論矣。〔註129〕

姚振宗《三國藝文志》更云：

> 案《皇覽》當是千餘卷，至梁存六百八十卷，至隋存一百二十卷，至
> 唐惟有何、徐兩家鈔合本，而魏時原本亡；至宋并鈔合本亦亡。〔註130〕

張滌華云：

　　繆襲。(見姚氏《三國藝文志》卷三「魏文帝皇覽千餘篇」條按語。《續修四庫全書》914 冊)，頁 544。上海：上海古籍，2002 年)；張滌華以為未能確定，當以闕疑為是。

〔註126〕張滌華《類書流別》(修訂本)(北京：商務印書館，1985 年 9 月)，頁 12～13。

〔註127〕〔唐〕長孫無忌等《隋書卷三十四・經籍志卷三・子部雜家》楊家駱編《新校隋書經籍志》(臺北：世界書局，民國 52 年 4 月初版)，頁 80。

〔註128〕〔後晉〕劉昫等《舊唐書，卷四十七・經籍志第二十七下・類事》(臺北：鼎文書局)，頁 2045。

〔註129〕孫馮翼〈皇覽序〉。鍾肇鵬《古籍叢殘彙編》(北京：北京圖書館出版社，2001 年 11 月)，頁 1。

〔註130〕〔清〕姚振宗《三國藝文志》卷三子部(《續修四庫全書》上海：上海古籍，2002 年，收入第 914 冊)總頁 544。

沈亞之《秦夢記》引《皇覽》云：「秦穆公葬雍橐泉祈年宮下。」（《沈
下賢集》卷二）則中唐時合併本猶有存者，其全佚當在唐末。〔註131〕
清代嘉慶時期的孫馮冀從各書中輯出佚文一卷，收入《問經堂叢書》，現僅存《逸禮》、
《冢墓記》二類和其他片段，八十餘條，不足四千字。後又收入《叢書集成》。另外，
清代道光年間的黃奭也輯有一卷，刻入《漢學堂叢書》的《子史鈎沉》部分中，但
所輯內容與孫馮冀輯本大致相同。這兩個輯本使今人尚能窺《皇覽》之一斑。

在內容上，司馬貞曾云：「《皇覽》，書名也。記先代冢墓之處，宜皇王之省覽，
故曰《皇覽》。」〔註132〕若按其說法，《皇覽》乃專記冢墓之書。明·方以智云便提
出糾正：

> 而《史記》注《皇覽》記先代冢墓，是魏人王象、繆襲等撰。則當時
> 亦止就《修文御覽》等書引用，未及核其全書也。〔註133〕

因為裴駰《史記集解》中所引用《皇覽》資料，都出自〈冢墓記〉，司馬貞又未曾見
過此書，率爾成說，將《皇覽》的內容區限在記先代冢墓。就《皇覽》的內容，清
人侯康曾云：

> 《御覽·禮儀部三十九》引《皇覽·冢墓記》二十餘條，《水經注》
> 引《皇覽》十三條，言冢墓者十之九。冢墓蓋即四十餘部中之一。《御覽·
> 卷五百九十》又引《皇覽·記陰謀》，疑亦書中篇名也。《論語》三省章釋
> 文，稱《皇覽》引魯讀六事，則兼及經義。〔註134〕此〈魏文帝記〉所謂
> 撰集經傳，隨類相從者，蓋後世緯書之濫觴，故無所不包矣。〔註135〕

若載參考孫馮翼所輯《皇覽》內容，可以推判「冢墓記」爲《皇覽》分篇，即四十
餘部中之一。再以宋·鄭樵《通志·藝文略》史類地理小類中收有李彤撰《聖賢冢
墓記》等書爲參考。〔註136〕此類書籍可歸入史部。「記陰謀」，王應麟在其《困學紀
聞》載：

〔註131〕 張滌華《類書流別》（修訂本）（北京：商務印書館，1985 年 9 月），頁 14。
〔註132〕 《史記索隱》卷一（北京：中華書局，1985 年）。
〔註133〕 〔明〕方以智《通雅》卷三，「類書始於《皇覽》」條下（見王雲五主持：四庫全書
　　　　 珍本三集 202 號，臺北：臺灣商務印書館），頁 11～120。
〔註134〕 〔唐〕陸德明《經典釋文》卷二十四〈論語音義〉載：「案：鄭校周之本，以齊古
　　　　 讀正，凡五十事，鄭本或無此注者。然《皇覽》引魯讀六事，則無者非也。後皆放
　　　　 此。」（臺北：鼎文書局，民國 61 年），頁 345。
〔註135〕 〔清〕侯康《補三國藝文志》卷四。收於《叢書集成新編（一）》（臺北：新文豐出
　　　　 版公司）總頁 72～77。
〔註136〕 〔宋〕鄭樵撰；王樹民點校《通志二十略·藝文略第四》該書歸於史類地理小類中
　　　　 的「都城宮苑」，頁 1577。

《皇覽》記陰謀〈黃帝金人器銘〉。武王問尚父曰:「五帝之誡,可得聞乎!」尚父曰:「黃帝之戒曰:『吾之居民上也,搖搖恐夕不至朝,故爲金人三封其口,曰古之慎言。』」按:《漢藝文志》道家有黃帝銘六篇。蔡邕銘論:黃帝有巾機之法,《皇覽》撰集於魏文帝時,漢《七略》之書猶存,〈金人銘〉蓋六篇之一也。〔註137〕

同時在其《漢藝文志考證》卷六「道類」,將之放在黃帝四經四篇、黃帝銘六經篇條下,作爲補充說明,或可視爲子部資料。《皇覽》載錄《論語》釋文,可見所收「兼及經義」,推論應該尚有其他經部資料。又姚振宗考證:

案《御覽》引《皇覽》逸禮,即《漢志》所謂禮古經多三十九篇,劉子駿〈移書讓太常博士〉,稱《逸禮》三十九,是也。王莽時立博士,漢末尚未亡,故《皇覽》亦具載之。又〈陳思王傳〉注,臣松之案,田巴事出〈魯連子〉,亦見《皇覽》,文多不載;是《皇覽》中有《魯連子》。又《說郛》中有繆襲〈尤射〉一篇,亦似《皇覽》逸文。其所收集者多矣。

〔註138〕

查證《隋書·經籍志》子部,載有:「魯連子五卷錄一卷。魯連齊人,不仕稱爲先生。」〔註139〕同書集部,載有「魏散騎常侍繆襲集五卷。」〔註140〕又孫馮翼《皇覽》輯有《逸禮》十餘條,屬經部。張滌華還指出《漢書》卷九一〈貨殖傳〉「昔粵王句踐困於會稽之上迺用范蠡、計然。」顏師古注曰:「……計然者,濮上人也。博學無所不通,尤善計算。嘗南遊越,范蠡卑身事之。其書則有《萬物錄》,著五方所出,皆直述之。事見《皇覽》及晉《中經簿》。」則知《皇覽》也記有計然事蹟,應屬史部。從這些考證,則可了解《皇覽》包有經史子集四部資料,即「其所收集者多矣」,「此〈魏文帝記〉所謂撰集經傳,隨類相從者,蓋後世類書之濫觴,故無所不包矣。」因網羅甚富,故門類繁夥,字數眾多。

若以「衛史鰌死,治喪於北堂」資料爲例,《藝文類聚》卷二十四人部諫類所引用《逸禮》資料,與漢初的《韓詩外傳》、《新書》相關資料比較:

〔註137〕〔宋〕王應麟撰;〔清〕翁元圻注《翁注困學紀聞》卷十〈諸子〉(臺北:世界書局,民國63年6月再版),頁560。

〔註138〕〔清〕姚振宗《三國藝文志》卷三子部(上海:上海古籍,2002年,《續修四庫全書》收入第914冊)總頁544。

〔註139〕《隋書》卷三十四〈經籍志卷三·子部〉。收入楊家駱編《新校漢書藝文志·新校隋書經籍志》(臺北:世界書局),頁71。

〔註140〕《隋書》卷三十五〈經籍志卷四·集部〉。收入楊家駱編《新校漢書藝文志·新校隋書經籍志》(臺北:世界書局),頁114。

《藝文類聚》

　　《逸禮》曰：衛史鰌病且死，謂其子曰：「我死，治喪於北堂，吾生不能進蘧伯玉而退彌子瑕，是不能正君也。生不能正君者，死不當成禮，死而置尸於北堂，於我足矣。」靈公往弔，問其故。其子以父言聞于靈公，公失容曰：「吾失矣。」立召蘧伯玉而貴之，召彌子瑕而退之。徙喪於堂，成禮而後去。〔註141〕

《韓詩外傳》

　　昔者衛大夫史魚病且死，謂其子曰：「我數言蘧伯玉之賢，而不能進；彌子瑕不肖，而不能退。爲人臣生不能進賢而退不肖，死不當治喪正堂，殯我於室足矣。」衛君問其故。子以父言聞君。造然召蘧伯玉而貴之，而退彌子瑕。徙殯於正堂。成禮而後去。生以身諫，死以尸諫，可謂直矣。

《詩》曰：「靖共爾位，好是正直。」〔註142〕

《新書》

　　衛靈公之時，蘧伯玉賢而不用，彌子瑕不肖而任事。史鰌患之，數言蘧伯玉賢而不聽。病且死，謂其子曰：「我即死，治喪於北堂，吾生不能進蘧伯玉而退彌子瑕，不能正君也。生不能正君者，死不當成禮，死而置屍於北堂，於我足矣。」靈公往弔，問其故，其子以父言聞。靈公戚然易容而寤，曰：「吾失矣！」立召蘧伯玉而進之，召彌子瑕而退之。徙喪於堂，成禮而後去。衛國已治，史鰌之力也。夫生進賢而退不肖，死且未止，又以屍諫，可謂忠不衰矣。〔註143〕

可以發現粗體部分，除「公失容曰」與「戚然易容而寤曰」有較大的不同外，兩段主要文字幾乎相同，與《韓詩外傳》相較也有極高程度的吻合。但又少了《新書》或《韓詩外傳》「詩曰」或其他的評論意見，這些可以說明《皇覽》的忠於資料來源，是輯而不作，而非作者引用古事以表達思想意見。

　　綜合以上論點，可知《皇覽》符合類書義界，而成書又最早，所以當爲類書之淵源。

〔註141〕〔唐〕歐陽詢《藝文類聚》卷二十四〈人部諫〉（上海：上海古籍出版社，1999年），頁433。

〔註142〕見屈守元《韓詩外傳箋疏》卷七（成都，巴蜀書社，1996年），頁649。

〔註143〕〔漢〕賈誼撰；閻振益、鐘夏校注《新書校注卷第十·胎教》（北京：中華書局，2000年），頁393。

六、《古今同姓名錄》〔註144〕

宋・晁公武《郡齋讀書志》載：

《同姓名錄》三卷　袁本前志卷三下類書類第一

右梁元帝撰。纂類歷代同姓名人，成書一卷。唐陸善經續增廣之。齊梁間士大夫之俗，喜徵事以爲其學淺深之候，梁武帝與沈約徵栗事是也。類書之起，當在是時，故以此錄爲首。〔註145〕

主張梁元帝《古今同姓名錄》爲類書之起，並將之置於其讀書志類書類之首。後世引用晁氏說法的學者頗多，如元・馬端臨《文獻通考・經籍考》也將《古今同姓名錄》列爲子部類書類第一部，並引用晁公武之說，以表贊同。〔註146〕但若細查《文獻通考・經籍考》「修文殿御覽」條云：

《修文殿御覽》三百六十卷

陳氏曰：北齊尚書左僕射范陽祖珽孝徵等撰。按《唐志》類書在前者，有《皇覽》、《類苑》、《華林遍略》等六家，今皆不存，則此書當爲古今類書之首。〔註147〕

引用陳振孫《郡齋讀書志》「修文殿御覽」條全文。可知陳振孫乃因《皇覽》等較早的類書已經不存，所以將《修文殿御覽》列爲類書類之首。雖兩項資料異議而並列，但馬端臨仍選擇晁公武之說，將《古今同姓名錄》視爲類書之始。

支持晁氏意見者，又如《續文獻通考》中對類書之按語所云：

《舊唐書》以前之志，但有雜家而無類書。其以類書別爲一類者，自《唐書》始。晁公武謂：「齊梁間士大夫之俗，喜徵事，以爲其學淺深之候。類書之起，當在此時。」今考分類編纂之書，實始于梁，公武之言良信。〔註148〕

〔註144〕 梁元帝所著有稱《同姓名錄》及《古今同姓名錄》者，但爲行文中與〔明〕余寅所著《同姓名錄》有所區辨，故除引用參考文獻時，一律依照《四庫全書》稱《古今同姓名錄》。

〔註145〕 〔宋〕晁公武撰；孫猛校證《郡齋讀書志校證》（上海：上海古籍出版社，1990年），頁646。

〔註146〕 〔元〕馬端臨《文獻通考・經籍考》卷五十五子部類書「同姓名錄條」下引晁說（臺北：新文豐出版公司，民國75年9月台一版），頁1257。

〔註147〕 同前註，頁1258。陳振孫云：「《修文殿御覽》三百六十卷。北齊尚書左僕射范陽祖珽孝徵等撰。案《唐志》類書在前者，有《皇覽》、《類苑》、《華林遍略》等六家，今皆不存，則此書當爲古今類書之首。」陳氏之說是有特定條件將《修文殿御覽》置爲類書之首。（見《直齋書錄解題卷十四・子部類書》頁402（臺北：新文豐，叢書集成新編二））總頁472。

〔註148〕 《續文獻通考》卷一百八十六經籍考子部類書上之按語。（四庫全書文淵閣景印本，

反對這種說法的，例如：徐乾學《編珠》校勘記云：

> 按歷代史志有雜家而無類書，《新唐志》始別爲一目。自魏晉以逮南
> 北朝，君臣宴集，每喜徵事以覘學問，類書于是漸多。然今世傳歐陽詢、
> 虞世南、徐堅所排纂，皆唐初時人。而志所載隋以前書，如《皇覽》、《類
> 苑》、《壽光書苑》、《華林遍略》等書，當時極貴重，其卷帙頗繁，今皆無
> 一簡存者，……〔註149〕

在敘述類書發展時，從《皇覽》敘起。猶有甚者，如館臣在宋人吳淑《事類賦・提
要》云：「類書始於《皇覽》」等，〔註150〕都以《皇覽》爲類書之始。《四庫全書總
目》在子部類書類將《古今同姓名錄》列爲第一部。但在類書類序文明載「《皇覽》
始於魏文」，原因應如同《四庫全書簡明目錄》「古今同姓名錄條」註文所云：

> 梁・孝元皇帝撰；唐・陸善經續；元・葉森補。原本久佚，今從《永
> 樂大典》錄出，所錄同姓名人，雖不及後來余寅諸家之備，然類書之存於
> 今者，莫古於是，故仍錄之以冠首。〔註151〕

以「類書之存於今者，莫古於是」爲由，有條件的將《古今同姓名錄》列爲類書之
首，並非同意類書創始於梁。近代學者張滌華云：「故承學之士，蔽所希聞，遂有謂
類書始於齊梁者，得非數典忘祖乎！」〔註152〕也持反對意見。

要論《古今同姓名錄》是否爲類書之始，就應先究《古今同姓名錄》是否爲類
書。《隋書》、《梁書》、《南史》等，都載記梁元帝著《古今同姓名錄》，〔註153〕《四

臺北：臺灣商務，民國72年）。

〔註149〕徐乾學《編珠》（《四庫全書文淵閣景印本》887冊，臺北：臺灣商務，民國72年），
頁887～39。

〔註150〕「《四庫總目・事類賦・提要》：〔宋〕吳淑撰，併自註。……事蹟具《宋史・文苑
傳》。是編乃所作類事之書。……類書始於《皇覽》。六朝以前舊笈，《隋書・經籍
志》所載，有朱澹遠《語對》十卷，又有《對要》三卷，《群書事對》三卷，是爲
偶句隸事之始。然今盡不傳，不能知其體例。高士奇所刻《編珠》，稱隋杜公瞻撰
者，僞書也。今所見者，唐以來諸本駢青妃白，排比對偶者，自徐堅《初學記》始……
淑本徐鉉之婿，學有淵源，又預修《太平御覽》、《文苑英華》兩大書，見聞尤博，
故賦既工雅，又註與賦出自一手，事無舛誤，故傳誦至今。」《四庫全書總目卷一
三五・子部類書類一》頁1144～1145。

〔註151〕《四庫全書簡明目錄》卷十四子部十一類書類「古今同姓名錄」條（臺北：臺灣商
務，民國72年），頁6～226。

〔註152〕張滌華《類書流別》（修訂本）（北京：商務印書館，1985年9月一版），頁14。

〔註153〕《隋書》卷三十三經籍志二史類載：「同姓名錄一卷帝撰梁元帝撰。」在分類說明
表示，此類書籍「推其本源蓋亦史官之末事也」，所以稱之爲雜傳。《梁書》卷五〔唐〕
姚思廉《梁書》卷五文帝本紀載梁元帝著有《古今同姓名錄》一卷書。唐李延壽
撰《南史》卷八〈梁本紀下〉第八，亦記載梁元帝著有《古今同姓名錄》一卷。

庫全書總目》云：

> 古今同姓名錄二卷　永樂大典本
>
> 　　梁孝元皇帝撰。是書見於《梁書》本紀及《隋書・經籍志》者，皆作一卷。唐陸善經續而廣之。故《讀書志》、《書錄解題》皆作三卷。其本皆不傳。此本爲《永樂大典》所載，又元人葉森所增補者也。雖輾轉附益，已非其舊。然幸其體例分明，不相淆雜。凡善經及森所綴入者，皆一一標註，尚可考見元帝之原本。則類事之書，莫古於是編矣。……明萬曆中余寅別撰《同姓名錄》十二卷，周應賓又補一卷。國朝王廷燦又補八卷。所錄比此本加詳。然發凡起例，終以此本爲椎輪之始焉。〔註154〕

這段文字很清楚的將《古今同姓名錄》一系列的增補、新撰都加以敘明，而且指出即便此書經陸、葉增補，但「體例分明，不相淆雜」，仍可以清楚的回溯到梁元帝原作面貌。《四庫全書總目》同時提出「則辨析異同，殊別時代，亦未嘗非讀史之要務，非但綴瑣聞，供談資也」，〔註155〕將此類書籍由綴瑣聞、供談資之效，抬昇爲「辨析異同，殊別時代」的讀史要務，明顯的拉高此類書籍的地位。

　　試觀《古今同姓名錄》二例內容：

> 七李陵：
>
> 　　一字少卿；一晉將；一燕書南皮侯；一馮跋傳；一城門校尉晉人；一出會稽典錄；一出《列女傳》。〔註156〕
>
> 六李廣：
>
> 　　一前漢將軍；一魏將爲司馬文王所殺；一後漢妖巫光武紀；一東漢中水守李思三世孫；一南史文苑傳按李廣載《北史・文苑傳》，此作《南史》，誤；一後蜀李壽子漢王晉載記葉續三〔註157〕

果然可以清楚的考察出梁元帝原作或陸、葉二人增補痕跡。梁元帝之作明顯簡略，即便陸善經、葉森所續，增延了時間長度與內容，還是簡略。不過是載錄人名，綜其所同而已，如兩丘明、兩秋胡之類。無法與《皇覽》等類書的包羅萬象，捃摭群書原文相提並論，不具類書特色。若觀察後出的余寅作品，《四庫全書總目》云：

> 　　……自梁元帝始著《古今同姓名錄》一卷，見于《隋書・經籍志》，

〔註154〕《四庫全書總目》卷一百三十五，類書類一〈古今同姓名錄提要〉（北京：中華書局，1965 年），頁 1141。

〔註155〕同前註。

〔註156〕梁元帝撰；〔唐〕陸善經續；〔元〕葉森補《古今同姓名錄》卷上（北京：中華書局，1985 年新一版，叢書集成初編第 3284 冊），頁 36。

〔註157〕同前註，頁 38。

唐陸善經、元葉森遞相增益，其後漸佚。惟《永樂大典》有此書，而庋置禁庭，世無傳本。……此書掇摭詳備，足裨考證，固未可以晚出廢之也。〔註158〕

可見余寅的作品雖爲新作，但基本精神仍延續梁元帝者，即「然發凡起例，終以此本爲椎輪之始焉」之意。內容與梁元帝之作相較，余寅《同姓名錄》較爲豐富。如《同姓名錄》「李廣」與「李陵」條內容：

> 李廣七：漢武帝尚虜功，李廣稱飛將，守右北平；安帝錄舊勳，李廣緣功臣裔，封琴亭侯；唐德宗復京城，李廣率驍騎軍光泰門。此皆有武烈者。梁蕭歸伐陳，其將李廣爲陳人所虜，又何武略之不振也。北齊文宣撰天保歷命，中書郎李廣爲序，則以文揚矣。若妖巫李廣叛據皖城，爲馬援所斬；蜀李勢之弟李廣，以不得爲太弟，自殺。此蓋闇於天命，自取滅亡，尤前數人所不齒者也。

> 李陵二：前漢李陵，李廣之孫，爲騎都尉將步卒佐貳師擊匈奴，所殺傷過當，以兵矢盡敗降。後漢李陵，永平中益州刺史朱輔宣漢威德，白狼、槃木、唐菆等百餘國，舉種稱臣，遣從事史，李陵護送赴闕并上其樂詩三章。〔註159〕

列舉七位同姓名之李廣或二位李陵，除略載其事績外，還以「此皆有武烈者」、「又何武略之不振也」、「則以文揚矣」、「此蓋闇於天命，自取滅亡，尤前數人所不齒者也」等評語，對這七位李廣作歷史的是非功過評斷。這些是基是參照文獻摘錄改寫，而評論則爲余寅所自撰。這是撰寫而非原文引用，已經不同於類書之特色。若再從閔洪學〈同姓名錄序〉所云，更可以清楚的知道此類書籍編撰的目的：

> ……先生之爲是書也，非以資博洽也。物並而妍媸見；器並而良楛見。春秋之義，微而顯，志而晦，懲惡而勸善。先生未嘗數數，而書名、書事，指歸微見，本末粲然。千百載而下，薦其馨香，彰其穢德。讀之者，寧無凜然法誡之思乎！〔註160〕

足見余寅爲此書之目的，在寓寄史書的褒貶是非的功能，並非純粹歸類排列而已。

若據此說，《古今同姓名錄》一系列作品，都有史書春秋大義精神，雖「然梁元

〔註158〕《四庫全書總目》卷一三六，子部四十六類書類二〈同姓名錄提要〉（北京：中華書局，年），頁1155。

〔註159〕依原書李陵、李廣之順序。

〔註160〕見梁元帝《同姓名錄》（臺北：臺灣商務印書，民國72年，文淵閣四庫全書景印本），頁964～21。

帝本書簡略，陸善經、葉森所續舛誤頗多」，〔註161〕但不妨礙其史書本質，《四庫》館臣既然發現其功能效應「非但綴瑣聞，供談資也」，也就是說明了不如歸爲史類爲佳。如《遂初堂書目》將《古今同姓名錄》歸之於史部「姓氏類」，與《元和姓纂》《十史姓纂》等書編在一類，便是很好的安排。緣此，《古今同姓名錄》並非類書，也不可能是類書之始。

貳、結　語

王應麟云：「學古貴乎博，患其不精；記事貴乎要，患其不備。古昔所專，必憑簡策，綜貫群典，約爲成書。」〔註162〕張滌華也指出文人馳騁華辭，用事采言時：「其或強記不足，誦覽未周者，則乞靈抄撮，效用諛聞，期以平時搜輯之勤，借袪臨文翻檢之劇；故網羅欲富，組織欲工，類書之體，循流遂作。」〔註163〕都說明了讀書人對類書的需求原因。上文就歷來學者所推就之類書淵源一一考訂，確定《皇覽》是中國類書的淵源。

在需求的刺激下，《皇覽》應運而生。查察《皇覽》對類書三個基本條件：「廣集群書」、「輯而不作」、「隨類相從」的吻合度。在選材上《皇覽》「撰集經傳」、「集五經群書」，鈔撮古書中的材料，「合四十餘部，部有數十篇，通合八百餘萬字。」可謂廣集群書。在裒集群言時，對材料的處理上，充分展現輯錄的特色，並非藉古人古事而呈現撰者思想。爲了便於隨時翻檢，所有資料歸納於有組織的部類中，便是隨類相從。換句話說，無論從內容還是到形式、從性質到功能等各個方面，《皇覽》都以一種新面貌呈現。開創了我國類書的編纂體例，而集中人才大規模編纂類書，也成爲後來許多王朝以昭文盛的範式。筆者認爲我國古代眞正意義上的類書之始，當屬三國時期誕生的《皇覽》。本文將在下一章有更詳細的探討，分析類書創始於《皇覽》的各項主客觀因素。

〔註161〕《四庫全書總目》卷一百三十五，子部，類書類一〈古今同姓名錄提要〉（北京：中華書局，年），頁1141。

〔註162〕王應麟《玉海》卷五十四〈藝術篇〉（臺北：華聯出版社，民國53年1月），頁1071。

〔註163〕張滌華《類書流別·緣起第二》（修訂本）（北京：商務印書館，1985年9月一版），頁15。

第五章　類書創始於曹魏的因素探析

壹、曹魏已具類書編纂基礎條件

前文已經辨析《皇覽》為類書之始，本章進一步說明《皇覽》之所以在三國時期得以形成的主要原因。大凡一種發明，必有千頭萬緒的相關條件，類書的創始亦然。類書的編纂有許多大小相關條件，其中又可分「物質基礎」與「技術條件」兩大類。茲綜合彙整舉其要件，則物質基礎有：擁有大量的藏書、經濟狀況穩定、紙的大量使用三項；技術條件有：書籍編纂的分類系屬能力成熟、抄撮能力的提升兩項。茲依序分述於下：

一、大量的藏書，為類書編輯文獻後盾

圖書的增長標誌著社會文化的發展，而圖書的命運卻往往與政治變化緊密相連。編輯類書需要豐富的圖書文籍，但漢末政治動盪，造成我國圖書史上所謂第「三厄」〔註1〕，官方所藏圖書蕩然無存。曹魏黃初年間（220～226），能夠有豐富的藏書以供資運？答案是肯定的。綜觀歷史，我國圖書亡佚現象，從周秦時期便相當嚴重。孔子曾云：

> 夏禮吾能言之，杞不足徵也；殷禮吾能言之，宋不足徵也，文獻不足故也；足，則吾能徵之矣。〔註2〕

圖書亡佚的原因很多，但在曹魏之前，最嚴重的莫過於因政治考量與戰爭所帶來的

〔註1〕牛弘〈請開獻書之路表〉云：「及孝獻移都，吏民擾亂。圖書縑帛，皆取為帷囊。所收而西，載七十餘乘，屬西京大亂，一時燔蕩，此則書之三厄。」，見《隋書》卷四十九〈牛弘傳〉（臺北：史學出版社，民國63年5月），頁1298。

〔註2〕見《論語・八佾篇》（《十三經注疏》8冊《論語注疏》，臺北：藝文印書館，民國54年6月），頁27。

災害。如商鞅講倡耕戰而排斥詩書禮樂，曾有「燔詩書、明法令」的焚書之舉；秦始皇三十四年（前 213），禁私學與焚書坑儒，造成文化史上的一大遺憾。其後項羽入關，火燒阿房宮，更助長了圖書的滅絕。以致西漢初年「天下唯有《易》卜，未有他書」。但如何「鑑往知來」，如何記取「秦鑒不遠」的教訓，成爲漢代初期首要課題。淮南王劉安《淮南子‧要略》云：「凡屬書者，所以窺道開塞，庶後世使知舉措取捨之宜適。」〔註 3〕這或可視爲後世君王收集、整理圖書文獻的動機。雖說兩漢政府圖籍重整成就，遇上了王莽、更始、黃巾、董卓之亂，又蕩然無存。但所建立對圖書文獻重視的觀念，已成優良傳統。

曹魏繼承漢而立，對國家文教工作也十分重視。曹丕即位，在黃初五年（224）設立太學，「制五經課試之法，置《春秋》、《穀梁》博士各五百戶。」〔註 4〕可知在制度上，曹魏承襲了漢制。以爲僅有如此，自根本達到闡弘聖人之道，國家方能長治久安。〔註 5〕《漢書‧儒林傳‧贊》論云：

> 自武帝立五經博士，開弟子員，設科射策，勸以官祿，訖於元始，百
> 有餘年，傳業者寖盛，枝葉蕃滋。一經說至百萬餘言，大師眾至千餘人，
> 蓋祿利之路使然也。〔註 6〕

班固批評五經博士有爲利祿而投入經學研究者，但卻不諱言的，漢代學術思想因博士官與太學的設立而得以確立，整體國家社會風氣，也因此得到指引，大量的人才與圖書，藉之興揚。曹魏蒙承洪流，不敢稍怠。

當有了眾多的讀書人口，書籍需求量也必然增加，國家收集整理圖書的工作自然也不能稍褪。從班固《漢書‧藝文志》等史志，可見書籍種類與數量的大增。這也就是漢武以降，歷朝皇室圖書雖屢遭散佚厄難，但只要條件允許，便從事於圖籍的收集整理工作的成效。又因政府的文教政策，選才的需求，導致讀書人口增加，人們更能夠了解圖書的重要性，故民間藏有大量圖書。《史記‧六國表》云：

> 秦既得意，燒天下《詩》、《書》、諸侯史記尤甚，爲其有所刺譏也。《詩》、
> 《書》所以復見者，多藏人家，而史記獨藏周室，以故滅。〔註 7〕

〔註 3〕 見〔漢〕劉安《淮南子》卷二十一〈要略〉。何寧《淮南子集釋》（北京：中華書局，1998 年 10 月），頁 1453。
〔註 4〕 《三國志‧魏書》卷二〈文帝紀〉（臺北：明倫出版社，民國 61 年 7 月），頁 82。
〔註 5〕 相同觀點也出現在吳景帝永安元年（258）的詔令中（《三國志‧吳書》卷三）。事實上，三國時期，各國處境雖各不相同，但期望以文治道術培育人才，拔擢官吏，甚而藉以達王化、隆風俗的觀點是相同的。
〔註 6〕 《漢書》卷八十八〈儒林傳〉（臺北：明倫出版社，民國 61 年 3 月），頁 3620。
〔註 7〕 《史記‧六國表》（臺北：明倫出版社，民國 61 年 9 月），頁 686。

民間的豐富的藏書，或得免除戰火摧殘，所以可以很快的補充。又因政府圖書整理，而造就新的書籍，刺激更多的市場需求，創造新的圖書發展氣象。

　　傅璇琮、謝灼華主編的《中國藏書通史》論及三國的圖書典藏時，以為「赤壁之戰以後，隨著三國鼎立的局面形成，社會稍趨安定，各國便開始了對圖書的搜求和典藏。」〔註8〕曹氏父子同具文士身分，更加強其對書籍的重視，魏文帝還成立專責機構「秘書監」負責典籍蒐整。〔註9〕阮孝緒曾對魏秘閣對圖書收集整理的成就表示稱許：

　　　　魏晉之世，文籍逾廣，皆藏在秘書中外三閣。魏秘書郎鄭默刪定舊文，
　　　　時之論者謂為『朱紫有別』。〔註10〕

曹魏典籍蒐集的具體作為，有紀錄的是在曹魏統一北方的過程中，先後從呂布、袁紹等手中獲取大量圖書，還請蔡琰抄書。《魏志·武帝紀》云：

　　　　紹眾大潰，紹及譚棄軍走，渡河。追之不及。盡收其輜重圖書珍寶，
　　　　虜其眾。〔註11〕

《後漢書·列女傳》云：

　　　　……蔡邕之女也，名琰字文姬，博學有才辯，又妙於音律。……因問
　　　　曰：「聞夫人家先多墳籍，猶能憶識之不。」文姬曰：「昔亡父賜書四千許
　　　　卷，流離塗炭，固有存者。今所誦憶，裁四百餘篇耳。」操曰：「今當使
　　　　十吏就夫人寫之。」文姬曰：「妾聞男女之別，禮不親授。乞給紙筆，真
　　　　草唯命。」於是繕書送之，文無遺誤。〔註12〕

可見曹操對書籍重建搜羅，不遺餘力，書籍來源包含戰利品與重新抄默而來者。

　　除此，曹魏仍可依賴其他私人藏書來重整秘閣。由於歷朝政府文教政策得當，天下讀書、藏書人數增加。吳晗《江蘇藏書家史略·序言》云：

　　　　……藏書之風氣盛，讀書之風氣亦因之而興，好學敏求之士往往跋涉
　　　　千里，登門借讀，或則輾轉請託，迻錄副本，甚或節衣縮食，恣意置書，
　　　　每有室如懸磬而弃書充棟者；亦有畢生以鈔誦秘籍為事，蔚成藏書家者。

〔註8〕傅璇琮、謝灼華主編《中國藏書通史》第三編魏晉南北朝藏書（寧波：寧波出版社，
　　　　2001年2月），頁93。
〔註9〕「秘書監」始設於東漢桓帝延熹二年（159），旋被廢。東漢末，曹操被封為魏王後
　　　　（216），設置秘書令，掌管文武百官上書奏事事宜。魏文帝即位後（220），另設中
　　　　書令，掌管上書奏事，將秘書令改為秘書監，專司藝文圖籍之業務。
〔註10〕收於釋道宣編《廣弘明集》卷三〈七錄序〉（臺北：臺灣中華書局），頁5。
〔註11〕《三國志·魏書》卷一〈武帝紀〉（臺北：明倫出版社，民國61年7月），頁21。
〔註12〕《後漢書》卷一一四〈列女傳〉（臺北：明倫出版社，民國61年7月），頁2801。

〔註13〕

私人圖書雖聚散無常，但由於分藏各地，書主又每多方庇護，或藏諸山莊，或輾轉窮鄉僻壤，而得以保全。在政府圖書館遭遇厄難時，分散了圖書亡佚的風險。當政府重聚文籍時，又可發揮補充的功能。最初漢武帝敕令廣開獻書之路，不過百年之間，書籍堆積如山，其後歷代館閣典藏遭厄後，大都也必須依賴民間藏書才得興復。

三國私人藏書也在東漢的基礎上繼續發展，也要發揮補充館閣藏書功能。例如，王粲即是位大藏書家。《三國志》載：王粲初徙長安拜謁蔡邕，蔡邕倒屣相迎，並語諸賓客：「吾家書籍文章，盡當與之」的情景。〔註14〕同書〈王弼傳〉注引張華《博物記》亦云：

> 蔡邕有書近萬卷，末年載數車與粲。粲亡後，相國掾魏諷謀反，粲子與焉，既被誅，邕所與書悉入業。〔註15〕

魏諷謀反為建安二十四年（219），曹丕編撰《皇覽》之前，這些書籍轉入王業手中，一定可以為《皇覽》的參考資料，更何況當時藏書家還有孔安國、曹曾等多人。范鳳書先生以為：

> 魏晉南北朝在我國歷史上是個政權紛爭、戰爭頻繁、動盪不安的時代。但社會生產和文化趨勢總是走向進步。加以圖書用紙製作技術的改善和普遍使用，逐漸代替竹木簡策成為圖書的主要型態，給圖書的抄寫和編纂帶來了廉價和輕便，所以促進了公私藏書的發展。私家藏書和漢代相比，大有增加，從魏到隋的統一，這三百多年中，藏書家已超過百人。從總體發展上來看，魏和西晉藏書家主要在北方。〔註16〕

有了豐富的民間藏書，正可以重新整建政府圖書館所藏。《隋書‧經籍志》載：

> 魏氏代漢，采掇遺亡，藏在祕書中、外三閣。魏祕書郎鄭默，始制《中經》，祕書監荀勗，又因《中經》更著《新簿》，分為四部，總括群書。一曰甲部，紀六藝及小學等書；二曰乙部，有古諸子家、近世子家、兵書、

〔註13〕 吳辰伯（晗之字）《江浙藏書家史略》（臺北：文史哲出版社，民國71年5月），頁118。

〔註14〕 《三國志‧魏書》卷二十一〈王粲傳〉（臺北：明倫出版社，民國61年7月），頁597。

〔註15〕 《三國志‧魏書》卷二十八〈王弼傳〉（臺北：明倫出版社，民國61年7月），頁796。晁公武《郡齋讀書志‧序》亦云：「魏王粲為蔡中郎所奇，盡得其家書籍文章，故能博物多識，問無不對。」

〔註16〕 范鳳書《中國私家藏書史》第二章魏晉南北朝時期的私家藏書（鄭州：大象出版社，2001年7月），頁18。范先生實際參與了《中國藏書通史》第三編魏晉南北朝藏書部分的撰寫。

兵家、術數；三曰丙部，有史記、舊事、皇覽簿、雜事；四曰丁部，有詩賦、圖讚、汲冢書，大凡四部合二萬九千九百四十五卷，但錄題及言，盛以縹囊，書用緗素。至於作者之意，無所辯論。〔註17〕

西晉初期，秘書監荀勖承循曹魏鄭默《中經》體制，對秘閣藏書進行整理，計得書二萬九千九百四十五卷。這個數字，已比《漢書‧藝文志》所載的一萬三千二百六十九卷，要增加約二點二六倍；雖比東漢藏書約四萬五千卷要少，但已經恢復大半。其中大部分應歸功曹操以來，對書籍收集整理的工作。〔註18〕

東漢末年，兵焚屢起，政府藏書損失殆盡。所幸，曹操掌權之後，北方較為安定，經濟建設也十分成功。曹魏政府秉承對圖書收藏整理的優良傳統，采掇遺亡，使得藏書數量迅速回升。而大量的圖書資料，正可為類書的產生提供了文獻保障。

二、曹魏初年經濟狀況良好

東漢末年，歷經黃巾、董卓之亂等大小禍患，以及相繼不斷的軍閥爭權奪地，整個中國東半部的徐、青、幽、冀、揚、袞、豫、梁八州都處於長期動亂之中，週邊地區也受到波及。《晉書‧食貨志》云：

> 及卓誅死，李傕、郭汜自相攻伐，於長安城中以為戰地。是時穀一斛五十萬，豆麥二十萬，人相食啖，白骨盈積，殘骸餘肉，臭穢道路。……帝東歸也，李傕、郭汜等追敗乘輿於曹陽，夜潛渡河，六宮皆步。……既至安邑，御衣穿敗，唯以野棗、園菜以為糇糧。自此長安城中盡空，並皆四散，二三年間，關中無復行人。……魏武之初，九州雲擾，攻城略地，保此懷民，軍旅之資，權時調給。于時袁紹軍人皆資椹棗，袁術戰士取給嬴蒲。〔註19〕

〔註17〕《隋書》卷三十二〈經籍志〉（臺北：史學出版社，民國63年5月），頁906。

〔註18〕劉歆《七略》編於西漢哀帝建平四年（前3年），著錄圖書一萬三千二百一十九卷。而《漢書‧藝文志》著錄圖書一萬三千二百六十九卷；王充《論衡‧書篇》載：著錄圖書共一萬三千卷。可知西漢末年，國家圖書館藏書約有一萬三千卷左右。而東漢末年的藏書，據《後漢書‧儒林傳》所稱：光武遷都時，「其經牒秘書」，乃以二千餘輛車載運，又說「自此後，三倍於前」，若依曹之的估算：從哀帝建平四年到東漢光武元年，這二十八年間，按保守估計，編撰的圖書或有二千卷左右，則東漢初期著作總數計一萬五千餘件，這也就是二千餘車圖書的可能卷數。當然還不含副本之數。「也就是說，從東漢初到東漢末，國家藏書又增加了三倍，即四萬五千卷左右，這當是東漢著作總數」。見曹之《中國古籍編撰史》，頁61。此說為劉國進《中國上古圖書源流》採信，見其書481頁。

〔註19〕《晉書》卷二十六〈食貨志〉。楊家駱《新校本晉書並附編六種》（臺北：鼎文書局，民國65年10月），頁782。

皇室遭遇如此悲切，軍隊的糧食供需都成問題，更何況是庶民百姓。王粲〈七哀詩〉：「出門無所見，白骨蔽平原」，所云即是如許慘狀。《晉書‧食貨志》云：「漢自董卓之亂，百姓流離穀石，至五十餘萬人，多相食。」〔註20〕人民顛沛流離，填充溝壑。天下人口銳減。在百廢待興的狀況下，「魏武既破黃巾，欲經略四方，而苦軍食不足。」〔註21〕促使曹操與其將領認知必須有充足的糧食，才能御軍懷民，於是相繼的在各地推動屯田、戶調等經濟改革作爲。

建安二年（197），曹操用棗祗、韓浩等建議，「始興屯田」。〔註22〕裴松之注引《魏書》云：

> 自遭荒亂，率乏糧穀。諸軍並起，無終歲之計，饑則寇略，飽則棄餘，瓦解流離，無敵自破者不可勝數。袁紹之在河北，軍人仰食桑椹。袁術在江淮，取給蒲蠃。民人相食，州里蕭條。公曰：「夫定國之術，在于彊兵、足食。秦人以急農兼天下，孝武以屯田定西域，此先代之良式也。」是歲乃募民屯田許下，得穀百萬斛。於是州郡例置田官，所在積穀。征伐四方，無運糧之勞，遂兼滅群賊，克平天下。〔註23〕

當時任魏軍司馬的司馬懿也建議曹操屯田：

> 昔箕子陳謀，以食爲首。今天下不耕者蓋二十萬，非經國遠籌也。雖戎甲未卷，宜且耕且守。〔註24〕

《晉書》載曹操採納其建議，「務農積穀」，而「國用豐贍」。〔註25〕可見當時提出屯田建議者非僅一人。且吳、蜀亦有屯田之舉。

曹操學習戰國秦與漢武帝的屯田興農，但在策略上他採取了循序漸進方式，勸進而非強迫規範。首先在許下招募良民屯田，以任峻等爲典農中郎將司掌其事。〔註26〕《三國志‧魏書‧袁渙傳》云：

〔註20〕《晉書》卷二十六〈食貨志〉，《新校本晉書並附編六種》（臺北：鼎文書局，民國65年10月），頁783。

〔註21〕《晉書》卷二十六〈食貨志〉《新校本晉書並附編六種》（臺北：鼎文書局，民國65年10月），頁783。

〔註22〕見《三國志‧魏書》卷一〈武帝紀〉，頁14。《魏書》卷十六〈任峻傳〉亦載：「是時歲饑旱，軍食不足，羽林監潁川棗祗建置屯田。」（臺北：明倫出版社，民國61年7月），頁489。

〔註23〕同前註。

〔註24〕《晉書》卷一〈宣帝紀〉《新校本晉書並附編六種》（臺北：鼎文書局，民國65年10月），頁2。

〔註25〕同前註。

〔註26〕《三國志‧魏書》卷十六〈任峻傳〉（臺北：明倫出版社，民國61年7月），頁489。

　　　　是時新募民開屯田，民不樂，多逃亡。渙白太祖曰：「夫民安土重遷，

　　不可卒變，易以順行，難以逆動，宜順其意，樂之者乃取，不欲者勿彊。」

　　太祖從之，百姓大悅。〔註27〕

又《三國志・魏書・國淵傳》云：

　　　　太祖欲廣置屯田，使淵典其事。淵屢陳損益，相土處民，計民置吏，

　　明功課之法。五年中倉廩豐實，百姓競勸樂業。〔註28〕

曹操所採的積極方式據《晉書》記載：除以許下為第一實驗場所，派設優良官員

掌管經營外，官員又因各地之需而做相關建設。如劉馥修築灌溉工程芍陂、茹陂

等；賈逵除修新陂外，還開通運河三百餘里，以便運送物資。還以鹽的公賣所得，

買牛租借給百姓，以利其耕作之需，抽取租金。〔註29〕曹魏除了招募一般百姓屯

田外，亦推動軍屯。即以軍人為主體，在駐守之處既耕且守。如《三國志・魏書・

胡質傳》云：

　　　　（質）遷征東將軍，假節都督青、徐諸軍事。廣農積穀，有兼年之

　　儲。置東征臺，且佃且守。又通渠諸郡，利舟楫，嚴設備以待敵。海邊

　　無事。〔註30〕

一方面可以提振經濟生產；另一方面使部隊平時自給自足，發生戰事時，能就近提

供糧草，增強戰力。這種策略在邊界軍事重地尤其重要。

　　屯田的政策效應是具體可見的，如《三國志・魏書・劉馥傳》所載劉馥受任為

揚州刺史之政經績效可作為代表：

　　　　馥既受命，單馬造合肥空城，建立州治。南懷緒等皆安集之貢獻，相

　　繼數年中，恩化大行，百姓樂其政，流民越江山而歸者以萬數。於是聚諸

　　生，立學校。廣屯田，興治芍陂及茹陂，七門、吳塘諸堨，以溉稻田。官

　　民有畜（蓄）。又高為城壘，多積木石，編作草苫數千萬枚，益貯魚膏數

　　千斛，為戰守備。〔註31〕

可知劉馥不單是屯田而已，還興州治、立學校、築陂堨。數年之間，恩化大行，流

民因此而「越江山而歸者以萬數」。在官民的共同努力下，不但「官民有畜」，並且

〔註27〕《三國志・魏書》卷十一〈袁渙傳〉（臺北：明倫出版社，民國61年7月），頁334。

〔註28〕《三國志・魏書》卷十一〈國淵傳〉（臺北：明倫出版社，民國61年7月），頁339。

〔註29〕《晉書》卷二十六〈食貨志〉《新校本晉書並附編六種》（臺北：鼎文書局，民國65
　　　　年10月），頁782～785。

〔註30〕《三國志・魏書》卷二十七〈胡質傳〉（臺北：明倫出版社，民國61年7月），頁
　　　　742～743。

〔註31〕《三國志・魏書》卷十五〈劉馥傳〉（臺北：明倫出版社，民國61年7月），頁463。

在有民力與財力之後，還「高爲城堡，多積木石」等，更進一步爲戰備積蓄力量。之後，其他地區也因屯田政策而陸續有功，從許下的「得穀百萬斛」，到「郡國列置田官，數年之中，所在積粟，倉廩皆滿」。「流人果還，關中豐實」，「公私有蓄，歷代爲利」。故曹丕執政時「四方郡守墾田又加，以故國用不匱。」〔註32〕

除了屯田，曹魏還有一種重要的「戶調」的稅制。《晉書‧食貨志》云：

> 及初平袁氏，以定鄴都，令收田租畝粟四升，戶絹二匹，而綿二斤，餘皆不得擅興，藏強賦弱。〔註33〕

可知曹魏「戶調」由來已早，「據丁戶調而取之」，亦即戶調的基礎建立在人口數上，若人民的丁口人數增加，既可豐沛兵源又可豐沛國庫。曹操實施「戶調」的策略也是漸進和緩的。呂祖謙《歷代制度詳說》載：

> 戶調：後漢孝獻帝建安五年，汝南黃巾劉辟等叛，曹操應袁紹陽安都尉李通錄戶調。趙儼見通曰：「方今諸戶並叛，獨陽安懷附，復趣收其綿絹，小人樂亂，無乃不可乎。」乃書與荀彧，彧即白操，悉以綿絹還民，上下歡喜，郡內遂安。〔註34〕

可知與曹操方定鄴都時所規定的「皆不得擅興，藏強賦弱」一樣，曹操並沒有急切的殺雞取卵，故而上下皆悅。

至於曹魏的人口有多少？魏明帝青龍年間（233～236），陳群因明帝營治宮室，百姓因失農時。上疏云：

> 禹承唐、虞之盛，猶卑宮室而惡衣服。況今喪亂之後，人民至少，比漢文、景之時，不過一大郡。〔註35〕

指出曹魏人口數，因天下喪亂之餘，而「人民至少」，不及西漢文、景之時的一個大郡。此語十分驚人，裴松之注云：

> 《漢書‧地理志》云：元始二年，天下戶口最盛。汝南郡爲大郡，有

〔註32〕明帝時，大司農司馬芝，爲所司崇末抑本，不事農耕反重商旅「加倍之顯利」，而上奏云：「方今二虜未滅，師旅不息，國家之要唯在穀帛。武皇帝特開屯田之官，專以農桑爲業。建安中，天下倉廩充實，百姓殷足。」《三國志‧魏書》卷十二〈司馬芝傳〉，頁388。

〔註33〕《晉書》卷二十六〈食貨志〉《新校本晉書並附編六種》（臺北：鼎文書局，民國65年10月），頁782。

〔註34〕呂祖謙《歷代制度詳說》卷三，節《資治通鑑》文。《四庫全書珍本三集》（臺北：臺灣商務印書館），頁20～21。全文見《資治通鑑》卷六十三（北京：中華書局，1992年4月），頁2030。

〔註35〕《三國志‧魏書》卷二十二〈陳群傳〉（臺北：明倫出版社，民國61年7月），頁636。

三十餘萬戶。則文、景之時不能如是多也。〔註36〕

元始二年為西漢平帝時（2），稱汝南郡為大郡有三十餘萬戶，較文、景時為多。這種說法是正確合理的。但若陳群之說屬實，則曹魏當時人口才及文、景時之一大郡，或說曹魏戶口數在青龍年間約近三十萬。但裴松之隨即引用晉《太康三年地記》資料，以為：

> 晉戶三百七十七萬，吳、蜀戶不能居半。以此言之，魏雖始承喪亂，方晉亦當無乃大殊。長文之言，於是為過。

晉武帝太康元年（280）天下已歸一統，但《太康三年地理記》將「晉」與吳、蜀對稱，應指統一之前的「晉」，所述三百七十七萬戶則是為晉原有。無論相距約五十年的青龍元年（233），或相距六十三年的黃初元年（220），都無法使籍戶數由約近三十萬，暴增至三百七十七萬戶之多。這或因「三國時期的在籍人口非實際人口，因當時世家大族蔭占了許多依附農民，分割了國家的編戶齊民。」〔註37〕陳群乃是依據在籍戶數提出諫言，數字少了許多，曹魏人口數不止此數。路遇、滕澤之指出：雖然曹魏有龐大的政府開支，增加了人民的賦稅，造成了人民的負擔，「但國內社會一直比較安定，經濟得到了較好的恢復，多數人可以勉強維持最低生活，因而曹魏統治區的人口也得到了一定的增長，至其末期可達一千一百萬以上。」〔註38〕以此回溯逆推，曹魏初期人口已經回聚上升，所帶來的「戶調」賦收也相對增加，由此也可見曹魏經濟復甦之效，黃初年間國用不匱，是絕對沒問題的。

三、紙張的大量使用

方師鐸先生以為在曹丕之前沒有類書的原因之一，「是曹丕以前，書寫的工具尚未臻便利：一切的書籍都得靠最笨重的『竹』、和最昂貴的『帛』來鈔寫，……」。〔註39〕這種現象到蔡倫發明了造紙術之後，才「很緩慢的」代替了竹帛。方氏強調造紙術必須經過長時間的實驗改良，才能大量生產，以供社會需求。並舉馬端臨《文獻通考》資料為證：

> ……及董卓移都之際，吏民擾亂，自辟雍、東觀、蘭臺、石室、宣明、

〔註36〕同前註。

〔註37〕閻守誠《中國人口史》第三章魏晉南北朝人口（臺北：文津出版社，民國86年8月），頁110。

〔註38〕路遇、滕澤之《中國人口通史》第二章秦漢三國時期（濟南：山東人民出版社，2000年1月），頁177。

〔註39〕方師鐸《傳統文學與類書之關係》（臺中：東海大學出版社，60年8月），頁12。

　　鴻都諸藏典策文章，競共剖散。其縑帛圖書，大則連爲帷蓋，小乃製爲滕
囊。〔註40〕

證明漢獻帝初平元年（190），在董卓東遷都城至長安時，紙張尚未普遍運用在圖書
上，因爲漢室皇家圖書館的藏書，都還是「縑帛圖書」，所以有吏民趁亂侵入，收「縑
帛圖書」做「帷蓋」或「滕囊」。這在《隋書・經籍志》總敘亦有相同記載。〔註41〕
方先生以爲從漢獻帝初平元年至曹丕的黃初年間，計三十餘年，紙張的製造技術應
大爲進步，魏室才能利用這廉價的書寫工具，抄錄大量的圖書。方先生還以李書華
《造紙的傳播及古紙的發現》資料推論，已經證實在西元二五二年，遙遠的邊疆地
區，便有運用紙張書寫的文件，那曹丕在黃初年間（220～226），居於文化發達、交
通方便的洛陽，用紙作書是很自然的。

　　其實隨著考古資料的發掘，紙張發明的年代一直向前推移，一般學者比較同意
蔡倫是紙的改革創新者，總結西漢造紙的經驗，發展出質佳而生產效率高的紙張。
如蕭東發以爲：

　　　秦朝以後，文字趨於統一，其作爲信息交流工具的職能加強了，文字
的載體——簡、帛等材料已經不能適應新的需求。西漢時期國家政權鞏
固，經濟繁榮，爲了加強對全國的統治，政府公布的法令文件越來越多，
教育事業也日趨發展，這都使得簡帛等舊的書寫材料與新的社會需要間的
矛盾日趨尖銳，人們迫切需要一種新的書寫材料來代替笨重的簡和昂貴的
帛。〔註42〕

蕭先生還以爲灞橋紙、金關紙等古紙，就代表西漢造紙的成就。而蔡倫改進發展新
的造紙技術，更爲我國造紙事業開闢了廣闊道路。三國時期以紙逐漸取代簡帛，作
爲書寫的載體，是必然的趨勢。紙張的需求促成新變，紙的通用，促成書籍整理與
創造的助力，大大推動文化知識的迅速傳播與提升。書籍增多，整理的經驗與以簡
馭繁的需求，又促進類書的發明。

　　但另一派學者，如曹之先生，則認爲紙要到晉代才普及，因爲：一、漢代是造
紙技術的產生期，造紙技術的普及需要一個過程；二、由於習慣勢力的影響，人們
對紙張這個新生事物的認識也需要一個過程。〔註43〕曹先生以爲，三國時代是簡策、

〔註40〕〔元〕馬端臨《文獻通考・經籍考》卷一〈經籍總敘〉（臺北：新文豐出版公司，民
　　　　國75年9月），頁15。
〔註41〕《隋書・經籍志》卷三十二（臺北：藝文印書館，民國71年），頁4（469）。
〔註42〕蕭東發《中國圖書出版印刷史論》第一章〈印刷術發明前的圖書與出版〉（北京：北
　　　　京大學出版社，2001年4月），頁36。
〔註43〕曹之《中國印刷述的起源》第六章雕版印刷的物質基礎（武漢：武漢大學出版社，

帛書、紙並行的時代。強調此時紙的地位不高，用紙、用帛因人身分而異。富貴人家多用素，貧寒之士多用紙。所以為帝王鈔詩文用素，一般臣民用紙。《三國志・魏書・文帝紀》注引胡沖《吳歷》說：「帝以素書所著《典論》及詩賦餉孫權，又以紙寫一通與張昭。」又引《三國志・吳書・趙達傳》：「飲酒數行，達起取素書兩卷，大如手指。」曹先生還評：「這大概是我國最早的袖珍帛書抄本之一。」相對於三國，晉代官宦已經無不用紙。私人書信與官方行政命令都用紙。

但曹氏以為：即便到了晉代紙的供應仍然不足，引《晉書・王隱傳》「（王隱奉詔撰史）貧無資用，書遂不就。乃依征西將軍庾亮於武昌。亮供其紙筆，書乃得成。詣闕上之。」又據《山堂肆考》轉引《晉干寶表》：「臣前聊欲撰古今怪異之事，乏紙筆，或書故紙，於是詔賜紙二百枚。」又據《初學記》轉引晉虞預〈請秘府紙表〉：「秘府中有布紙三百餘枚，不任寫御書而無所給，愚欲請四百枚付著作吏，書寫起居注。」又引《太平御覽》轉引《語林》：「王右軍為會稽謝公乞箋紙，庫中唯有九萬枚，悉與之。」還用「洛陽紙貴」典故「反映晉紙的緊張程度，諾大一個京師洛陽，連鈔寫一篇文章（《三都賦》）的紙張都難以供應，可見當時紙的產量極為有限的。物以稀為貴，紙張數量之少，必然導致價格之昂；價格之昂，又必然導致用紙之難。」所以晉還保有用簡策、帛書者。〔註44〕

綜合曹先生的說法，三國時期紙的供應量不足；高層社會不屑於運用，社會還需要緩衝調整，以便接受紙的普及。這些意見正好與方師鐸意見相左。曹先生以為晉代官宦之家大量用紙，三國時是簡、帛、紙並行等論點，筆者都同意。但三國時富貴人家多用素，貧寒之士多用紙說，有值得商榷處。曹文以曹丕抄寫《典論》贈孫權與張昭一事，說明鈔詩文時為帝王作時用素，為一般臣民時用紙。試想素當然比紙尊貴，古今一然。外交應當用相稱的禮儀，對待孫權與其臣下，豈可相同。又作袖珍抄本一事，在紙的質地未能薄如紗之前，要作到袖珍，紙確不如素，如有心為之，必然取素。

試觀《三國志補注》記載楊修為曹操主簿時，與紙相關的事件：

修少有才學思幹，魏武為丞相，辟為主簿。修常白事，知必有反覆，教豫為答對數紙，以次牒之而行，敕守者曰：「向白事，必教出相反覆，若按此次第連答之。」已而風吹紙次亂。守者不別而遂錯誤，公怒推問，修惶懼，然以所白甚有理，終亦是修。〔註45〕

1994 年 7 月），頁 180。

〔註44〕同前註，頁 181～184。

〔註45〕〔清〕杭世駿《三國志補注》卷三〈魏書〉部分。（叢書集成新編 113 冊，臺北：新

可知在曹操身邊的幕僚人員，都用紙陳事作稿，因為紙質輕而規格較易整理。又如同書「韋誕銘題」事：

> 洛陽鄴許三都宮觀始就，命誕銘題，以為永制。以御筆墨皆不任用。
> 因奏曰：「夫工欲善其事，必先利其器。用張芝筆、左伯紙及臣墨，兼此
> 三具，又得臣手，然後可以逞徑丈之勢，方寸千言。」〔註46〕

可知韋誕高級之士用紙極為講究，「左伯紙」的名號，就是品質精良的保證。可見當時已經有高級紙的出現，那一般等級的紙，更應該普及使用。又如《魏書》劉放、孫資本傳中，記述景初二年（238），魏明帝臨終前情事：

> 帝引見（劉）放、（孫）資入臥內。問曰：「燕王正爾為？」放、資對
> 曰：「燕王實自知不堪大任故耳。」帝曰：「曹爽可代宇不？」放、資因贊
> 成之，又深陳宜速召太尉司馬宣王以綱維皇室。帝納其言，即以黃紙授放
> 作詔。〔註47〕

黃紙，乃為古代為防止蠹魚，在製以黃檗染紙而呈黃色，非宋代規定以黃紙書飭令者，但仍可知皇室詔書以紙書寫。又如：《三國志文類》書信部分載錄魏〈臧洪答陳琳書〉云：

> ……是非之論，言滿天下。陳之更不明，不言無所損。又言傷告絕之
> 義，非吾所忍行也。是以捐棄紙筆，一無所答。冀遙忖其心，知其計定，
> 不復渝變也。……〔註48〕

事出於袁紹興兵圍臧洪，歷年而不下。袁紹令其同鄉陳琳作書，曉喻以禍福、責以大義。而此書為臧洪答辯之信，用的是紙而非帛。其他如《蜀書》載李嚴與雍闓書信往來之事；〔註49〕又如《蜀書》描述楊戲「書符指事，希有盈紙」；〔註50〕《吳書》記載周魴誘降曹休的密牋，亦云「時事變故，列於別紙」〔註51〕，可知在同時的蜀、吳兩地，官員們書信往返也運用紙張而非帛，運用的次數多，且範圍亦頗廣，見不到官宦之士鄙視紙的跡象。至於貧士用紙的狀況。《吳書》記載闞澤未任官之前的事蹟云：

文豐出版公司，民國75年），頁46（222）。

〔註46〕《三國志補注》卷三〈魏書〉部分。（叢書集成新編113冊，臺北：新文豐出版公司），頁59（225）。

〔註47〕《三國志·魏書》卷十四〈劉放、孫資傳〉，頁457。

〔註48〕《三國志文類》卷四五「書」類魏國部分〈臧洪答陳琳書〉，四庫全書珍本第三集（臺北：臺灣商務印書館），頁1。

〔註49〕《三國志·蜀書》卷十三〈呂凱傳〉，頁1046～1047。

〔註50〕《三國志·蜀書》卷十五〈楊戲傳〉，頁1078。

〔註51〕《三國志·吳書》卷十五〈周魴傳〉，頁1387。

　　（闞澤）家世農夫，至澤好學。居貧無資，常爲人傭書，以供紙筆。

　　所寫既畢，誦讀亦遍。追師論講，究覽群籍。兼通歷數，由是顯名。〔註52〕

爲人傭書即是抄書，抄書所能賺的收入必然有限，但已經可以用來購買紙筆，可見紙的價錢應該不會昂貴。貧窮之士都能購買，也可見其普及性。

　　在紙的供應不足的論點，曹文引《晉書・王隱傳》王隱奉詔撰史一事爲證。筆者以爲，撰史所需的紙張，豈是平常人家所能蓄。奉詔撰史，官方未能充分提供所需，而期望素來「貧無資用」者自備，也未免不通人情。況〈王隱傳〉所述，皇帝連筆都一起頒賜，那筆的供應或價錢是否應該一同在意？下文又引干寶、虞預、王羲之等人須紙而不易得事，證宮中用紙也不充裕。〔註53〕這些事件都有其特殊性，未必能充分證明紙張供應不足。若說〈三都賦〉出引起「洛陽紙貴」，「可以反映晉紙的緊張程度」一節。據《晉書・左思傳》考左思〈三都賦〉的完成，應在晉惠帝元康年間（291～299 年），〔註54〕紙張的製造技術應該更爲發達，而且流傳普遍，價錢並不昂貴。由《晉書》資料可見，左思「門庭藩溷，皆著筆紙」，若是昂貴，左思未必能奢華的處處擱置。再者，因〈三都賦〉極受好評，所以贏得「豪貴之家競相傳寫」，才造成「洛陽爲之紙貴」的現象，其中是否有文學誇張，姑且不論，但是否爲商人屯積居奇？這是很正常的市場情形。曹之以爲造紙技術在魏晉南北朝時有長足發展，也分析晉以前造紙工業重鎮在北方，〔註55〕如是，何以曹魏不能在此地緣關係下，得到質量充足的紙？

　　東漢時，蔡倫對紙的改進，便利了書籍的抄錄和使用。魏晉南北朝時期，我國學術不僅在原有基礎上得到相當的發展，並且出現許多新知識，豐富此一時期的圖書著作，紙的貢獻極大。雖然，以王室的資源論，編寫類書用帛、用簡，都不是問題。但要成書千卷，所耗損之材料必然加倍其數。帛的載面與紙相當，質量較紙爲輕，但以經濟效應計論，用紙比用帛爲宜。與簡相較，或許價錢相差不遠，但紙的載面較大，質量較輕，翻閱、編排都便於簡，故以實際操作而言，紙便於簡。事實上，紙張的需求促成製紙科技的新變，而紙的通用成爲書籍整理與創造的助力，大大推動文化知識的迅速傳播與提升。書籍增多，整理的經驗與以簡馭繁的需求，又促進類書的發明。類書的創製過程，紙又是一大利器。

〔註52〕《三國志・吳書》卷八〈闞澤傳〉，頁 1249。

〔註53〕見曹之《中國印刷述的起源》第六章雕版印刷的物質基礎（武漢：武漢大學出版社，1994 年 7 月），頁 185～186。

〔註54〕左思本傳見《晉書》卷九十二〈文苑傳〉《新校本晉書》並附編六種，臺北：鼎文書局，民國 65 年 10 月），頁 2375～2377。

〔註55〕見曹之《中國印刷述的起源》第六章雕版印刷的物質基礎，頁 181。

四、書籍編撰的分類系屬能力成熟

　　三國時期，因文教政策培養大批讀書人，他們尊重圖書，能體悟讀書之重要性。在著作觀念上也已成熟，大量的圖書產生，收集資料累積增多，博學多聞是一種榮耀，漢賦的豐富；駢文的徵事；國家政事的借鏡，都需要一種方便檢索、查驗古人經驗，或提供文章之需的工具書。而這種工具書應該由什麼樣的體例編成？分類系屬的編撰能力，此時是否已經成熟，足以完成類書的特有體例？均是本節所關心的。

　　所有的圖書都應該有其編輯體系，或亦有分類作為。但與類書較相近，對類書體制形成有較直接關係者，一般學者都推《爾雅》。它創立了按詞內容性質分類的「釋詞」體式，「明分部類，據物標目」，舉凡天文、地理、人際關係、建築、器物、植物、動物及文詞、訓詁莫不咸載。《爾雅》在分類思想上體現了儒家學說，創立了「天、地、人、事、物」的類分原始體系。即中國古代哲學「天人合一」，「天人感應」世界觀的反映。與後世按天文地理、帝王人事、名物制度、工藝器物、植物動物編排的類書有相似之處。類書在《爾雅》的分類基礎上，創立了新的體式。張滌華先生稱：

　　　　分類之書，《爾雅》最古。其書十九篇，有屬文者，有屬事者，有屬

　　器物者。〔註56〕

胡道靜先生也指出：

　　　　至於類書的分類形式，應推源於《爾雅》，則也是類書的「遠源」之

　　一。〔註57〕

都同意了《爾雅》分門別類、以類條系的體式，對後來類書「隨類相從」的體例的形成，有借鑒和啟發的作用。

　　《爾雅》以下，以分類為體例的書籍還有許多，對《皇覽》有較近的參考價值，如字書、《說文解字》、《釋名》，可以作為借鑒；而稍後於《皇覽》的《廣雅》、《聲類》，則可呈現三國時期編輯者多樣分類系屬的能力。

　　秦漢字書乃用以教授童蒙識字者，如：《史籀篇》、《倉頡篇》、《急就章》等，都應對類書體例形成有所貢獻。羅振玉《殷商貞卜文字考・正名篇》云：

　　　　予意史籀所著大篆十五篇，殆亦猶倉頡、爰歷、凡將、急就等篇，取

　　當世用字，編纂章句，以便誦習而已。〔註58〕

認為秦漢時之字書，為便於誦習所編。應類似於今所見之《三字經》、《百家姓》之

〔註56〕張滌華《類書流別》（修訂本）（北京：商務印書館，1985年9月），頁16。

〔註57〕胡道靜《中國古代的類書》（北京：中華書局，1982年2月），頁8。

〔註58〕羅振玉輯《殷盧書契考釋》，收入《甲骨文研究資料彙編》第五冊（北京：北京圖書館出版社，2000年第一版）。

類。晁公武《郡齋讀書後志》卷一《急就章》條云：

書凡三十二章，雜記姓名、諸物、五官等字，以教童蒙。急就者，謂字之難知者，緩急之間可就而求焉。〔註 59〕既然強調「緩急之間可就而求」，其書之內容編排，自然須得部次有條有理。故其書第一章起首數句便云：

急就奇觚與眾異，羅列諸物名姓字，分別部居不雜廁，用日約少誠快意，勉力務之必有喜。

細查《急就篇》體制，「就是所謂的『類而韻之』，把一些事物相近的字，以類相從，編在一起，並且押韻，便於記誦。這是《倉頡》以來的傳統做法」。〔註 60〕把漢字分為姓氏、衣服、飲食、器物、文學等類，即其所謂羅列眾物、分別部居而不相雜廁。用三字、四字、七字句，句式整齊而又不呆滯，三、四字句隔句押韻，七字句是每句押韻。雖只有二千多字，但內容上儼然是一本日常生活的小百科全書，冀望急需之時，得以發揮方便檢索的功能。《急就篇》體例如此，推設《凡將篇》等諸書，體例亦當類似。雖然這些字書，其篇幅不能與《爾雅》、《說文解字》相提並論，但對《皇覽》的體例啟發，應有一定參考價值。

東漢許慎博綜籀篆古文字，發明六書，因形見義，分類排列，編成一部具系統分析字形、考究字源、解析字義、辨識音讀功能的《說文解字》，首創部首編排法。《說文解字・敘》云：

此十四篇五百四十部。九千三百五十三文，「重文」一千一百六十三，解說凡十三萬三千四百四十一字。其建首也，立一為耑。方以類聚，物以群分。同條牽屬，共理相貫。襍而不越，據形系聯。引而申之，以究萬源。畢終於亥，知化窮冥。〔註 61〕

敘文還列舉了十四篇五百四十部的目錄。許慎將一萬五百一十六字，按照文字的字形、偏旁結構，分析編排到五百四十部中。對於辨明每個字的屬性，確認形體、字義等有很大貢獻，而且部首分類法，對於文字分類與查閱都很方便。敘文中說明了全書的體系設計。首先在部首安排上，將「一」部放在開頭，文字則按照走蟲禽獸之屬，各依同部類聚，事物也因其不同性質而異部分列；再以同條共理為原則，將五百四十部相聯綴成一體，所有的字例都能依其形而系聯，聚集而不混淆，由此更能進一步的探求一萬五百一十六個字的造字本原。從「一」字起頭，申引、系聯、

〔註 59〕晁公武《郡齋讀書後志》（臺北：臺灣商務印書館，民國 57 年 3 月），頁 769。

〔註 60〕張隆華、曾仲珊《中國古代語文教育史》第三章秦漢時期的語文教育（成都：四川教育出版社，2000 年），頁 91。

〔註 61〕《說文解字・序》（臺北：世界書局，民國 69 年 11 月），頁 1。

開展,探究萬變;把「亥」字列在篇末,從而可知變化至於窮極而復歸於「一」,也完成了許慎的宇宙觀。亦可見《說文解字》企圖囊括宇宙萬象,器度與後世類書相似;其書以部首爲歸類依據,又類似類書以事爲據的歸類方式。

再如與稍早於《皇覽》之《釋名》,作者劉熙據考定應爲漢獻帝建安時期人,成書應在黃初元年(220)之前。〔註62〕《釋名》序文云:

> 夫名之于實,各有義類,百姓日稱而不知其所以然之意,故撰天地、陰陽、四時、邦國、都鄙、車服、表記、下及庶民應用之器,即物名以釋義,論所指歸,謂之《釋名》。〔註63〕

可見本書原爲探索萬物命名的原因而作。《釋名》分二十七篇,篇名依序爲天、地、山、水、丘、道、州國、形體、姿容、長幼、親屬、言語、飲食、采帛、首飾、衣服、宮室、床帳、書契、典藝、用器、樂器、兵、車、船、疾病、喪制等。所釋名物共一千五百零二件,內容包羅萬象,與《皇覽》相近。

再如稍後於《皇覽》的《廣雅》,爲魏人張揖所撰。張揖曾於魏明帝太和年間爲博士,《廣雅》之成書大約是在此時。此書輯錄《爾雅》未收之字一萬八千一百五十個,分上中下三卷。張揖在〈上廣雅表〉云:「竊以所識,擇撢群藝,文同義異,音轉失讀,八方殊語,庶物易名,不在《爾雅》者,詳錄品覆,以著于篇。」《廣雅》博採《三倉》、《說文》、《方言》等書之所長,擴大、補充《爾雅》的不足。《廣雅》所釋仍用《爾雅》舊目,自《釋詁》、《釋言》以下,到《釋畜》共十九篇。《廣雅》顯然受到《爾雅》影響。

又如也稍後於《皇覽》的魏·李登《聲類》,是中國最早的韻書,雖已經失傳。但可據封演《聞見記》,窺見一斑:「魏時有李登者,撰《聲類》十卷,凡一萬一千五百二十字,以五音命字,不立諸部。」〔註64〕可知《聲類》是不分韻部,按照五音,即宮、商、角、徵、羽編排的韻書。亦有說五音乃爲韻部,宮爲東多韻;商爲陽唐韻;角爲蕭宵韻;徵爲灰咍韻;羽爲魚虞韻。〔註65〕但無論是何種說法,以音分類,統系全書,仍爲一創舉。亦可知分類匯集資料的形式,已經又有新的發展。

分類條屬是人類學習的要點。早在先秦時期,古人便將分類條屬的能力運用到圖書編輯與整理上,而由上述例證可以確定,經過長時實驗與演進,到了三國時期,

---

〔註62〕參見李維棻先生《釋名研究》、方俊吉《釋名考釋》、郝懿行《劉熙釋名考》等。

〔註63〕引自李維棻先生《釋名研究》書後附錄原文(臺北:大化書局,民國68年9月),頁1。

〔註64〕封演《封氏聞見記》卷二(臺北:廣文書局,57年6月初版),頁13。

〔註65〕見林玉山《中國辭書編纂史略》(鄭州市:中州古籍出版社,1992年5月),頁13。

圖書分類編輯的能力，已經足以應付編撰類書的需求。

五、抄撮的能力提升

在印刷術出現以前，我國書籍的流傳與士人的學習，全憑手抄，依據原文照抄，便是「抄寫」。這種情況最晚可以持續到唐代。〔註66〕但這不屬於本文討論範圍。本文所討論的是另一種抄書方式，是面臨書籍內容龐雜，為求閱讀的省時、有效，而節錄抄撮其精要的方式，稱為「抄撮」（南北朝稱之為「抄撰」）。〔註67〕梁啟超曾說：「善抄書者可以創作。」〔註68〕但如何抄撮，才是「善抄書」。曹之論南北朝圖書編撰時的論點可以參考。

> ……南北朝抄撰之書有兩個特點：（一）抄撰者都是學者，絕非一般「經生」可比。「抄撰」不僅要「抄」，而且要「撰」，沒有相當的學術水平是難以勝任的。……抄撰之書與一般抄本的根本區別就在於抄撰之作是節抄，它節抄了全書的精華；一般抄本是全抄，原封不動。（二）抄撰內容有兩大類：一是常用書。如經書、譜牒、醫書等讀者面很廣，有大量抄撰之作；二是大部頭書。大部頭書翻檢不易，善始者實繁，克終者蓋寡。……而抄撰之書既獲睹了全書的精華，又節省了讀者的時間，因此受到人們的歡迎。〔註69〕

亦即抄撰就是一邊抄寫前人著作內容，一邊編撰成一家之言。抄撰一體中，抄中有撰，撰在其中，抄書即就是著書。

抄撮之學從何時開始？姚振宗云：「史鈔之學，起于後漢，而其書則自衛颯《史要》始。」〔註70〕以為自東漢起人們便已有抄錄的著作。而張舜徽則以為早在西漢便有抄撮之學，《漢書·藝文志》中著錄的《儒家言》、《道家言》、《法家言》、《雜家

〔註66〕雕版印刷術的發明時間也幾種說法，但實物可證至少不晚於唐代。

〔註67〕例如《梁書》卷四三文學上〈庾於陵傳〉稱其「便與謝朓、宗夬抄傳群書」（臺北：鼎文書局，民國64年1月）。《陳書》卷二十八文學〈陸瑜傳〉載皇太子好學，欲博覽群書，「以子集繁多，命瑜抄撰……」（臺北：漢聲出版社，民國62年10月），頁463；《陳書》卷34〈杜之偉傳〉稱其「與學士劉陟等抄撰群書」（同上，頁454）。《南史》卷五十〈庾肩吾傳〉稱其與劉孝威等十八人「抄撰眾籍，豐其果饌」（臺北：鼎文書局，民國65年11月），頁1246。《南史》卷七六隱逸下〈沈麟士傳〉稱文帝令僕射何尚之「抄撰五經」（同前註，頁1890）。

〔註68〕梁啟超《中國歷史研究法》（外二種）第二章：過去之中國史學界（河北：河北教育，2001年5月），頁29。

〔註69〕曹之《中國古籍編撰史》第二章第三節（武漢：武漢大學出版社，1999年11月），頁96。

〔註70〕〔清〕姚振宗《後漢藝文志》卷二，史鈔類按語。二十五史補編第二冊（臺北：開明書局輯印，民國48年），頁2356。

言》、《百家》等書均屬抄撮之作，張舜徽云：

> 昔之讀諸子百家書者，每喜撮錄善言，別抄成帙。《漢書・諸子略》
> 儒家有《儒家言》十八篇，道家有《道家言》二篇，法家有《法家言》二
> 篇，雜家有《雜家言》一篇，小說家有《百家》百三十九篇，皆古人讀諸
> 子書時撮抄群言之作也。可知讀書摘要之法，自漢以來然矣。後人效之，
> 遂爲治學一大法門。〔註71〕

還有學者因爲漢代賦家以其豐富的知識、優美的文筆。儘量的鋪陳天上人間的各類
事物，使其作品簡直就像名物制度的專書。引用袁枚認爲賦也是類書的說法，認爲
漢賦也是抄撮之學。〔註72〕

其實，抄撮工作可以上推到戰國時期。據《史記・十二諸侯年表》記載：

> 鐸椒爲楚威王傅，爲王不能盡觀《春秋》，採取成敗，卒四十章，爲
> 《鐸氏微》。〔註73〕

鐸椒爲楚威王輯錄的《鐸氏微》就是捃摭《春秋左氏傳》的舊文、以便觀覽的一種
抄撮作品。可見抄撮的方式淵源已久。《隋書・經籍志》云：「又自後漢以來，學者
多鈔撮舊史，自爲一書，或起自人皇，或斷之近代，亦各其志，而體制不經。」〔註
74〕在東漢末期，人們所抄錄者還限於史書。三國時期，在學術知識激增的壓力下，
抄書風氣很盛，上自帝王，下及百姓，無不風靡。《隋志》經、子、集三部，亦各有
書鈔，合計不下五、六十種，皆三國六朝時人所作。可知抄撮範圍則已發展到經史
子集各方面。

三國時期抄寫中，以「含咀英華，裁成類例」爲方式者，與原書已有出入。亦
即，既雜取眾籍又分類排列，這是當時士子讀書學習的普遍學習方法。以《三國志》
爲證，抄撮者在各種階層都有。如《隋書・經籍志》著錄有《兵書略要》十卷，《兵
法接要》三卷，均爲曹操所撰。《三國志・魏書・武帝紀》裴松之注：

> （帝）抄集諸家兵法，名曰《接要》。〔註75〕

《接要》或作《捷要》，或作《輯要》，係因曹操曾祖父諱「節」而改動，但均有節
錄其要的意思。又如《三國志・魏書・曹爽傳》注云：

> （桓）範嘗抄撮《漢書》中諸雜事，自以意斟酌之，名曰《世要論》。〔註76〕

〔註71〕張舜徽《漢書藝文志通釋》（漢口：湖北教育出版社，1990年第一版），頁36。
〔註72〕如練小川〈類書的起源和衰亡〉（圖書情報知識，1985年2期），頁16～19。
〔註73〕《史記》卷十四〈十二諸侯年表〉（臺北：明倫出版社，民國61年9月），頁510。
〔註74〕《隋書》卷三十三〈經籍志〉（臺北：藝文印書館，民國71年），頁962。
〔註75〕《三國志・魏書》卷一〈武帝紀〉（臺北：明倫出版社，民國61年7月），頁9。
〔註76〕《三國志・魏書》卷九〈曹爽傳〉（臺北：明倫出版社，民國61年7月），頁282。

由「自以意斟酌之」，便可知道編撰者邊抄邊加入自己的意見，並非原文照抄之意。據《三國志・蜀書・先主傳》注引先主詔敕後主云：

> 聞丞相爲寫《申》、《韓》、《管子》、《六韜》一通，已畢。未送，道亡，可自更求。[註77]

可見諸葛亮即便在戎馬倥傯之際還在抄書。又《三國志・吳書・闞澤傳》云：

> 澤好學，居貧無資，常爲人傭書，以供紙筆。所寫既畢，誦讀亦遍。……澤以經傳文多，難得盡用，乃斟酌諸家，刊約禮文及諸注説，以授二宮。[註78]

文中可以了解闞澤因經傳篇幅龐大，不易盡用，所以斟酌諸家之説，擇選其要，以授二宮。抄撮的風氣在三國以降未消。曹之據《隋志》、《南齊書》、《梁書》、《南史》整理有關抄錄著作三十七種。他以爲：

> 抄撰之作的影響是深遠的，它形成了古籍中的兩大門類——類書和史鈔。類書的形成，先之以抄撮之力，繼之以編撰之功，也是一種抄撰之作。[註79]

面對與日俱增的圖書發展，以及人類有限的時間、精力，權衡之後，學者必然走上節選、抄撰的方式，方能以約馭繁。三國時，社會普遍需求一種既方便檢索，又包攬群集精要的工具書——類書。但「善抄書」是一能力，不同於需求，所以將抄撮之學列爲類書形成的基本條件之一。

貳、需求糾合了基礎條件，形成新體例書籍

隨著東漢讖緯日盛，道教與佛教影響的漸廣，造成玄學清談的愈烈，兩漢經學到三國時，已經失去昔日輝煌。被「獨尊儒術」壓抑數百年的先秦諸家學説，又重爲人們所探究。在這種思想基礎下，人的自覺帶動了文學的自覺。追求藝術形式的駢體文興起，文人們著文崇尚駢儷排偶，講究用典使事、追求形式華美。劉師培《論文雜記》云：

> 建安之世，七子繼興，偶有撰著，悉以排偶易單行，即非有韻之文，亦用偶文之體，而華靡之作，遂開四六之先，而文體復殊於東漢。[註80]

〔註77〕《三國志・蜀書》卷二〈先主傳〉（臺北：明倫出版社，民國61年7月），頁891。
〔註78〕《三國志・吳書》卷八〈闞澤傳〉（臺北：明倫出版社，民國61年7月），頁1249。
〔註79〕曹之《中國古籍編撰史》第二章第三節（武漢：武漢大學出版社，1999年11月），頁96。
〔註80〕劉師培《文說・論文雜記・讀書隨筆・續筆》（臺北：廣文書局，民國59年10月初

鍾濤以爲：「以排偶易單行」、「合二語一意」、「聲色相矜」及「藻繪相飾」等都是騈文的特點。〔註81〕這些特點在東漢曾零星出現，但到了曹魏時期，這些特點已經在文章中全面、廣泛、深入的發生。由其對《文選》卷四十二收錄的魏代書牘的對偶、用典研究結果，可知十一篇書牘的對偶與用典句數，與全文句數比較，尚未達全文之多數，尚非典型之騈體文。但對偶與用典大量的出現在文章中，已經顯現與先秦兩漢不同之處，若再進一步觀察，文中對偶的精工與多樣；用典在文章整體結構中的意義，則又再加強魏代文章與前朝之不同，這觀察是正確的。黃侃《文心雕龍札記》云：

> 漢魏以下，文士撰述，必本舊言，始則資於訓詁，繼則引錄成言（漢
> 代之文，幾無一篇不採錄成語者；觀二漢書可見），終則綜輯故事。〔註82〕

自魏晉以後，用典成爲騈文必要之條件。典故就是古代曾經發生的事，用典就是在爲文時，引證古代的事件或古人言論。前者爲「用事」；後者爲「用詞」。《文心雕龍・事類篇》云：「事類者，蓋文章之外，聚事以類義，援古以證今者。」所謂「事類」就是引事比類，就是「用典」。比較魏晉之前後文士用典情況，魏晉之前用典較爲隨性，通常隨文意自然發展，典故多具增色之效，去之亦無傷全文旨意。而魏晉之後用典較爲刻意，漸趨於完美。典故已經成爲文章中不可或缺的一部分，若將之剝去，則文意便遭破裂不全。

劉永濟認爲若能恰當用典，好處有三：

> 文家用古事以達今意，後世謂之用典，實乃修辭之法，所以使言簡而
> 意賅也。故用典所貴，在於切意，切意之典，約有三美：一則意婉而盡，
> 二則藻麗而富，三則氣暢而凝。〔註83〕

可見用典也是修辭的一種技巧。建安時期，曹氏父子與鄴下文人作品中大量的用典，造成了一時文學風潮。如觀察鄴下文人應瑒的〈雜詩〉三首之一〔註84〕。可知其第

版），頁 7（55）。

〔註81〕參見鍾濤《六朝騈文形式及其文化意蘊》，（北京：東方出版社，1997 年 6 月），頁66。鍾先生將《文選》卷四十二中十一篇魏代書牘，繪表統計作品總句數，以及對偶、用典的句數。所收有阮瑀一篇、曹丕三篇、曹植二篇、吳質一篇、應瑒四篇。總句數有九六四句。對句數有二八六，占百分之二十七；用典句有二零七句，占百分之二十一。

〔註82〕黃侃《文心雕龍札記》周勛初導讀本（上海市：上海古籍出版社，2000 年），頁 188。

〔註83〕劉永濟《文心雕龍校釋・麗辭篇》（臺北：正中書局，民國43 年4 月），頁43。

〔註84〕全文爲：「細微可不愼，隄潰自蟻穴。腠理蚤從事，安復勞鍼石。哲人觀未形，愚夫闇明白，曲突不見賓，燋爛爲上客。思願獻良規，江海倘不逆，狂言雖寡善，猶有如雞跖。雞跖食不已，齊王爲肥澤。」

二句出《淮南子・人間訓》及《韓非子・喻老篇》，第三句出《素問舉痛論》，五、六兩句出《史記・趙世家》，七、八句出《漢書・霍光傳》，十三、十四句，出《呂氏春秋・用眾篇》及《淮南子・說山訓》，十四句中有七句用典。鍾嶸評其詩：「善爲古語，指事殷勤，雅意深篤，得詩人激刺之旨」，〔註85〕是有道理的。再看曹操〈短歌行〉「何以解憂，唯有杜康」句，〔註86〕用《博物志》：「杜康作酒」事，以杜康代稱酒，即是用典。「青青子衿，悠悠我心」直接引用《詩經・鄭風・子衿》成句；「呦呦鹿鳴，食野之苹。我有嘉賓，鼓瑟吹笙」，也是從《詩經・小雅・鹿鳴》引用成句，均表示對人才之強烈期盼。「山不厭高，海不厭深」，是從《管子・形式解》：「海不辭水，故能成其大；山不辭土，故能成其高；明王不厭人，故能成其眾」演化而成。「周公吐哺，天下歸心」，用《韓詩外傳》：

> 周公踐天子之位七年。成王封伯禽於魯，周公誡之曰：「無以魯國驕士，吾文王之子，武王之弟也，成王叔父也，又相天下。吾於天下亦不輕矣，然一沐三握髮；一飯三吐哺，猶恐失天下之士也。」〔註87〕

再如被劉勰稱爲「魏晉之賦首」的王粲〈登樓賦〉。〔註88〕「懼匏瓜之徒懸兮，畏井渫之莫食。」語出《論語・陽貨》「吾豈匏瓜也哉，焉能繫而不食。」與《周易・井卦》「井渫不食，爲我心惻」。至於「昔尼父之在陳兮，有歸歟之歎音；鍾儀幽而楚奏兮，莊舄顯而越吟。人情同於懷土兮，豈窮達而異心」句，用《論語・公冶長》子在陳曰：「歸歟歸歟」。又用《左傳・成公九年》：

> 晉侯觀于軍府，見鍾儀問曰：「南冠而縶者誰也？」有司對曰：「鄭人所獻楚囚也。」使稅之問其族，對曰：「伶人也。」使與之琴，操南音。公曰：「樂操土風，不忘舊也。」〔註89〕

以及《史記・張儀傳》：

> 陳軫適楚，秦惠王曰：「子去寡人之楚，亦思寡人不？」陳軫對曰：「昔越人莊舄仕楚，執珪有頃而病。楚王曰：『舄故越之鄙細人也，今仕楚執珪，富貴矣。亦思越否？』對曰：『凡人之思故，在其病也。彼思越則越聲，不思越則且楚聲。』人往聽之，猶尚越聲也。今臣雖棄逐之楚，豈能

〔註85〕鍾嶸撰、陳延傑注《詩品注》（臺北：臺灣開明書局，民國67年10月），頁22。
〔註86〕即「對酒當歌，人生幾何」者，因本詩較爲通行，故不載。
〔註87〕《韓詩外傳》卷三。屈守元《韓詩外傳箋疏》（成都：巴蜀書社，1996年3月），頁318。
〔註88〕全賦篇幅較大，且較爲通行，故略；僅就部分舉例說明。
〔註89〕《左傳》成公九年。（楊伯峻《春秋左傳注》臺北：源流出版社，民國71年4月），頁844。

無秦聲者哉。」〔註90〕

兩件典故。可見自建安時期起，曹氏父子與鄴下文人都習慣用典，這種風氣延展形成六朝特殊的駢麗文風。楊勝寬為此現象作了清晰的詮釋：

> 六朝人對文學的認識有了劃時代的變化，但作為文學創作的思維機制，是無法擺脫傳統文化的廣泛影響的。他們在文學質能的觀念上排拒儒家的教條，但在文學創作實踐中，以真正藝術化的方法，認同了傳統文化撫今追昔的思維模式，通過把主體消容在天地萬物和悠悠的歷史長河中，來展示「自我」的存在方式。這正是何以六朝文學觀念空前解放，卻又以前所未有的姿態，通過比興聯想、用典使事的藝術形式從事創作實踐。〔註91〕

說明了用典是文人在文學創作中，用以對抗傳統的束縛，表現「自我」的一種方式，更深層的說明了用典的重要性。

駢麗用典，既然是漢魏間一種不可抗拒的風潮，文人寫作時就無法避免以學問作文。但人的能力總是有限。漢魏間的文人如曹氏父子、荀悅、禰衡、孔融、王粲、應瑒等名士，雖然都因他們的博學強記受讚揚，但也難以窮盡圖籍，盡悉一切典事。一般文人更因文風所驅，必須借重類編的資料，以臨文查考。這種普遍的需求，便就成為了類書誕生的動力，這鼓強大的動力也將前述的五種基礎條件，糾合為一種新的書籍體式。事實上，這種新體例包容了從各類典籍節選精錄的知識，亦可供施政治國之所需，故在基礎條件豐固下，需求帶動了新的設想。藉由君王曹丕的支持，中國首部類書的編纂工作便展開了。也因政治力量的加入需要大量的人力、財力以及物力，曠時費日的類書編撰工作得以持續，中國第一部類書《皇覽》，得以在曹魏新創於世。

〔註90〕《史記》卷七十〈張儀傳〉（臺北：明倫出版社，民國61年9月），頁2301。
〔註91〕楊勝寬〈用典是一場文學革命〉（復旦學報〔社會科學版〕，1994年6期），頁104～109。

第六章　魏晉南北朝類書的體例

　　前賢論及類書體例，多以隋唐之前類書均已亡佚爲由從略。亡佚原因中，主要認爲：類書本是資料的堆砌，所以後代修書者，只要抄襲前代成果，再加一些新資料，就可以完成一部新類書。新類書既然已包含前者之內容，導致前代類書存在意義喪失，所以自然亡佚。這種說法是刻意簡化問題，也委屈所有類書編撰者。歷代被政府委派編修類書者，幾乎都是當代知名學者。他們當然也有專業道德與企圖。在建立名山事業之時，求新求善該是一個基本原則，編者應嘗試開發適當的體例來達成編纂目標。況且一種圖書體例的創生與發展變化，前後代之間，本是息息相關，若無前者之基礎，無法有後續之茁壯。當曹魏繆襲、王象等人奉敕編撰《皇覽》後，因應魏晉以下文風愈爲華靡，排偶徵事愈爲普遍；加以經術治國之需要也從未停止，所以對類書這種工具書的需求應該更高。由於現存完整之類書，最早爲唐代者，體例可能已不是原始的風貌，對類書研究未免不足，故本文企圖由線索中，還原早期類書可能的體例，並窺探前後類書間傳承與新變現象。

　　本章將從相關文獻去鉤稽有關記載進行比對整理；再從後出類書探索模仿編纂的痕跡，進一步針對敦煌殘卷與後代輯佚書作分析，嘗試恢復一二。本文期望釐清：

　　一、《藝文類聚》所云前代類書之缺之爲何？類書必然經過使用方能從其原有體例中找到缺失，或找到適合的體例進行革新。從《皇覽》的編修到《藝文類聚》的編修間大約四百年，經歷多部的類書編修，那歷代體例沿革爲何？

　　二、系聯魏晉南北朝類書，是否以《皇覽》爲模仿對象？目前《皇覽》只存片段輯佚成果，是否可據以窺全豹？

　　三、經羅振玉、洪業兩位先生考證之敦煌類書殘卷，若是此期類書，是否可以補強考證魏晉南北朝類書體例？

　　四、藉前述步驟可知之類書體例，對照《北堂書鈔》、《藝文類聚》等後世類書，

比較其異同。

　　期望能藉以推判魏晉南北朝類書之體例與其對後代影響。

壹、魏晉南北朝類書體例考述

　　曹丕命王象等編纂《皇覽》，書成有四十多部，每部又有數十篇，通合一千多篇，八百多萬字。如每篇為一部，則有一千多卷。可惜印刷術未發明，傳鈔無法保全，而逐漸散佚。南朝梁代類書流行時，對《皇覽》有許多「鈔合本」，就是節錄與合併的的抄寫本，實際只存六百八十卷。而到隋代，則散佚只存一百二十卷，估計到唐末已散失殆盡。清代輯風盛行，《皇覽》有兩輯本，一為清嘉慶時瀋陽孫馮翼輯得〈逸禮〉和〈冢墓記〉二篇和其他片段，合為一卷，刻入《問經堂叢書》，後亦收入《叢書集成》。二是道光年間黃奭輯本，刻入《漢學堂叢書》的《子史鉤沉》，也是一卷。因其體例前一章已經詳細敘述，本章簡述一二，見其傳承而已。以下謹就《隋書・經籍志》所記載之魏晉南北朝時期重要類書體例進行考證。

一、宋、齊類書

　　曹之認為「晉代類書無考」。〔註1〕宋代類書有何承天《合皇覽》〔註2〕與徐爰撰《合皇覽》〔註3〕兩種，推判應為節錄《皇覽》所成者。齊代類書有《史林》、《四部要略》，茲分述如下：

（一）《史林》

　　據《南齊書》記載，《史林》有三十篇，為東觀學士奉敕撰。〔註4〕唐・李延壽《南史》載：齊太祖（高帝）蕭道成於建元年間（480～482），「又詔東觀學士撰《史林》三十篇，魏文帝《皇覽》之流也。」〔註5〕清楚的說明《史林》的編纂是模仿《皇覽》。

（二）《四部要略》

〔註1〕曹之《中國古籍編撰史》下編一章之九類書（武漢：武漢大學出版社，1999 年 11 月一版），頁 463～472。

〔註2〕《隋志》註載有五十卷（臺北：鼎文書局，民國 76 年 5 月五版），頁 1009。《新唐志》作《并合皇覽》一百二十二卷，《舊唐志》無并合二字。

〔註3〕《隋志》載有五十卷，另又《皇覽目》四卷（臺北：鼎文書局，民國 76 年 5 月五版），頁 1009。兩《唐志》作《并合皇覽》八十四卷。

〔註4〕〔唐〕李延壽《南史》記載相同，《隋志》未收。

〔註5〕〔唐〕李延壽《南史》卷四〈齊本紀〉上（臺北：鼎文書局，74 年 3 月四版），頁 113。

至於《四部要略》爲蕭子良集學士所撰，據《南齊書》記載：

> 竟陵文宣王子良字雲英，世祖第二子也。……五年正位司徒，給班劍
> 二十人，侍中如故。移居雞籠山西邸，集學士抄五經百家，依《皇覽》例
> 爲《四部要略》千卷。〔註6〕

《冊府元龜》載：

> 竟陵王子良，武帝第二子也。永明五年移居雞籠山西邸，集學士抄五
> 經百家，依《皇覽》例爲《四部要略》千卷。〔註7〕

可知《四部要略》爲學士抄錄五經百家，依照《皇覽》的體例而製。

二、梁、陳類書

梁代類書有蕭琛《皇覽抄》二十卷，〔註8〕明顯的是抄錄《皇覽》的內容而成，體例必然相同。另有劉峻《類苑》、徐勉編《華林遍略》較爲重要。

（一）《類苑》

《隋書·經籍志》載：「《類苑》一百二十卷，梁征虜刑獄參軍劉孝標撰。」〔註9〕《梁書·太祖五王》列傳載：

> （安成康王秀字彥達，太祖第七子也。）精意術學，搜集經記，招學
> 士平原劉孝標使撰《類苑》，書未及畢，而已行於世。〔註10〕

《梁書》劉峻本傳載：

> 安成王秀好峻學，及遷荊州引爲戶曹參軍，給其書籍使抄錄事類，名
> 曰《類苑》，未及成復以疾去。因遊東陽紫巖山，築室居焉，爲〈山栖志〉，
> 其文甚美。高祖招文學之士，有高才者多被引進，擢以不次。峻率性而動，
> 不能隨眾沉浮，高祖頗嫌之，故不任用。乃著〈辨命論〉以寄其懷，……。
> 〔註11〕

〔註6〕 〔梁〕蕭子顯《南齊書》卷四十〈武十七王列傳〉。《南史》卷四十四、《通志》卷八十二記載相同。《隋志》未收。

〔註7〕 見《冊府元龜》卷二百七十（臺北：臺灣中華書局，民國56年5月），頁3196。

〔註8〕 《隋書》卷三十四〈經籍志〉《皇覽》條下注文云：「又有《皇覽抄》二十卷，梁特進蕭琛抄。亡。」（臺北：鼎文書局，民國76年5月5版），頁1009。

〔註9〕 《隋書》卷三十四〈經籍志〉三子部（臺北：鼎文書局，民國76年5月5版），頁1009。

〔註10〕 〔唐〕姚思廉撰《梁書》卷二十二，〈太祖五王〉列傳第十六（臺北：鼎文書局，民國79年7月6版），頁345。

〔註11〕 〔唐〕姚思廉撰《梁書》卷五十〈文學〉下劉峻本傳（臺北：鼎文書局，民國79年7月6版），頁702。

《南史》卷四十九劉峻本傳載：

> 安成王秀雅重峻，及安成王遷荊州引為戶曹參軍，給其書籍，使撰《類苑》，未及成復以疾去。因遊東陽紫巖山築室居焉，為〈山棲志〉，其文甚美。初，梁武帝招文學之士，有高才者多被引進，擢以不次。峻率性而動，不能隨眾沉浮。武帝每集文士策經史事，時范雲、沈約之徒皆引短推長，帝乃悅加其賞賚。曾策錦被事，咸言已罄，帝試呼問峻，峻時貧悴冗散，忽請紙筆疏十餘事，坐客皆驚，帝不覺失色，自是惡之，不復引見。及峻《類苑》成，凡一百二十卷，帝即命諸學士撰《華林遍略》以高之，竟不見用。乃著〈辯命論〉以寄其懷。〔註12〕

可知劉峻運用安成王所給書籍，抄錄事類編撰《類苑》一百二十卷。劉之遴在與劉孝標書云：

> ……括綜百家，馳騁千載，彌綸天地，纏絡萬品，撮道略之英華，搜群言之隱蹟。鈆摘既畢，殺青已就，義以類聚，事以群分，述作之妙，揚班儔也，擅此博物，何快如之。雖復子野調聲，寄知音於後世，文信搆覽，懸百金於當時，居然無以相尚，自非沉黷澹雅之思，安能閉志經年，勤成若此。吾嘗聞為之者勞，觀之者逸。足下已疲於精力，宜令吾見此異書。

劉峻答稱：

> 是用周流墳索，詳觀圖牒，搦管聯冊，纂茲英奇，蛩蛩之謀，止於善草，周周之計，利在銜翼，故鳩集斯文，蓋自綴其漏耳，豈冀藏山之石，播於士大夫哉。〔註13〕

劉之麟信中所云「括綜百家，馳騁千載，彌綸天地，纏絡萬品」，是稱讚《類苑》所搜羅資料來源廣泛，內容包羅萬象。「撮道略之英華，搜群言之隱蹟」乃指收錄方式，是撮錄經史之精華。「義以類聚，事以群分」，乃強調《類苑》的體例。當然就此信可知劉之麟尚未見睹《類苑》，其所稱揚者，與《皇覽》的編輯體例相同，應也是當代類書編撰的通例。劉峻話說得客氣，強調編撰《類苑》只是為了補強自己的欠學之處，但這也是類書編撰的首要目的。

（二）《華林遍略》

〔註12〕見《南史》卷四十九劉峻本傳（臺北：鼎文書局，民國68年，再版），頁1219。
〔註13〕《藝文類聚》卷五十八〈梁劉之遴與劉孝標書〉、〈梁劉孝標答劉之遴借類苑書〉（上海：上海古籍出版社，1965年11月），頁1043。另，《梁文紀》卷十二亦記載這兩封書信。

　　《梁書》記載《華林遍略》七百卷，徐勉等奉敕撰。〔註14〕下令修撰的梁武帝
是一位多才多藝的君王，極重文學。「每集文士，策經史事」，范雲、沈約等當代重
要文人，皆竭心盡智的引短推長。據胡應麟論云：

　　　　古今人主才美之盛蓋無如梁武者，陰陽、算歷、奕射、琴書，靡不冠
　　代，而賦詩譚道，徵事綴文，每出一長，輒與專門名世並驅，至著述之饒，
　　尤為驚絕，……其富皆古今未有。而所命諸儒纂輯《華林遍略》六百卷弗
　　與焉。可謂學總三塗，業兼七錄，而表章六籍，有功聖門。世但譏其事佛，
　　而閎才博識絕口無稱。余惜而志之。〔註15〕

自注又云：

　　　　余嘗疑為諸臣代筆，然梁武素稱忌前，寧肯事此。惟《三禮斷疑》出
　　群下，帝析其疑。今諸書無一傳者，湘東之亡，付煨燼矣。

《南史》卷四十九劉峻本傳云：「及峻《類苑》成，凡一百二十卷，帝即命諸學士撰
《華林遍略》以高之」，〔註16〕《南史》何思澄本傳云：

　　　　天監十五年，敕太子詹事徐勉舉學士入華林，撰《遍略》。勉舉思澄、
　　顧協、劉杳、王子雲、鍾嶼等五人以應選。八年乃書成，合七百卷。〔註17〕

天監十五年（516 年），梁武帝令徐勉推舉學士入華林，撰《華林遍略》。徐勉所推
舉的有何思澄、顧協、劉杳、王子雲、鍾嶼等五人以應選。八年乃書成，合七百卷。
可知以梁武帝召集文士編撰類書，以《類苑》為目標，當然會參考《類苑》，所呈現
的編輯水準，應該也是相同的層次，體例可能也類似《皇覽》。原書已經亡佚，可從
敦煌殘卷窺見一斑，詳情待下文申明。

　　梁武帝器量雖然較小，但是「忌前」的心理，卻成就了一部高水準的類書。據
《北齊書・祖珽傳》：

　　　　州客至，請賣《華林遍略》，文襄多集書人，一日一夜寫畢，退其本

〔註14〕　《南史》亦載七百卷。《隋書》卷三十四〈經籍志〉載：「《華林遍略》六百二十卷，
　　　　梁綏安令徐僧權等撰。」《新唐書》卷五十九：「《華林遍略》六百卷，祖孝徵等。」
　　　　《通志》卷六十九〈藝文略〉第七：「《華林遍略》六百卷，徐勉編。」除卷數有差
　　　　異外，代表作者亦不同。

〔註15〕　〔明〕胡應麟《少室山房筆叢正集》卷二十二《華陽博議》上（文淵閣四庫全書景
　　　　印本，臺北：臺灣商務，民國 82 年），頁 886～401。

〔註16〕　《南史》卷四十九劉峻本傳，另《玉海》卷五十四，梁《華林遍略》條注、《通志》
　　　　卷一百四一劉峻條，都有相同記載。

〔註17〕　《南史》卷七十二何思澄本傳（臺北：鼎文書局，74 年 3 月四版），頁 1782。《梁書》
　　　　卷五十何思澄本傳。同修者《元和姓纂》卷一「鍾」姓，「……韶生嶼、嶸、岏，瓛
　　　　撰《華林遍略》，……。」

曰：「不需也」。斑以《遍略》數帙質錢樗蒲，文裏杖之四十。〔註18〕

可見當時書賈以為奇貨，販售江北，高澄（文裏）地位尊貴，不惜盜鈔，而祖斑還盜販質錢，可見深受士林重視。宋代編修《太平御覽》時還曾有借重。

（三）《壽光書苑》

《隋書》卷三十四載：「《壽光書苑》二百卷」，下註「梁尚書左丞劉杳撰。」〔註19〕《梁書》劉杳本傳云：

> 劉杳字士深……天監初，為太學博士，宣惠豫章王行參軍。杳少好學，博綜群書，沈約、任昉以下，每有遺忘，皆訪問焉。……詹事徐勉舉杳及顧協等五人入華林撰《遍略》。書成，以本官兼廷尉正……。〔註20〕

可知劉杳博學強記，曾參與修撰《華林遍略》。但所修《壽光書苑》除了史志外，沒有相關記載，無法知其體例，但大膽推判應與《華林遍略》相似。

（四）《法寶聯璧》

《法寶聯璧》（聯一作連）。《梁書》記載有三百卷，簡文帝敕陸罩等撰。〔註21〕《法苑珠林》載：

> 《法寶連璧》一部，二百卷。右梁簡文帝蕭綱在儲宮日，躬覽內經，指撝科域，令諸學士編寫連成，有同《華林遍略》。〔註22〕

可知本書為蕭綱在太子時期，召集學者輯撰。所謂「指撝科域」，便是分門別類的綱領，「編寫連成」，便是依類連編而成書。所以才稱所成之《法寶連璧》有同於《華林遍略》。《南史》陸罩本傳云：

> 初，簡文在雍州撰《法寶聯璧》，罩與群賢並抄掇區分者數歲。中大通六年而書成，命湘東王為序，其作者有侍中國子祭酒南蘭陵蕭子顯等三十人，以比王象、劉劭（筆者按：原文誤為邵）之《皇覽》焉。〔註23〕

〔註18〕《北史》卷四十七祖斑本傳（臺北：鼎文書局，民國74年3月四版），頁1737。《通志》卷一百五十四同。〔宋〕袁樞撰《通鑑紀事本末》卷二十五上：「顯祖時，斑為秘書丞，盜《華林遍略》及有它贓，當絞，除名為民。」

〔註19〕《隋書》卷三十四〈經籍志〉（臺北：鼎文書局，76年五版），頁1009。《舊唐書》卷四十七載《壽光書苑》二百卷，劉香撰。《新唐書》卷五十九：劉香《壽光書苑》二百卷。《兩唐書》均誤將杳誤植為香。《通志》卷六十九《壽光書苑》二百卷，劉杳編。

〔註20〕《梁書》卷五十〈文學〉劉杳本傳（臺北：鼎文書局，民國79年六版），頁715。

〔註21〕《梁書》卷四〈簡文帝本紀〉（臺北：鼎文書局，民國79年六版），頁109。《南史》同。《隋志》未收。

〔註22〕〔唐〕釋道世《法苑珠林》卷一百十九（臺北：臺灣商務，54年臺一版）。

〔註23〕《南史》卷四十八陸罩本傳（臺北：鼎文書局，民國68年），頁1205。另《冊府元

所謂「抄掇區分」，即是抄錄舊籍資料，加以分類整理，綱條科格，無不兼該。而其成品「以比王象、劉劭之《皇覽》」，可以想見其體例與功能必然與《皇覽》相同。經過數年的努力，在梁武帝中大通六年（534 年）完成，據蕭綱〈法寶聯璧序〉所載，參與編修者有：王繹、蕭子顯、劉溉、王脩年、王規、劉孺、褚球、謝僑、劉遵、王穉、徐喈、褚澐、袁君正、陸襄、王藉、徐摛、劉顯、蕭幾、韋稜、張綰、蕭子範、陸罩、蕭瑱、王許、王訓、劉孝儀、謝禧、劉蘊、張孝總、蕭子開、庾肩吾、庾仲容、蕭滂、蕭清、謝嘏、殷勸、劉孝威、蕭愷等三十八人。〔註24〕蕭綱在序言中稱道：

> 躬承睿旨，爰錫嘉名，謂之聯璧。聯含珠而可擬，璧與日而方升，以今歲次攝提星在監德，百法明門，於茲總備，千金不刊，獨高斯典。合二百二十卷，號曰《法寶聯璧》。〔註25〕

名為聯璧，即是資料因類系聯，且珍貴如璧玉一般。「百法明門，於茲總備」，讚其立類周延而齊備。「千金不刊」，稱其正確可信。而二百二十卷應是初刊時的正確卷數。

（五）《學苑》

唐・李延壽《南史》列傳第七十六〈隱逸〉下，陶弘景本傳載：

> ……所著《學苑》百卷、《孝經論語集注》、《帝代年歷》、《本草集注》……共祕密不傳，及撰而未訖又十部，唯弟子得之。〔註26〕

宋・張君房撰《雲笈七籤》卷一百七載：

> ……謹條先生所撰，記世道書名目如左：《學苑》十帙百卷。此一書先生常云：「群書舛雜，欲探一事，不可偏檢，乃鈔撰古今要用，以類相從，為一百五十條。名為《學苑》。比於《皇覽》，十倍該備。」近賜翊，語：「吾無復此暇，汝可踵成之，此書若畢，於學問手筆家，無復他尋之勞矣。」〔註27〕

「群書舛雜，欲探一事，不可偏檢，乃鈔撰古今要用，以類相從，為一百五十條。」其方式便是以某一事為主題，由古今圖書中鈔撰其要者，然後依類為據以類相從，

龜》卷六百七、王應麟《玉海》卷五十五與卷五十八、《通志》卷一百四十一有相同記載。

〔註24〕〔唐〕釋道宣《廣弘明集》卷二十，梁簡文帝（蕭綱）〈法寶聯璧序〉。（四庫叢刊本，臺北：臺灣商務，民國 54 年臺一版），頁 283。

〔註25〕同前註。

〔註26〕〔唐〕李延壽《南史》列傳第七十六〈隱逸〉下，陶弘景本傳（臺北：鼎文書局，民國 68 年），頁 1900。《通志》卷一百七十八記載相同。《梁書》本傳未載。

〔註27〕〔宋〕張君房《雲笈七籤》卷一百七（臺北：臺灣商務，民國 54 年臺一版），頁 735。

以便主題探索。可見其以《皇覽》爲標的，所云「十倍該備」，或爲假設性說法，即此書如繼續完成，其完備程度應十倍於《皇覽》，但是陶弘景無暇爲之而付陶翊。另有一種可能是，《皇覽》到傳梁代，篇幅大量縮減，如同代蕭琛《皇覽鈔》才二十卷，《學苑》新製的成就可以十倍於當時尚存的《皇覽》。筆者同意前項說法。

（六）《鴻寶》

《南史》卷五十六張纘本傳：「纘著《鴻寶》一百卷，文集二十卷。」〔註28〕《通志》卷六十八，雜家類載「鴻寶十卷」。〔註29〕《冊府元龜》卷八百三十九：「張纘爲湘州刺史述職經途，乃作〈南征賦〉四千餘言。著《鴻寶》一百卷，文集二十卷。」〔註30〕但看不出其體例或內容。

（七）《語對》、《語麗》

《隋志》卷三十四：「《語對》十卷，朱澹遠撰。《語麗》十卷，朱澹遠撰。」《新唐書》卷五十九：「朱澹遠《語麗》十卷，又《語對》十卷。」〔註31〕《直齋書錄解題》「《語麗》」條云：

> 《語麗》十卷，梁湘東王功曹參軍朱澹遠撰，采撅書語之麗者爲四十門。按前志但有雜家而無類書，《新唐書志》始別出爲一類，此書乃猶列雜家，要之實類書也，但其分門類無倫理。澹遠又有《語對》一卷不傳。
> 〔註32〕

《新唐書》卷五十九，將這兩部書與張華《雜記》、陸機《要覽》歸入雜家。〔註33〕依陳振孫判定，《語麗》實爲類書，或許即因「其分門類無倫理」，而《新唐書志》未將歸入類書類。《語對》應該是與之相同性質的作品。

（八）《書圖泉海》

陳類書有《書圖泉海》，此書本名淵海，唐人避諱，改爲泉海。《隋書》卷三十

〔註28〕 《南史》卷五十六張纘本傳（臺北：鼎文書局，民國76年5月五版），頁1388。

〔註29〕 〔宋〕鄭樵《通志》卷六十八（臺北：新興書局，民國52年10月新一版），頁志797。

〔註30〕 《冊府元龜》卷八百三十九〈總錄部・文章三〉（臺北：臺灣中華書局，民國56年5月臺一版），頁9947。《說郛》卷七十九上，引《詩品》卷中序言：「陸機文賦，通而無貶。李充翰林，疎而不切。王微鴻寶，密而無裁。……」可知另有王微作《鴻寶》，但與本文無涉。

〔註31〕 《語對》：梁元帝《金樓子》，作三帙三十卷。陳振孫《直齋書錄解題》載爲一卷。

〔註32〕 陳振孫《直齋書錄解題》卷十四（臺北：廣文書局，民國57年初版），頁880～881。《文獻通考》卷二百二十八引用。

〔註33〕 《唐書・藝文志》（臺北：臺灣商務，民國55年6月一版），頁53。

四：「《書圖泉海》二十卷，陳張式撰。」〔註34〕《兩唐書》均作張氏撰，七十卷。〔註35〕體例不詳。

三、北魏、北齊類書

（一）《帝王集要》

北魏類書在《隋書·經籍志》載有《帝文集要》三十卷，崔安撰。下註《新唐志》作崔宏。《魏書》、《北史》崔宏本傳皆不載。〔註36〕但安、宏字形相似，或即崔宏所撰。梁代有崔安，曾任太子少師，但與本書無涉。本書體例不詳。

（二）《修文殿御覽》

北齊類書，《隋志》雜家類記載有《修文殿御覽》三百六十卷，無撰人姓名。《北齊書》、《北史》，並稱祖珽等奉敕撰。無卷數。《新唐志》作祖孝徵（即祖珽）等撰。錢謙益《絳雲樓書目》，尚列此書，似全帙清初猶存；然錢書真贗未可知，恐不足據。〔註37〕據《北齊書·文苑傳》載：

> 三年祖珽奏立文林館，於是更召引文學士，謂之待詔文林館焉。珽又奏撰《御覽》，詔珽及特進魏收、太子太師徐之才、中書令崔劼、散騎常侍張雕、中書監陽休之監撰。〔註38〕

祖珽等〈上修文殿御覽表〉云：

> 昔魏文帝命韋誕諸人，撰著《皇覽》，包括群言，區分義別。陛下聽覽餘日，眷言細素，究蘭台之籍，以為觀書貴博，博而貴要，省日兼功，期於易簡。前者，修文殿令臣等討尋舊典，撰錄斯書。謹罄庸短，登即篇次，放天地之數為五十五部，〔註39〕象乾坤之策成三百六十卷。昔漢世諸儒，集論經傳，奏之白虎閣，因名《白虎通》。竊緣斯義，仍曰《修文殿御覽》。

〔註34〕《隋書·經籍志》子部（臺北：鼎文書局，民國76年5月五版），頁1009。

〔註35〕《舊唐書》卷四十七：「《書圖泉海》七十卷，張氏撰。」《新唐書》卷五十九：「張氏《書圖泉海》七十卷。」《通志》卷六十九：「張氏《書圖泉海》七十卷。」《玉海》卷五十四：「張氏《書圖泉海》七十卷，《隋志》張式。」

〔註36〕《隋書》卷三十四：「《帝王集要》三十卷，崔安撰。」（臺北：鼎文書局，民國76年5月五版），頁1009。《舊唐書》卷四十七：「《帝王要覽》二十卷。」《新唐書》卷五十九：「崔宏《帝王集要》三十卷。」《通志》卷六十六：「《帝王集要》三十卷，崔氏撰。」

〔註37〕張滌華《類書流別·存佚第六》（修訂本）（北京：商務印書館，1985年9月一版），頁45。

〔註38〕《北齊書》卷四十五〈文苑傳〉（臺北：鼎文書局，民國76年2月五版），頁603。

〔註39〕原文為「五十部」，胡道靜認為當作「五十五部」，應為確論。胡道靜《中國古代的類書》（北京：中華書局，1982年版），頁48。

今繕寫已畢，並目上呈，伏願天鑒，垂賜裁覽。齊主命付史閣。〔註40〕

武平三年（公元 572 年），祖珽奏立文林館，又奏撰《御覽》。武平三年詔祖珽及特
進魏收，太子太師徐之才、中書令崔劼、散騎常侍張雕、中書監楊修之監撰。參加
應撰的還有顏之推等人。是年二月詔撰《玄洲苑御覽》，後改名爲《聖壽堂御覽》，
旋又更名《修文殿御覽》。可參考《玉海》卷五十四：「北齊《聖壽堂御覽》」條：

> 陽休之取《芳林遍略》加《十六國春秋》、《六經拾遺》，錄《魏史》，
> 爲《玄洲苑御覽》。後改爲《聖壽堂》，祖孝徵等又改爲《修文殿御覽》三
> 百六十卷，上之。〔註41〕

可知陽休之等人以《華林遍略》爲藍本，增添《十六國春秋》、《六經拾遺》及《魏
史》相關資料，合而爲《玄洲苑御覽》。據《北齊書·祖珽傳》：

> 州客至，請賣《華林遍略》，文襄多集書人，一日一夜寫畢，退其本
> 曰：「不需也」。珽以《遍略》數帙質錢樗蒲，文襄杖之四十。

可見《華林遍略》成書後，很快的就傳到了黃河流域，而且北齊官方也確實掌握、
運用。《北齊書·後主本紀》在武平三年（572 年）：

> 二月……是月，勅撰《玄洲苑御覽》，後改名《聖壽堂御覽》。……八
> 月……是月，《聖壽堂御覽》成，勅付史閣，後改爲《修文殿御覽》。〔註42〕

《修文殿御覽》僅六個月便完竣。初名《玄洲苑御覽》，旋改《聖壽堂御覽》，終定
於今名。陳振孫《直齋書錄解題》「修文殿御覽」條云：

> ……珽之行事姦貪凶險，盜賊小人之尤無良者，言之則汙口舌。……
> 然珽嘗以他人所賣《遍略》質錢，受杖。又嘗盜官《遍略》一部，坐獄論
> 罪。今書毋乃亦盜《遍略》之舊，以爲己功耶！〔註43〕

以爲此書抄襲《華林遍略》。而《太平御覽》卷六百一記載：

> 初，齊武成令宋士素錄古來帝王言行要事三卷，名爲《御覽》，置於
> 齊王巾箱。陽休之創意取《芳林遍略》，加《十六國春秋》、《六經拾遺錄》、
> 《魏史》等書，以士素所撰之名稱爲《玄洲苑御覽》，後改爲修文殿上之，

〔註40〕祖珽〈上修文殿御覽表〉，收入〔明〕梅鼎祚《北齊文紀》卷三（文淵閣四庫全書景
印本，臺北：臺灣商務，民國82年），頁 1400～1453。

〔註41〕《玉海》卷五十四〈藝文〉「北齊《聖壽堂御覽》」條（臺北：華聯出版社，民國53
年1月），頁 1072。

〔註42〕李百藥《北齊書》卷八〈後主本紀〉（臺北：鼎文書局，民國82年），頁 105。《北
史》卷八，記載相同。

〔註43〕陳振孫《直齋書錄解題》卷十四，《修文殿御覽》條（臺北：廣文書局，民國56年），
頁 881。

徐之材謂人曰：「此可謂床上之床，屋下之屋也。」〔註44〕

指出《修文殿御覽》編輯工作，以《華林遍略》爲基礎，加上《十六國春秋》等書之材料綜輯而成。以類書編輯技術而言，是可以接受的。羅振玉也認爲：

> 綜計此書之成，極一時人物之選。蕭、顏撰例，諸賢秉筆，雖取材《遍略》，必非勦襲。蓋《遍略》爲卷七百，此才得半，如何去取雖未可知，而待詔諸人當無率爾。陳氏《解題》乃詆諆孝徵並及此著，謂母乃亦盜《遍略》之舊，以爲己功。可謂不得情實，輕於立言者矣。〔註45〕

以爲編撰《修文殿御覽》者皆一時之選，雖然取材於《華林遍略》但絕非抄襲。

《冊府元龜》卷六百七載：參加《修文殿御覽》編修者，「初詔珽與收太子太師徐之才、中書令崔劼、〔註46〕散騎常侍張雕、中書監陽休之監撰。」後來追加顏之推、薛道衡等，編修人數近六十人，故云「當時操筆之徒搜求略盡」。〔註47〕雖未知是否抄襲《華林遍略》，但借重則確有之，亦見其與《華林遍略》的深厚關係。

由祖珽上言內容觀之，以韋誕諸人所撰《皇覽》爲例，期望編修以「包括群言，區分義別」爲體例，而能達觀書「博而貴要，省日兼功，期於易簡」的功能，可知本衷便是要編撰一部新的《皇覽》。在體例上，既然以《華林遍略》爲參考，當然受其影響較大。「討尋舊典，撰錄斯書」，是類書收錄材料的固定方式，而「放天地之數爲五十五部，象乾坤之策成三百六十卷」，是清楚的提出其書分爲五十五部，下再分爲三百六十卷。學者咸認爲分部、分卷數量，是受《易傳》影響。《玉海》「北齊《修文殿御覽》」條下注云：「《書目》有之，采撮群書，分二百四十部以集之。」〔註48〕此說若以羅振玉意見：「所謂五十部，當指總部類，而二百四十部，代爲各總部

〔註44〕《太平御覽》卷六百一（臺北：新興書局，48年1月初版），頁2690～2691。

〔註45〕羅振玉《鳴沙石室佚書目錄・修文殿御覽提要》（北京：北京圖書館出版社，2004年2月第一版），頁43。

〔註46〕洪業考證應爲崔季舒《北齊書・文苑傳敘》原作崔劼。然〈崔劼傳〉僅稱劼侍詔文林館，監撰新書，而文林館之置，據〈後主紀〉乃始於武平四年二月丙午。此據《崔季舒傳》（《北齊書》卷八《後主紀》，武平三年二月中敕撰，八月中書成。所以，崔劼趕不上編修。）見《洪業論學集・所謂修文殿御覽者》（臺北：明文書局，民國71年），頁64～99。

〔註47〕詳見《冊府元龜》卷六百七（臺北：臺灣中華書局，民國56年臺一版），頁7282。雖《北齊書》卷四十五，顏之推〈觀我生賦〉自註：「齊武平中，署文林館待詔者，僕射陽休之、祖孝徵以下三十餘人，之推專掌其撰《修文殿御覽》、《續文章流別》等，皆詣進賢門奏之」，參與修撰者三十餘人，但若將其後待詔者一並算入則不止此數。雖然「凡此諸人亦有文學庸淺，附會親識，妄相推薦者，十三四焉。」但是待詔文林確是一時盛事。

〔註48〕《玉海》卷五十四〈藝文〉：「北齊《修文殿御覽》」條下注（臺北：華聯出版社，民國53年1月），頁1071。

類中之分目，此全書部類之可考件者，……」〔註49〕就是五十五部下又分立小類，共計二百四十類，總卷數爲三百六十卷。

貳、魏晉南北朝類書體例考證

一、各類書體例間之關係

前文所論圖書十六種，除梁《鴻寶》、《語對》、《語麗》，陳《書圖泉海》，北魏《帝王集要》體例不詳外，其他十一種類書中，《皇覽》爲首創，另外十部之體例，與《皇覽》有明顯的承傳關係。謹分述如下：

一、宋何承天《合皇覽》、徐爰《合皇覽》，應節《皇覽》所爲，體例應同《皇覽》。

二、齊《史林》明言仿《皇覽》，體例應同《皇覽》。

三、齊《四部要略》明言依《皇覽》而撰，體例應同《皇覽》。

四、梁蕭琛《皇覽鈔》節鈔《皇覽》，體例應同《皇覽》。

五、梁劉峻《類苑》推判學習《皇覽》。

六、梁《華林遍略》推判學習《皇覽》（因《法寶聯璧》既同於《皇覽》，又同於《華林遍略》。），體例應同於《皇覽》。

七、梁《壽光書苑》推判學習《皇覽》（因編者參與編修《華林遍略》）。

八、梁《法寶聯璧》既同於《皇覽》，又同於《華林遍略》。所以體例應同於《皇覽》，也影響《華林遍略》。

九、梁《學苑》比於《皇覽》，體例應同於《皇覽》。

十、北齊《修文殿御覽》學效《華林遍略》，而《華林遍略》體例應同於《皇覽》，所以《修文殿御覽》之體例應同於《皇覽》。

可知四百年間，《皇覽》體例一直被傳承沿用著。雖然《皇覽》「亡於隋末之亂」，〔註50〕刪併本可能在唐末也亡佚了。但是或許可以透過敦煌殘卷窺其一二。

二、以敦煌殘卷爲據，探《皇覽》體例

清光緒戊申（1908），法國伯希和（Paul Pelliot）自敦煌莫高窟石室中，得一唐

〔註49〕 羅振玉《鳴沙石室佚書目錄提要》（北京：北京圖書館出版社，2004 年 2 月），頁 21。胡道靜亦以爲二百四十部當是部下第二級的類數（北京：中華書局，1982 年），頁 49。

〔註50〕 〔清〕姚振宗《隋書經籍志考證》（續修四庫全書，上海：上海古籍出版社，1995 年），頁 485。

人抄本類書殘卷，計有二百五十九行文字，藏諸巴黎法國圖書館。清・宣統辛亥年（1911），近人羅振玉依影片抄錄，並以石印發表於《國學叢刊》中，以爲是《修文殿御覽》之殘卷。羅氏云：

> 至傳世類書向以虞氏《書鈔》、歐陽《類聚》爲最古，何意數百年後，乃得重覩文林鉅製，雖僅二百五十餘行，吉光片羽，彌可珍貴。〔註51〕

旋於民國二年（1913），更以珂羅版影印本出版《鳴沙石室佚書》，在該書〈修文殿御覽提要〉仍然考定爲《修文殿御覽》殘卷。羅氏最主要之證據乃：

> 一、殘卷體例與《太平御覽》相似。〔註52〕二、殘卷引書，至魏晉而止。三、修書之人數約三十多人，與顏之推〈觀我生賦〉自注相同。且以缺筆避諱審定：「知其繕寫之歲尚在開、天之前，爲唐寫本中之佳者。」〔註53〕

近人洪業亦就殘卷詳加考定，以《藝文類聚》、《太平御覽》與之比對。得殘卷計有八十一條。〔註54〕所引書共六十五種，迄晉、宋時代著作而止。〔註55〕「然則統計之法，不足以證殘卷之爲《修文御覽》；反之，轉足以證其不爲《修文御覽》而已。」〔註56〕洪先生還舉：

> 一、殘卷中「隱」、「泰」、「湖」等字，「此皆高齊諱也。館臣纂書往往刪除文字，更改句法，以避廟廷之諱，今乃不避何也？」

〔註51〕羅振玉《鳴沙石室佚書正續編》〈修文殿御覽提要〉（北京：北京圖書館出版社，2004年2月一版），頁45。

〔註52〕羅氏推論：「其存者鳥部鶴類四十四則：鴻類十八則，鵠類十四則；雉類四則，總七十九則，其體例頗似《太平御覽》。……宋陳氏《直齋書錄解題》謂《太平御覽》以前代《修文御覽》、《藝文類聚》、《文思博要》及諸書參譯條次修纂（《玉海》卷五十六太平御覽條引實錄與陳氏說合）今檢宋代《御覽》鳥部，其採取此書者十五六，而采取《類聚》者十二三，當日館臣任意刪節，復多謵奪，而因襲之跡，昭昭可見，則此殘卷即《修文殿御覽》殆無可疑。」

〔註53〕鍾肇鵬《古籍叢殘彙編》（北京：北京圖書館出版社，2001年11月一版），頁41～47。

〔註54〕洪氏以爲：「鶴類四十六條，鴻類十八條，黃鵠類十五條，雉類四條；鶴類缺其上，雉類缺其下；合共八十三條。此依其抄寫段落起訖計之所得數也。」又云：「羅先生《跋》（影印本後）謂總七十九則，殆即依此法計算。然謂『鶴類四十四則，鴻類十八則，鵠類十四則，雉類四則』；不知如何算法。且合之，得八十則，蓋誤也。」又云：「同一書，引兩條，前後相接續，若以一條計，則總數爲七十九。然有二條，實各引二書，而未分段抄寫者（45、48），倘分而出之，則總共八十一條也。」

〔註55〕洪氏以爲：「羅先生〈跋〉謂『至魏晉而止』，蓋誤。《幽明記》，劉義慶撰；《異苑》，劉敬叔撰；《神境記》王韶之撰；《荊州記》，盛弘之撰；《南越志》，沈懷文撰，皆宋文也。」（臺北：明文書局，民國71年），頁88。

〔註56〕洪業《洪業論學集・所謂修文殿御覽者》（臺北：明文書局，民國71年），頁91。

二、以宋、齊梁時期的經學南北好尚差異檢視，殘卷引《易》二條用王弼注。引《左傳》二條；一條無注，一條用杜預注。「然則殘卷原書之編纂，乃在江左而不在河洛歟？」

三、顏之推參與《修文御覽》編纂，應熟悉書中典故，但其〈觀我生賦〉有關「鵠」之用典，與殘卷者不同。「然則殘卷之成書，乃與之推無關歟？」

四、據《三國典略》所載：《修文御覽》固常引崔鴻《十六國春秋》及王嘉《拾遺錄》。《太平御覽》鶴五十三引王嘉《拾遺記》；鵠第十八引崔鴻《十六國春秋》，或從《修文御覽》抄來。殘卷如誠為《修文御覽》，則何以未見此二條？則殘卷非《修文御覽》也。

五、最堪注意者：殘卷七十七條，不引《十六國春秋》而引《趙書》，下綴以注「謹案」云云，乃駁《趙書》之辭。注者，洪氏以為當為江左文人。

以為殘卷當為《華林遍略》，而非《修文殿御覽》。

筆者也以為洪式考定足以憑恃，洪氏云：「倘其誠為《華林遍略》也，則較《修文御覽》尤古，尤可貴。不必以其不為《修文御覽》為憾。」因為最重要的，殘卷可以窺見隋唐之前類書體例之一斑。

就所見殘卷抄本觀察，殘卷每頁十行，每行約十七字，間有注，以兩行小字注於每則引文下方。引文首先標釋出處。每則引文獨立為一系統，不與下一則引文相接，下一則引文，另起一行。每類在最前端，低格書寫類名。如果對照《華林遍略》編撰體例之說明，可推測「鳥」為五十部之一，而「鶴」、「鵠」、「鴻」等為二百四十類之一。可知在隋唐前，類書便已建立部類二級架構。

當然，由於隋唐之前的類書均已亡佚，現今無法直接由本籍觀察，以上所推出之體例現象，是《華林遍略》的體例現象，卻並不意味著必為《皇覽》本然體例，但相信類書體例經《皇覽》推出，必須要適應使用者實際需要來作改進，這些體例現象，卻可以說是四百年的共同經營成就。

參、魏晉南北朝類書體例成就

綜觀《皇覽》以降，四百年類書發展中所成就的體例成就，可概分為四項：

一、另闢蹊徑，採事物分類體系

《皇覽》在體例上與群書最為不同，開啟類書發展史者，最重要的便是採事物分類體系。《三國志·魏書·文帝紀》曰：「……又使諸儒，撰集經傳，隨類相從，凡千餘篇，號曰《皇覽》。」《三國志》卷二一《魏書·劉劭傳》曰：「黃初中，為尚書郎、

散騎侍郎。受詔集五經群書，以類相從，作《皇覽》。〔註57〕無論「撰集經傳，隨類相從」，或「集五經群書，以類相從」，都指出了類書體例的最大特色。事實上，從劉向、劉歆編撰《七略》、《別錄》，一直到清代的《四庫全書總目》，我國古典書目的分類法，大體沿著學科分類體系爲基礎的模式發展。主要目的是按照學科體系來組織藏書，強調可以「辨章學術，考鏡源流」。所以無論是史志書目、官修書目、私家書目，乃或是綜合性叢書目錄，都一直延用這種分類方法。然而，這種分類體系本爲藏書設計，重視典藏而輕視使用，重視系統教育和學術研究，而未考慮隨時翻檢查閱，因此分類體系相對嚴密卻缺乏靈活性，不便於特定檢索。也正因此需求，才產生了類書的分類方法。類書自初創起，便捨棄了以學科分類爲標準，而選擇以事物分類爲依據，主要以事物性質來立類，開啓了另一條組織文獻資料的道路。

　　從後世《皇覽》輯佚結果可見，資料可概分爲冢墓、禮等類，呈現以事件主題爲分類基礎的現象。《華林遍略》殘卷，將鳥部細分爲「鶴」、「鵠」等若干類。再由後世追隨者編撰體例觀察，一般類書依照天、地、人、事、物爲基本序列來組織文獻。如《藝文類聚》全書共四十六部，以天、地、歲時爲始，然後是帝王，職官、刑法等類，最後是草、鳥、獸等，類目亦多用事物名稱。

　　類書另闢蹊徑，採用事物分類體系，乃因爲其編撰目的是爲了檢索資料迅速有效。隨著文化活動增長，圖書著述大量增加，以典藏爲目標之學科分類法，已經面臨由《七略》分類體系，轉向四部分類體系。曹魏以降，爲以儒家經典治國與文學寫作之需，必要閱讀大量文獻。世人普遍認爲：「觀書貴博，博而貴要，省日兼功，期於易簡。」〔註58〕但是大量的圖書資料，在運用上實有其不便，即所謂「自非略其蕪穢，集其清英，蓋欲兼功，太半難矣」。〔註59〕因爲求事半而能兼功，就必須改弦易轍的更新編撰體例，以應所需。所以黃剛云：「類書編制的核心課題就是尋求一個方便檢索的分類體系。以事物分類爲基礎的邏輯體系比學科分類體系更具體直觀，更接近人們本能的分類，因此使用更方便。」〔註60〕分類集錄資料，大量集中相關資料，可以作爲使用者觸類旁通，深入廣博的效果。

〔註57〕《三國志》卷二一《魏書・劉劭傳》（臺北：明倫出版社，民國61年7月），頁617。

〔註58〕祖珽〈上修文殿御覽表〉，收入〔明〕梅鼎祚《北齊文紀》卷三（文淵閣四庫全書景印本，臺北：臺灣商務，民國82年），頁1400～53。

〔註59〕蕭統《昭明文選・序》云：「自姬漢以來，眇焉悠邈。時更七代，數逾千祀。詞人才子，則名溢於縹囊；飛文染翰，則卷盈乎緗帙。自非略其蕪穢，集其清英，蓋欲兼功，太半難矣。」（臺北：藝文印書館，民國80年12月一2版），頁1。雖《昭明文選》爲總集，但所欲解決的問題是類似的。

〔註60〕黃剛〈從類書看古代分類法及主題法〉（四川圖書館學報，1982年2期），頁44～48。

二、二級類目的創立

據《魏略》記載：《皇覽》「合四十餘部，部有數十篇，通合八百餘萬字。」〔註61〕從紀錄上可知，「部」爲該書第一級類目，而「篇」則爲第二級類目。爲何稱「篇」而不稱「類」？或許因爲《皇覽》爲首始之作，在資料編輯上，將有關的材料組織集中於一起，沒有進行條目式的排列，與一篇篇的文章在模式上相近，所以採取「篇」爲單位。在部下分篇，部爲大類而篇爲小類，上下承接爲二級類目體例。這一點可從《藝文類聚》得以驗證。《藝文類聚》的體例受到《皇覽》的影響，〔註62〕雖其「事居於前，文列於後」，事文並舉方式。但每個子目「事」的部分，包含經典著作相關內容與古人故事二部分；「文」包括詩文賦頌等，都是逐條但連成一個區塊，不同於宋代《太平御覽》子目亦以條目式安排，眉目清晰。所以《皇覽》的體例或可從《藝文類聚》得到印證。雖然。《藝文類聚》的子目，或可以視爲「篇目」，其「事」的部分編寫體例或許與《皇覽》相仿。也許即是《魏略》將《皇覽》第二級類目稱作「篇」的原因。這一點從前文所敘《華林遍略》殘卷現象，也可得到證明。

《皇覽》分類體系中二級類目的創立，在中國書籍史上具有劃時代的意義。在《皇覽》之前，雖《韓非子》的「內外儲說」《呂氏春秋》《說苑》等書，開闢了集中相關內容，設立篇目的先例，但侷限於一書，且圍於「說」的領域，知識面是相對狹窄的。而「集五經群書」的《皇覽》，既容納了眾多文獻的內容，部下分類（篇）的設計處理，又使各種文獻中的有關知識融爲一體，知識板塊與知識板塊之間次序井然，爲人們系統閱讀或檢查引用大開方便之門。

三、註明資料出處

從收編資料的取捨來看，類書中一個標目之下只收各書中有關該標目的那一部分內容，不一定將原書完整收入，但是注明其書名出處。所以每個標目可以看作是一個分類索引款目。讀者可通過這種分類索引查閱各種圖書有關某一事物的內容並弄清其出處。《華林遍略》殘卷資料，一一註明資料出處，爲後世類書立下好的典範。

〔註61〕《三國志・魏志・楊俊傳》裴松之注引《魏略》（臺北：明倫出版社，民國 61 年 7 月），頁 663。

〔註62〕歐陽詢在《藝文類聚・序》云：「前輩綴集，各抒其意。《流別》、《文選》，專取其文；《皇覽》、《別略》，直書其事。」再據《舊唐書・經籍志》、《新唐書・藝文志》之著錄，《皇覽》在唐初尚有何承天合本一二〇卷、徐爰合本八十四卷。推定歐陽詢編撰《藝文類聚》時，必然見過《皇覽》而且受其影響。

四、增列小注

　　《華林遍略》殘卷資料下或有小注，經研究小注爲館臣所加。這一點可藉洪業考訂「石虎」條爲據。殘卷資料中的小注，有直接引用前人成果者，有時引一條，有時引多條者，全視實際需要而定。另有館臣所親自撰寫的。

　　例如《華林遍略》殘卷（鶴類）第二條：

　　　　《易‧中孚》曰：「九二：鳴鶴在陰，其子和之。我有好爵，與爾靡之。」

下有兩行注文：

　　　　　　王弼注曰：「處内居重陰之下，不徇於外，立誠節篤至，雖在闇昧，
　　　　物亦應焉。故曰：『鶴鳴在陰，其子和之。』」〔註63〕

第三條：《春秋‧左傳》曰：

　　　　　　魏懿公好鶴，鶴有乘軒者。及有狄人之難，國人受甲者，皆曰：「使
　　　　鶴，鶴實有祿位，余焉能戰？」遂敗。

下有兩行注：

　　　　　　杜預曰：「軒大夫車也。」賈子曰：「衛懿公嘉鶴，有以文（有闕文約
　　　　五字）也。」

第五條：

　　　　　　《神異經》曰：「西海之外有鶴國。男女皆長七寸。爲人自然有禮，
　　　　好經論，跪拜。壽三百歲。人行如飛，日千里。百物不敢犯之。惟畏海鵠，
　　　　鵠遇吞之，亦壽三百歲。人在鵠腹中不死，而鵠一舉千里。」

下注一行：

　　　　　　張茂先注曰：「此陳章對桓公之言。」

第六條：

　　　　　　《春秋考異‧郵》曰：「鶴知夜半。」

下有注一行：

　　　　　　宋衷注曰：「鶴水鳥，夜半水位，感其生氣，則益鳴也。」

第九條：

　　　　　　《穆天子傳》曰：「天子至巨蒐氏。巨蒐人乃獻白鶴之血，以飲天子。
　　　　因具牛馬之湩，洗天子之足。升太行，南濟于河，官人又進白鶴之血。天
　　　　子射鹿林中，孟（盂）氏爰舞白鶴六。」

下有兩行注文：

〔註63〕依照洪業《洪業論學集‧所謂修文殿御覽者》（臺北：明文書局，民國 71 年），頁
　　　　66。

郭璞曰：「飲血，益人氣力也。今鶴，孔雀，馴者亦應節舞也。」〔註64〕

第二十條

　　　盛弘之《荊州記》曰：「衡山有三峰，極秀。一峰名紫蓋，澄天明景，

　　則有一雙白鶴，迴翔其上，清響朗徹。」

下有注：

　　　《湘中記》曰：「衡山之上，白鶴迴翔如儛者也。」

以上均為引用前人成果者。至於第七條：

　　　《說題辭》曰：「鶴知夜半，陰衛道也。鶴之為言，央也；央殺然；

　　陰之精，以類感；夜半，物靜；獨戒主也。」

下有兩行注：

　　　央，鬱；陰生北方；夜半，子時也；故至其時，情鬱，感其時而鳴戒

　　主；「知夜半也。」

不知出處。或許館臣自行撰寫解說。

　　類書體例中小注的建立，有益於服務讀者閱讀所需，也提供了編者補強、糾正
資料的管道，是一種變通的體例。

五、以《易》思想建立部卷數

　　祖珽等曾上言云：

　　　　　前者修文殿令臣等尋討舊籍，撰錄斯書，謹罄庸短，登即編次。放天

　　地之數，為五十五部；〔註65〕象乾坤之策，成三百六十卷。〔註66〕

「放天地之數，為五十五部；象乾坤之策，成三百六十卷」，可知其書之分部與分卷
數，受到《易》影響。《易‧繫辭》云：

　　　　　天一，地二；天三，地四；天五，地六；天七，地八；天九，地十。

　　天數五，地數五。五位相得而各有合。天數二十有五，地數三十。凡天地

　　之數五十有五，此所以成變化而行鬼神也。乾之策二百一拾有六，坤之策

　　百四十有四，凡三百六十，當期之日。二篇之策，萬有一千五百二十，當

　　萬物之數也。〔註67〕

〔註64〕原文為：「今孔鶴飲益氣力也馴者亦應節舞也。」依洪業建議修改。見洪業《洪業論
　　　　學集‧所謂修文殿御覽者》（臺北：明文書局，民國71年），頁91。

〔註65〕原文為「五十部」，胡道靜認為當作「五十五部」，應為確論。胡道靜《中國古代的
　　　　類書》（中華書局，1982年版），頁48。

〔註66〕祖珽〈上修文殿御覽表〉，收入〔明〕梅鼎祚《北齊文紀》卷三（文淵閣四庫全書景
　　　　印本，臺北：臺灣商務，民國82年），頁1400～53。

〔註67〕王弼、韓康柏《周易註》卷七（四庫全書文淵閣景印本，臺北市：臺灣商務，民國

秦漢儒家以爲「（周）易更三聖」，即伏羲畫卦，文王演卦，孔子述傳。而《易傳》由《文言》、《象》（上、下）、《彖》（上、下）、《繫辭》（上、下）、《序卦》、《雜卦》、《說卦》十部分組成，又稱「十翼」，取輔翼發揚《易》義。今人多認爲《易傳》非一人一時之作，而是戰國中後期社會急劇變革的產物。它在《易》以天道比擬人道的思維模式基礎上，吸取了道家的天道觀、儒家的倫理觀和陰陽家的陰陽學說，並以儒家的倫理觀爲立論的基點和核心，將其貫入道家的天道觀之中，利用陰陽家的陰陽學說，爲儒家的倫理觀提供了形而上的理論依據。〔註68〕天人合一的自然觀，也融入了類書體例之中。

　　《修文殿御覽》的「放天地之數」，「象乾坤之策」在部、卷的數目設計，追求包羅天地萬象的精神，啓發了後世類書體例的學習。而後代類書無論是《太平御覽》或《冊府元龜》都有千卷；《永樂大典》達兩萬兩千八百七十七卷；《古今圖書集成》也有一萬卷之數，除後世文獻資料增多之外，也是受到《修文殿御覽》在體例上求全求備的態度影響。

72），頁 7～260。

〔註68〕梁清華〈《易傳》的天人合一哲學及其對中國封建法的影響〉（周易研究，2001 年 2
　　　　期，總 48），頁 73～81。

第七章 類書發展所需基本條件探討——以宋代爲例說明

壹、基本背景

　　隋唐以至清末，中國政治型態與社會結構現象雖然代有更異，思想儒道釋爭輝，但是對類書來說，始終保持一個穩定的成長環境。領導人在新政權成立時，爲展現偃武修文的企圖，建設新的時代時，通常注重文教事業，興學校、整編圖書。政府的鼓勵與導引，民間也共同視圖書資源。尤其在印刷術發達之後，圖書普及性增高，天下得以運用圖書增加學養的人數增多。政府用人徵才的方式，最重要的是科舉考試，各科考試內容或許不同，但是重視儒家經典，要求豐富學識，擅於詩賦策略的基本模式是不變的。讀書風氣提升，人民對圖書之需求必然增加，圖書相關事業也必然受之啓發、精進。這些對類書持續發展茁壯，有極大的助益。但本文爲免資料堆砌，謹以承先啓後的宋代爲例說明。

貳、宋代社會「尙文輕武」的風潮

　　趙匡胤兵變奪權後，採取種種措施，以免他人仿效：一則「杯酒釋兵權」，解除某些將領兵權，勸云：「人生駒過隙爾，不如多積金、市田宅，以遺子孫，歌兒舞女以終天年。」〔註1〕二則諱言軍事，嚴限兵書流傳。趙匡胤曾對趙普說：「五代方鎭殘虐，民受其禍，朕令選儒臣幹事者百餘，分治大藩，縱皆貪濁，亦未及武臣一人

〔註 1〕〔元〕脫脫等《宋史》卷二百五十〈石守信傳〉（臺北：鼎文出版社，民國 67 年 9 月），頁 8810。

也」〔註 2〕，可見其避武重文的目的。所以重用儒臣，無論知州、帶兵，均由文人擔任。光宗時蔡戡上奏云：「今之將，問之以孫、吳，則不知爲何人；叩之《孫》、《吳》二書，則不知爲何書。如此者十人而九。」〔註 3〕宋代「尚文輕武」成風，從帝王到臣民無不以文爲榮。《宋史・藝文志》云：

> 宋有天下，先後三百餘年。考其治化之污隆，風氣之離合，雖不足以儗倫三代，然其時君汲汲於道藝，輔治之臣莫不以經術爲先務，學士搢紳先生談道德性命之學，不絕于口，豈不彬彬乎進於周之文哉！〔註4〕

這種尚文輕武的風氣，也促成了宋代圖書事業的繁榮。據《宋史・藝文志》云：

> （宋）君臣上下，未嘗頃刻不以文學爲務，大而朝庭，微而草野，其所製作、講說、記述、賦詠，動成卷帙，累而數之，有非前代之所及也。

宋代編撰圖書之種類與數量均多，在類書編輯上也有很好的表現。若針對類書編纂背景與所需條件整理，大致可歸納以下幾項。

一、君王愛讀書、重文治，爲天下先導

宋太祖趙匡胤雖爲武將出身，但十分喜歡讀書。《續資治通鑑長編》云：

> 上性嚴重寡言，獨喜觀書。雖在軍中，手不釋卷。聞人間有奇書，不吝千金購之。……世宗亟召上諭曰：「卿方爲朕作將帥，闢封疆，當務堅甲利兵，何用書爲？」上頓首曰：「臣無奇謀上贊聖德，濫膺寄任，常恐不逮，所以聚書，欲廣聞見，增智慮也。」〔註5〕

宋太祖在取得天下後，爲免重蹈「陳橋兵變」之覆轍，決心加強文治。不但自己藉讀書吸取歷代君王治亂興衰之道，甚至期望武臣也加強讀書，藉知「爲治之道」。〔註6〕宋太宗也重文治，曾對臣下云：「朕每退朝，不廢觀書，意欲酌前代成敗而行之，已盡損益也。」〔註7〕又謂：「夫教化之本，治亂之源，苟無書籍，何以取法？」〔註8〕可見宋代開國君主施行文治的決心。

太宗曾詔修《太平御覽》、《太平廣記》、《冊府元龜》、《神醫普救》等。太平興

〔註 2〕 李燾《續資治通鑑長編》卷十三（北京：中華書局，2004 年第 2 版），頁 293。

〔註 3〕 《歷代名臣奏議》卷二百四十。光宗時蔡戡上奏。〔明〕黃淮、楊士奇等編《歷代名臣奏議》（四），頁 3185，見吳相湘主編《中國史學叢書》（臺北：學生書局，民國 53 年 12 月）

〔註 4〕 《宋史》卷二百二〈藝文志・序〉（臺北：鼎文出版社，民國 67 年 9 月），頁 5031。

〔註 5〕 見李燾《續資治通鑑長編》卷七，（北京：中華書局，2004 年），頁 171。

〔註 6〕 「壬寅，上謂近臣曰：『今之武臣欲盡令讀書，貴知爲治之道。』近臣皆莫對。」李燾《續資治通鑑長編》卷三（北京：中華書局，2004 年），頁 62。

〔註 7〕 李燾《續資治通鑑長編》卷二十三（北京：中華書局，2004 年），頁 528。

〔註 8〕 同上註，頁 571。

國八年（983）十一月，太宗下詔云：

> 史館所修《太平總類》，自今日進三卷，朕當親覽。」宋琪等言：「窮歲短晷，日閱三卷，恐聖躬疲倦。」上曰：「朕性喜讀書，開卷有益，不為勞也。此書千卷，朕欲一年讀遍，因思學者讀萬卷書亦不為勞耳。」尋改《總類》名曰《御覽》。〔註9〕

另，宋眞宗曾云：「朕每因暇日，閱《君臣事跡》草本，遇事簡，則從容省覽；事多，或至夜漏二鼓乃終卷。」〔註10〕宋仁宗也曾云：「朕聽政之暇，於舊史無所不觀，思考歷代治亂事跡，以為監戒。」〔註11〕可見宋代君王均有開卷有益的學習精神，這對臣民的閱讀風氣影響很大。

二、國家與私人藏書豐富

宋代君王也非常重視圖書蒐集、編撰等工作。如太宗時，因戰亂而官方藏書數量不足，便開獻書之路，廣徵天下群書。

> 建隆初，三館所藏書僅一萬二千餘卷。及平諸國，盡收其圖籍，惟蜀、江南最多。凡得蜀書一萬三千卷，江南書二萬餘卷。又下詔開獻書之路。於是天下書復集三館，篇帙稍備。〔註12〕

在興建崇文館等國家藏書館後，〔註13〕國家六座書庫藏書，「正副本凡八萬卷」。〔註14〕據《宋史·藝文志敘》：「眞宗時，命三館寫四部書二本，置禁中之龍圖閣及後苑之太清樓。而玉宸殿、四門殿亦各有書萬餘卷。」〔註15〕可知崇文院、龍圖閣、太

〔註9〕 李燾《續資治通鑑長編》卷二十四（北京：中華書局，2004年），頁559。

〔註10〕《玉海》卷五十四。「景德冊府元龜」條，事繫十月癸亥。頁453～454。李燾《續資治通鑑長編》卷六十七（北京：中華書局，2004年）「十二月乙未，手札賜王欽若曰：『編修《君臣事跡》，官皆出遴選。朕於此書，匪獨聽政之暇，資於披覽，亦乃區別善惡，垂之後世，俾君臣父子有所監戒。』」頁1509。

〔註11〕《玉海》卷五十四。「乾興天和殿御覽條」。見（《景印文淵閣四庫全書》944冊，臺北：臺灣商務，民國72年），頁456。

〔註12〕李燾《續資治通鑑長編》卷十九「太宗太平興國三年」（北京：中華書局，2004年），頁423。

〔註13〕宋太宗時，三館書庫「湫隘卑庳，不蔽風雨。周廬徼道，出於其側。衛士騶卒，朝夕喧雜」，太平興國初，太宗因幸三館，對左右說：「若此之陋，豈可以蓄天下圖籍，延四方之士邪！」即詔令重建三館，「棟宇之制，皆親所規畫」。建成後，賜名「崇文院」。同見《續資治通鑑長編》卷十九「太宗」，頁422。

〔註14〕〔清〕徐乾學《資治通鑑後編》卷九〈宋紀〉九（《景印文淵閣四庫全書》342冊，臺北：臺灣商務，民國72年），頁342～115。

〔註15〕〔元〕脫脫《宋史·藝文志》（叢書集成簡編，臺北：臺灣商務，民國55年6月臺一版），頁2。

清樓、玉宸殿、四門殿等處都有大量藏書。官方還多次組織大規模的抄書活動，如景德元年（1004）抄書 24162 卷；嘉祐六年（1061）抄黃本書 6496 卷、補白本書 2954 卷；嘉祐七年（1062）抄黃本書 10659 卷；崇寧二年（1103）抄書 2082 部。〔註16〕國家藏書極爲豐富。

　　宋代私人藏書也蔚爲風氣，藏書家可考者有三百一十一人，藏書過萬卷者有張昭、王溥、王希逸、錢惟治、楊崇勛、范雍、李仲偓、范端、江正、宋綬、歐陽修、宋敏求、楊景略、曾鞏、富弼、司馬光、胡定之、趙宗綽、朱長文、郭逢原、王洙、王欽臣、蘇頌、葉夢得、丁安義、趙明誠、李燾、晁公武、陳振孫、劉儀鳳、石邦哲、周密、余日華等百餘人。〔註17〕

三、重視由教育培養人才

　　教育是培養人才的重要方法。宋代君王多關心教育事業，如《宋史·選舉志》記載：

> 仁宗時士之服儒術者不可勝數。即位初，賜兗州學田，已而命藩輔皆得立學。慶曆四年，詔曰：「……今朕建學興善，以尊子大夫之行，更制革敝，以盡學者之才。有司其務嚴訓導，精察舉，以稱朕意。學者其進德脩業無失其時，其令州若縣皆立學，本道使者選部屬官爲教授，員不足，取於鄉里宿學有道業者。」由是州郡奉詔興學，而士有所勸矣。〔註18〕

宋仁宗慶曆四年（1044）辦學，由范仲淹主持。重要作爲有令諸路、府、州、軍廣辦學校，縣有士子二百人以上者，亦須辦學。中央則因國子監規模較小，所以另辦太學，招生二百人。再如宋神宗時期：

> 神宗尤垂意儒學，自京師至郡縣既皆有學，歲、時、月各有試，程其藝能以差次升舍……，令中書遴選或主判官奏舉生員，鑾爲三等。始入學爲外舍，初不限員，後定額七百人。外舍升內舍員二百，內舍升上舍員百。……始命諸州置學官，率給田十頃瞻士。〔註19〕

又云：

> 帝（神宗）嘗謂王安石曰：「今談經者人人殊，何以一道德？卿所著

〔註16〕曹之《中國古籍版本學·寫本源流》（臺北：洪葉文化，1994 年 11 月），頁 130～131。

〔註17〕曹之《中國印刷術的起源·唐代發明雕版印刷術的旁證》（武漢：武漢大學出版社，1994 年 7 月），頁 376～377。

〔註18〕《宋史》卷一百五十七〈選舉志〉（臺北：鼎文書局，民國 76 年 9 月），頁 3658～3659。

〔註19〕同前註，頁 3660。

經其以頒行，使學者歸一。」八年，頒王安石書、詩、周禮義于學官，是
名《三經新義》。〔註20〕

宋神宗熙寧二年（1069）由王安石主持興學。重要措施有：改革太學，創立「三舍
法」。即把太學分爲上舍、內舍和外舍，擴大招生名額。初入學者爲外舍，人數不限；
外舍升內舍者，名額二百人；內舍升上舍者，人數二百人。恢復和發展州縣等地方
學校，撥田給用。又以王安石所著經義爲標準教材，編撰《三經新義》。又如《宋史·
選舉志》記載，徽宗崇寧年間興學狀況：

　　崇寧建辟雍於郊，以處貢生。而三舍考選法乃遍天下，於是由州郡貢
　之辟雍，由辟雍升之太學，而學校之制益詳。〔註21〕

《宋史·職官志》記載：

　　崇寧元年，宰臣蔡京言，有詔天下皆興學貢士。以三舍考選法遍行天
　下，聽每三年貢入太學。上舍試仍別爲考，分爲三等。若試中上等，補充
　太學上舍；試中中等、下等者，補充內舍；餘爲外舍生。仍建外學于國之
　南，待其歲考行藝，升之太學。〔註22〕

徽宗崇寧元年（1102）由蔡京主持的學政。主要措施有：繼續廣辦學校，完整了太
學、州學、縣學各級學校相繫的體系；新建辟雍（即「外學」），作爲太學之預備機
構。

　　宋代中央與地方官學的逐步完善，招生對象也漸放寬，學田制度更保障了學校
的財源穩定，所以學生人數大量增加。謹以太學生名額爲例，崇寧元年（1102）名
額已至三千八百人（其中上舍二百人，內舍生六百人，外舍生三千人。）〔註23〕比
起仁宗時期太學生名額二百人，有驚人成長，當然也爲宋代培育眾多優秀人才。

　　宋代民間私學也很發達，尤其書院對學術發展有很大的助益。宋·袁燮云：

　　國朝庠序之設，遍於宇內，自慶曆始。由隆建以來，迄於康定，獨有
　所謂書院者。若白鹿洞、嶽麓、嵩陽、茅山之類是也。其卓然爲後學師表
　者，若南都之戚氏，泰山之孫氏，海陵之胡氏，徂徠之石氏，集一時俊秀，
　相與講學，涵養作成之功，亦旣深矣。……及慶曆興學之後，雖陋邦小邑，

〔註20〕同前註，頁3660。
〔註21〕《宋史》卷一百五十七〈選舉志〉（臺北：鼎文書局，民國76年），頁3658。
〔註22〕《宋史》卷一百六十五〈職官志〉職官五（臺北：鼎文書局，民國76年9月），頁
　　　　3913。
〔註23〕《宋史》卷一百六十五〈職官志〉職官五：「外舍生三千人，太學上舍一百人，內舍
　　　　三百人。候將來貢試到合格者，即上舍以二百人，內舍以六百人爲額。」（臺北：鼎
　　　　文書局，民國76年），頁3913。

亦弦誦相聞，……〔註24〕

強調書院講師「卓然爲後學師表者」，對後進「涵養作成」的貢獻極大。還述及慶歷
興學之後，雖然邊城小邑，都有庠序之設，所以弦誦之聲不輟。又如《都城紀勝》
記載：

> 都城內外（杭州）自有文武兩學、宗學、京學、縣學之外，其餘鄉校、
> 家塾、舍館、書會，每一里巷，須一二所。弦誦之聲，往往相聞。……」

〔註25〕

又如，陸九淵在貴州講學，「還鄉，學者輻湊。每開講席，戶外屨滿，耆老扶杖觀聽」。
〔註26〕可知宋代各地公學、私塾林立，學風鼎盛，天下人以讀書爲上。

四、科舉舉士受到朝野重視

宋代君王特重選士。宋太宗曾與近臣云：

> 朕親選多士，殆忘飢渴。召見臨問，以觀其才。拔而用之，庶使巖野
> 無遺逸，而朝廷多君子耳。朕每見布衣縉紳間，有端雅爲眾所推譽者，朕
> 代其父母喜。或召拜近臣，必爲擇良日，欲其保終吉也，朕於士大夫無負
> 矣。〔註27〕

可見宋代皇帝對舉才選士的重視。科舉考試是宋代選擇人才的主要方式。考中進
士者，皇帝依例賜宴，稱爲「聞喜宴」，又因爲宴席設在瓊林苑，所以又稱爲「瓊
林宴」。當然除了賜宴之外，還有賜書、賜詩、賜袍笏、賜騶從遊街等殊榮。《宋
稗類鈔》記載：

> 太宗臨軒放榜，三五名以前皆出貳郡，符遷擢榮速。陳堯叟、王曾初
> 中第，即登朝領太史之職，賜以朱戟。爾後狀元登第者，不十餘年，皆望
> 柄用。每殿廷臚傳第一，則公卿以下無不聳觀，雖至尊亦注視焉。自崇政
> 殿出東華門，傳呼甚寵。觀者擁塞通衢，人肩摩不可過，錦韉繡轂，角逐
> 爭先，至有登屋而下瞰者，庶士傾羨，謹動都邑。洛陽人尹洙意氣橫躒，

〔註24〕〔宋〕袁燮撰《絜齋集》卷十〈四明教授聽續壁記〉（臺北：新文豐出版社，74年），
頁148。

〔註25〕耐得翁《都城紀勝》三教外地條（《景印文淵閣四庫全書》第五十九冊，臺北：臺灣
商務，民國72年），頁12。

〔註26〕《宋史》卷四百三十四〈陸九淵傳〉。另〔清〕朱軾《史傳三編》卷六〈名儒傳六·
宋陸九淵〉載：「貴溪有山形如象，九淵登而樂之，結茅其上，自號象山翁。四方學
徒大進，每開講席，戶外屨滿，耆老扶杖觀聽。」（臺北：臺灣商務，《四庫珍本》
七集第79冊，63年），頁26。

〔註27〕〔清〕畢沅《續資治通鑑》卷十一〈宋紀〉十一「太平興國」八年（983）（臺北：
文光出版社，民國64年10月），頁279。

> 好辦人也。嘗曰：「狀元登第，雖將兵數十萬，恢復幽薊，逐強蕃於窮漠，
> 凱歌勞還，獻捷太廟，其榮亦不可及也。」〔註28〕

洛陽人尹洙的說法或許誇張了些，但是因為君王的恩寵，進士及第者無論任官或升遷，都有很好的安排。所以朝野對進士及第者莫不投以至高的關注，所以進士遊街時，才會有萬人空巷的盛況。

雖然宋代科舉是學習唐代舊制，但因唐代士族力量強大，故科舉制度雖經確立，士族卻可藉其既得之地位，把持取士大權。當科場成績並非錄取的唯一標準時，無怪杜甫、賈島等詩人，幾次舉進士都不第。庶族之士，即便經過錄取，仕途仍然坎坷。如韓愈中舉十年，猶然未獲授官。其自嘆云：

> 四舉於禮部乃一得，三選於吏部卒無成。九品之位其可望，一畝之宅
> 其可懷。遑遑乎四海無所歸，恤恤乎飢不得食、寒不得衣。〔註29〕

唐人參加科舉的人數較少，中唐時每年赴省試的舉人約三千人，〔註30〕若以三人取一人赴解計，全國每年參加發解試的士人也不過近萬人。〔註31〕故相較於宋代士人，科舉制度對唐代士人的影響較為有限。

到了宋代，士族力量退出歷史舞台，再加上重文輕武的政策，君王對科舉制度做了重大改革。比起唐代科舉考試，宋代科舉考試有三大特點：第一，考試不受出身的限制。第二，錄取名額大增。唐代進士錄取者，每次不過二、三十人，而宋代進士每次錄取總數為二、三百人，最多時可達五、六百人。〔註32〕第三，確立了殿試制度。殿試即由皇帝親任主考，升殿考試。從此正式確立了州試（各州的考試）、省試（尚書省禮部考試）和殿試的三級科舉制度。陸游曾云：

> 本朝進士初亦如唐制，兼採時望。真廟時，周安惠公起始建糊名法，

〔註28〕〔清〕潘永因編《宋稗類鈔》卷五（《景印文淵閣四庫全書》第 1034 冊，臺北：臺灣商務，民國 72 年），頁 294。

〔註29〕韓愈《韓昌黎全集》卷十六〈上宰相書〉《四部備要》（北京：中華書局），頁 2。

〔註30〕韓愈《韓昌黎全集》卷二十〈贈章童子序〉《四部備要》（北京：中華書局），頁 18。

〔註31〕唐代貢舉，各州郡也有解額規定，但因參加解試的試人很少，故合格者都得解送。據《續資治通鑑長編》卷一八六，嘉佑二年十二月條，嘉佑二年前，四歲一貢，每次解額為六、七千人，此後改為兩年一貢舉，解額則減半（北京：中華書局，2000 年），頁 4495～4496。

〔註32〕例如《紹興十八年同年小錄》記載：「四月十七日，皇帝御集英殿唱名，賜狀元王佐以下及第出身、同出身，共三百三十人釋褐。」（臺北：臺灣商務印書館，《四庫珍本八集》第 82 冊），頁 1）可知紹興十八年（1148），錄取進士三百三十人；又《宋寶祐四年登科錄》記載寶祐四年（1256），錄取進士六百零一人。文天祥即此榜進士題名（《景印文淵閣四庫全書》第 451 冊，臺北：臺灣商務，民國 72 年），頁 50～51。

一切以程文爲去留。〔註33〕

由於考試公平性提高，政府又擴大取士名額，從優任命科舉合格者，因而鼓動了士人讀書應舉的積極心，所以宋代士人參加科舉的人數很多。北宋中後期，科舉進入黃金時代，不論地近京畿的州縣，或川廣辟遠地區，到處都是讀書應舉之人。以宋眞宗咸平元年（998）的貢舉爲例，當時參加省試的舉人「將近二萬」，若以「每進士一百人，只解二十人；《九經》以下諸科共及一百人，只解二十人赴闕」〔註34〕的比例計算，前一年全國參加發解試的士人就達到十萬人之眾。又據歐陽修治平元年（1064）奏稱，當時東南州郡的發解比例爲「百人取一人」，西北州郡爲「十人取一人」〔註35〕。若以全國解額三千五百人推算，每次參加發解試者至少在二十萬人以上，當然還未包括準備參加考試的學者。隨著應試的人數逐漸增加，科舉對宋代士人的影響也逐漸增大。

五、雕版印刷術的進步

雕版印刷術的發明，學者尙無定論。但以雕版印刷術印製儒家經典之記載，一般同意在五代時期已經開始。如《資治通鑑》載：

> 自唐末以來，所在學校廢絕。蜀母昭裔出私財百萬營學館，且請刻板印《九經》，蜀主從之。由是蜀中文學復盛。〔註36〕

宋・王明清在其《揮塵錄》中說得更清楚：

> 母昭裔貧賤時嘗借《文選》于交游，問其人，有難色。發憤，異日若貴，當板以鏤之遺學者。後仕王蜀爲宰相，遂踐其言，刊之。印行書籍創見于此事。事載陶岳《五代史補》。後唐平蜀，明宗命太學博士李鍔書《五經》，仿其製作刊板于國子監，爲監中刻書之始，今則盛行於天下，蜀中爲最。明清家有鍔書印本《五經》存焉，後題長興二年也。〔註37〕

王明清除了就母昭裔刻書之事加以說明，還強調爲印行書籍的第一人。另提出後唐亦刻《五經》之事。據《舊五代史》記載，後唐明宗長興三年二月辛未，「中書奏請

〔註33〕陸游《老學庵筆記》卷五（臺北：臺灣商務印書館，《叢書集成簡編》第 714 冊），頁 51。

〔註34〕徐松《宋會要輯稿・選舉》五之十九（北京：中華書局影本，1957），頁 4490～4491。

〔註35〕歐陽修《歐陽修全集》卷四〈奏議集・論逐路取人札子〉（臺北：河洛圖書局公司，民國 64 年 3 月臺景印初版），頁 265。

〔註36〕《資治通鑑》卷二百九十一〈後周紀二〉太祖廣順三年（953）五月（北京：中華書局，1992），頁 9495。

〔註37〕〔宋〕王明清《揮塵錄・餘話》卷二（北京：中華書局《叢書集成初編》，1985 年），頁 993～994。

依石經文字，刻《九經》印板。從之。」〔註38〕注引《五代會要》云：

> 長興三年二月，中書門下奏請依石經文字刻《九經》印板。敕令國子
> 監集博士儒徒，將西京石經本各以所業本經廣為鈔寫，仔細看讀，然後傕
> 召能雕字匠人，各部隨帙刻印板，廣頒天下。如諸色人要寫經書，並請依
> 所印刻本，不得更使雜本交錯去。

可知，後唐明宗敕令國子監集博士儒徒，依西京石經仔細抄寫校訂，雕製印版，然
後發布天下，據之以為標準本。再據《愛日齋叢鈔》云：

> 唐明宗之世，宰相馮道、李愚請令判國子監田敏校定《九經》刻板，
> 印賣。從之。後周廣順三年六月丁巳板成，獻之。由是雖亂世，《九經》
> 傳布甚廣。〔註39〕

可知這項雕版工程，由後唐明宗長興三年（932）到後周廣興三年（953），先後歷四
朝二十一年才完成。潘美月先生以為：

> 到了五代時期中國印刷事業已經相當發達，其中以河南、四川及浙江
> 等處最為興盛，所刻書籍，已遍及經史子集各部。最值得注意的是：在唐
> 末印刷術只流行於民間，當時刊印的書籍範圍雖然廣泛，但僅限於大多數
> 人民日常所需要的。到了五代，儒家經典才開始雕印。當時，不但有了官
> 刻的經典，並且在士大夫階層內也有了出資刻書的人，可見在上位者及知
> 識份子已經開始利用這個新興的印刷技術了。其中以監刻九經三傳在中國
> 印刷史上佔了最重要的地位，它為宋代的國子監刻書開闢了一條道路，這
> 是值得大書特書的。〔註40〕

綜合史書資料研判，潘先生之說法是正確。隨著趙宋政權的穩定，文治政策的實踐，
社會逐漸安定。由於科舉制度的發展，士人對書籍需要量急劇增加，雕版印刷技術
日益進步，而適合裝訂與閱讀的蝴蝶裝也已發明，出版業獲得迅速發展。

　　宋代官方刻書以國子監為主，王國維《五代兩宋監本考》著錄北宋監本六十九
種、南宋監本六七十種，二者相加，共計一百四十種左右。但這個數字據曹之考定，
尚非宋代監本的總數。另外地方官刻盛行，如蘇州、泉州、沅州等公使庫都刻了許
多圖書。君王也很重視刻書，如景德二年（1005），宋真宗親臨國子監書庫了解刻書

〔註38〕〔宋〕薛居正《舊五代史》卷四十三〈唐明帝紀〉九，長興三年二月辛未（臺北：
　　　　鼎文書局，民國66年9月），頁588。

〔註39〕不注撰人《愛日齋叢鈔》卷一（臺北：臺灣商務印書館《叢書集成簡編》第129冊），
　　　　頁4。

〔註40〕潘美月《華夏之美——圖書》（臺北：幼獅文化事業公司，民國75年6月初版），頁
　　　　61。

情況。而且指示監本只收工本費的書價，廣受歡迎。影響所及，家刻與坊刻興盛，與官刻成鼎足而三局勢。家刻的著名代表有陸游、朱熹、廖瑩中等；坊刻的著名代表有臨安陳起、建安余氏、四川眉山萬卷堂等。宋代已形成汴京、四川、浙江、福建、江西等五大刻書中心。圖書貿易則遍及全國，競爭激烈。

景德二年（1005）五月，宋眞宗視察國子監書庫時，問邢昺有多少書版。邢昺答云：

> 國初不及四千，今十餘萬，經史正義皆具。臣少時業儒，觀學徒能具經疏者百無一二，蓋傳寫不給。今版本大備，士庶家皆有之，斯乃儒者逢時之幸也。〔註41〕

又蘇軾在〈李氏山房藏書記〉說：

> 余猶及見老儒先生，自言其少時，欲求《史記》、《漢書》而不可得，幸而得之，皆手自書，日夜誦讀，唯恐不及。近歲市人轉相摹刻諸子百家之書，日傳萬紙，學者之於書，多且易致如此。〔註42〕

推算蘇軾幼時所見老儒，其少年恰逢五代之末。可見宋代無論官方或是民間，在五代的印刷術成就上，無論公私刻書業都有更輝煌的表現，爲刻印類書提供了必要的技術條件。

參、結　語

綜合以上研究，了解類書的編纂基礎，需要安定的社會環境；雄厚的物質基礎；豐富的文獻資料積累；學識淵博的專門人才；以及印刷科技的發達。綜觀隋唐以降，各代的政治社會背景雖有差異，但就類書發展所需的基本條件而言，整體間有一脈相承的現象。

如以科舉爲例：唐代科舉制，始於高祖武德四年（621）。科目較隋代增加了三、四倍，應試者主要集中在明經和進士兩科。明經考試內容著重儒家經典，主要考《九經》。唐代將《九經》分成三類：《左傳》、《禮記》定爲大經，《詩》、《周禮》、《儀禮》爲中經，《易》、《公羊傳》、《穀梁傳》是小經。進士考試，唐初主要考「時務策」五道，帖一大經（大經任選一種）。高宗永隆二年（681）調整了進士科考試科目，加考詩賦各一篇，「通文律者，然後試策」。除考詩賦和時務策外仍然帖經。從永隆二年後，進士考試內容雖分爲三部分，但以詩賦爲重點。德宗建中二年（781），曾經

〔註41〕李燾《續資治通鑑長編》卷六〇（北京：中華書局，2004年），頁1333。
〔註42〕蘇軾《蘇軾文集》卷一一（北京：中華書局校點本，1992年第一版），頁359。

以「箴論表贊」代替詩賦，不久又恢復了詩賦考試，直至唐末，成為定制。國家以科舉做為舉才用人的重要方法，而科舉之得失，對士人而言，亦是「天上人間一霎時，泥塗翹首望青雲。」所以凡有子弟能讀書應試的家庭，無不熱中於科舉。以詩賦為重點的進士科舉考試，要求應試者必須通文律、諳故事，這對唐代詩文藝術發展，或圖書事業推動，甚或是雕版印刷術的啟發，都有相輔相成之效。至於宋代「變其本而加厲」的承繼，已如前文所述。爾後各代皇帝多重視科舉，將之視為攏絡士人的上策等，亦為眾所周知者。

　　所以，就宋向上推溯，或是向下考察，可以確定的是：隋唐以降，幾乎每一個朝代領導人都重視文化事業。一方面舉辦各類學校、開試各科選拔人才；另一方面大規模修纂圖書典籍，以示「文治之盛」。由於受教育者人數持續增加，以及科舉考試的鼓舞，社會上讀書風氣濃郁，整體國家的文化水準相對提高，又刺激了人民參加科考的企圖或對圖書的需求，也帶動印刷工藝的精進，這些都為類書提供豐沛的發展條件。當然這些條件是一共象，下文中如遇單部類書，個別編纂之基礎條件，將逐一加入說明。

第八章　隋唐以降類書體例的發展狀況分析

壹、需求爲類書體例新變的動力

　　前文已述類書成長所需的基本條件，但雖有了優渥的基本條件，類書的編撰與發展，仍然得「需求」這項動力才能得以形成。人們對類書的需求，建立了類書的功能性。

　　類書的功能在胡道靜歸納下，分成「本來作用」與「特殊作用」兩大類。〔註1〕「類書第一特殊作用是古類書可以用來校勘古籍和輯錄已佚的古籍遺文。」〔註2〕類書第二項特殊用途，是在研究古代文化學術工作中，起「索引」作用，可以減省摸索時間。〔註3〕但是類書的特殊作用是現代文士運用類書產生的新功能，不是古代社會背景下的原始需求，故而不在本文探討範圍。

　　類書本來的作用，也就是人們對類書的原始需求，可概括爲三項：

　　（一）誇耀文治，緩和統治集團內部矛盾說。如唐初，高祖李淵詔命編撰《藝文類聚》，就是一部富涵政治目的的作品。唐開國之初，多用隋朝舊臣，亟需穩定這些人爲新政權效命的心。再者，自魏晉南北朝以來實際影響政治的是士族勢力，唐初士族的力量仍然強大，嚴重關係到新王朝統治地位。唐高祖解決方案之一，即招延他們中的一些人來編書，這樣一方面可安撫參與者並影響其他人，使其忠心爲政府效力；另一方面，可通過編撰活動本身，以顯示偃武修文的形象，平息世人戰後的心理餘悸。〔註4〕又如，武后爲掩飾其與孌臣張昌宗、張易之醜行而編《三教珠

〔註 1〕胡道靜《中國古代典籍十講·類書的源流和作用》（上海：復旦大學出版社，2004年 5 月），頁 76。
〔註 2〕同前註，頁 85。
〔註 3〕同前註，頁 99。
〔註 4〕張其中〈官修類書功能嬗變論〉（四川圖書館學報，1990 年第 4 期），頁 65～69。

英》。宋太宗以慚德踐位而敕編《太平御覽》一千卷、宋眞宗敕編「冊府元龜」一千卷皆係同出一轍。明成祖因靖難，所生不平之氣，遍於海宇，自知不可以力服，冀借稽古右文，以消弭朝野紛議。於是永樂元年（1403）七月，開館纂修《永樂大典》。明人李日華即認爲明成祖「號召四方文墨之士」參與《永樂大典》的編撰，其目的就是爲了「耗磨遜國諸儒不平之氣」。〔註 5〕康熙用陳夢雷修《古今圖書集成》，不僅能使陳夢雷感恩載德，更可以藉匯整古今圖書的名義，減低漢族廣大知識份子的敵意，轉而對外來新政權的產生認同與支持。雍正即位時，於是命蔣廷錫等「重新」編撰，藉以達到顯示文治，彌除其繼位之爭所生的疑懼。

（二）臨事取給，用便檢索。「這是類書編撰最主要的的作用，動機在此，效果亦如此。」〔註 6〕因爲一個國家的政治涉及層面甚廣，需要博學強記之士，遇事能得以迅速對應。但是人的記憶有限，所以編撰類書以應付亟需查索。所以政府與私人都編類書，以充分利用前人經驗，而治國施政。

（三）儲備待用，爲文章之助。「類書儲材待用，一方面是備倉卒應對之需，一方面也是爲撰文、作詩資料之需。」〔註 7〕古代詩文多需要引用典故，臨時得題，或許才學不足，無法及時反應，所以就藉類書多所儲備。如白居易《六帖》、元稹《類集》、晏殊《類要》、秦觀《精騎集》等都是爲此編撰，官修類書或民間書坊輯錄之類書，也是提供文人這方面的方便。

當然還有應科舉考試之需、生活日用之需等多樣需求，基於這些需求，《皇覽》之後的類書編輯工作始終持續，體例也逐步改善。魏晉南北朝類書發展狀況前文已敘，隋唐以降，各代都有數量龐大，功能、體例新變的類書產生。如隋唐官修類書：隋代虞倬等編《長洲玉鏡》（238 卷），杜公瞻編《編珠》（5 卷）。唐代歐陽詢編《藝文類聚》（100 卷），高士廉等編《文思博要》（1200 卷），張昌宗等編《三教珠英》（1300 卷），徐堅等編《初學記》（30 卷）等。私人編纂類書也相繼問世，如虞世南《北堂書鈔》（174 卷）、白居易《白氏經史事類》（即《六帖》；30 卷）、劉綺莊《類集》（100 卷）、李商隱《金鑰》（2 卷）、溫庭筠《學海》（30 卷）等。

宋代政治、經濟的發展，帶來了文化、科技的空前繁榮，類書又得到極大的發展。比起前代，數量更大，品種更多，敕撰的三大類書《太平御覽》（1000 卷）、《太平廣記》（500 卷）、《冊府元龜》（100 卷），無論從取材範圍到文獻內容，都優於唐代。不但如此，還出現了一些較大型的私編類書。如謝維新《古今合璧事類備要》

〔註 5〕 李日華《紫桃軒又綴》卷二（臺北：新文豐出版社，民國 78 年臺一版）。
〔註 6〕 同註 1，頁 76。
〔註 7〕 同註 1，頁 81。

（前集 69 卷；後集 81 卷；續集 56 卷；別集 94 卷；外集 66 卷）就是仿《藝文類聚》體例編制的。也有續唐人類書的，如孔傳續編《白氏六帖》後人合稱《白孔六帖》（100 卷）。隨著科舉制度的勃興，出現了爲應試對策提供資料的類書，如陳傅良《永嘉八面鋒》（13 卷）即爲代表作。由於社會、文化生活的需要，各種用途的類書應運而生，如專收花果草木資料的陳景沂《全芳備祖》（前集 27 卷；後集 31 卷）；如查考事物源流的高承《事物紀原》（10 卷）等。

　　元朝類書最具代表性的是陰時夫《韵府群玉》。明朝類書數量很大，遠超過宋元類書。除我國最大型的類書《永樂大典》（23900 卷）外，還有爲數不少的大型類書，如徐元太《喻林》（120 卷），俞安期《唐類函》（200 卷），劉仲達《鴻書》（108 卷），陳仁錫《經籍八編類纂》（255 卷），陳仁錫《潛確居類書》（120 卷），凌稚隆《五車韵瑞》（162 卷），唐順之《稗編》（120 卷）王圻《三才圖會》（106 卷），彭大翼《山堂肆考》（240 卷），馮琦《經濟類編》（100 卷），等。其中《三才圖會》圖文並茂，乃類書的又一創新。隨著科舉制度的進一步發展，應試對策專用的類書，也大量湧現。

　　清代類書數量比明代還多，質量之高，亦屬空前。康熙、雍正年間敕撰的《淵鑒類函》（450 卷），《駢字類編》（240 卷），《分類字錦》（64 卷），《子史精華》（160 卷），《佩文韵府》（443 卷，拾遺 120 卷），《古今圖書集成》（10000 卷）等，都取材豐富，內容浩博，可稱登峰造極之世。

貳、以發展心理學理論輔助探析

　　王玓〈類書立類思想與類書衰亡原因初探〉一文中，引用瑞典心理學家皮亞傑（Jean Piaget）認知發展理論，說明類書因襲儒家周易思想，「同化」性強而少「順應」，也因此所得之平衡乃過度「同化」的結果，其實就是適應不良的現象。據此認爲類書之所以在清末消亡，是因爲無法接受西方文化帶來的衝擊，無法「順應」等。對類書研究有新的啓發。本文亦依據皮亞傑同一理論，分析歷代類書因需求而有不斷之新變現象。根據王玓分析類書發展已到衰亡，而筆者對類書的發展觀察心得並非如此，故也運用皮亞傑認知發展理論探討，但是論的是類書的新創。

　　皮亞傑（Jean Piaget）堪稱二十世紀最具影響力的發展心理學家。他將人類智力定義爲「適應生活的能力」，並致力探討人類的知識起源與建構歷程。他認爲：

　　　　人的心智成長之主要動力來自個體內在認知結構必須與外在環境取

　　得認知均衡（cognitive equilibrium）的自我調節機制，爲了維持內在認知

　　均衡，個體採取（1）將外界新刺激納入現有認知架構的同化（assimilation）

歷程，或（2）調整現有認知架構以配合外界新刺激的調適（accommodation）
歷程兩個方式來達成。這種建構知識的機制，使得兒童能夠在身心不斷成
熟與環境不斷變化的發展過程中逐漸建立起龐大、複雜的認知體系，形成
自己的世界觀與知識基礎。〔註8〕

即人們對外部環境的理解過程，透過智能進展而來，而智能像生物功能一樣，是經
由適應、進化的產物。而心智成長中有兩條主要原則：適應與組織。心智成長是朝
向著高度適應發展，人的心智總能積極有效地對環境需要做出適當反應。「適應」兼
具「同化」與「順應」，這兩項功能在適應過程有互補性效應。若我們接收外部事件
刺激時，「同化」作用會將之轉化為符合本有之認知結構。有如生理學上消化營養物
一樣，直接將刺激納入認知結構之中。「順應」則是我們設法將自身原有認知結構改
變，再將外部知識納入改造後的新認知系統。有「順應」才有登升效果；「同化」只
是在原層次盤據整理。

　　「組織」，指的是人經由適應後的心理結構。皮亞傑認為，心理結構面對越來越
複雜的外在刺激與需要，會不斷的透過同化、順應方式來重新組織。結構的形成基
本單位為「基模」。「基模」是人認識世界的方法，有許多不同類別與層次。例如初
級的觸感知覺基模，較高級的語言基模，又如邏輯基模等。許多新的刺激與需要，
會經由基模的對應、理解，選擇以「同化」或「順應」方式，進行適應與組織。透
過不停的進化過程，人們所具基模種類與層級都在提升，對環境的作用也越來越協
調與整合。整體而言就是人的心智成長的現象與成熟度，主體將對外部認識的發生
透過思維的心理形式，對客體形成具體的知識，也形式化地就現有的組織形成個人
的理解，換句話說，個人內在的邏輯表徵，也決定了對外部環境的認識。

　　皮亞傑以為：我們目前的知識狀態，只是「綿綿無絕期」的演進過程中的一剎
那，或一個橫斷面。傳統認識論者把自己侷限於這個知識的橫斷面之內，主張目前
的知識狀態是穩定的、靜止的。皮亞傑則把認識論與心理學結合稱為發生認識論。
其關注議題是：較低的知識水平是怎樣發展過度到較高的水平。〔註9〕嘗試將皮亞
傑發展心理學中，人類心智的知識起源與建構歷程循迴表呈現如下：

　　　外在知識刺激──→基模──→適應（同化、順應）──→組織──→外在知識的
　　　新刺激──→基模──→適應（同化、順應）──→新的組織──→外在知識的新
　　　刺激──→基模──→適應（同化、順應）──→再新的組織──→（人的心智不

〔註8〕王震武等合著《心理學》第三章心智與行為發展（臺北：學富文化事業有限公司，
　　　　2001年），頁79～80。

〔註9〕李其維著《皮亞傑心理邏輯學》（臺北：揚智文化，1995年）。

　　斷的成長）

人的心智成長，關係人的所有行事範圍。類書本是透過人類的知識累積所逐漸創造的，特殊的體例，乃為特殊需求所設計，這個新的設計成果（《皇覽》），當然得依賴過去所有的圖書編輯相關知識與經驗。當《皇覽》完成類書的原始體例，便得面對使用者的不同需求挑戰，下一本類書編輯之時，其實已經凝聚對《皇覽》原始體例不足的困擾。新編者在當代的思想指引之下，結合其他圖書編輯體例的長處，去嘗試適應新的挑戰，設法滿足當時的所有需求，如果進行順利、改造成功，新的類書體例便宣告形成。這樣的發展週期，在類書體例的提升精進過程中屢見不鮮，與皮亞傑主張人類心智成長的規律相仿。比照上圖精神將類書體例發展現象呈現如下：

　　　　刺激（功能需求）──→基模（思想）──→適應（同化、順應，整編過程）

　　　　──→組織（原始體例）──→刺激（新的功能需求）──→基模（思想）──→

　　　　適應（同化、順應，整編過程）──→組織（新體例，具有新適應結果、功

　　　　能）──→（類書體例不斷精進）

可知類書體例的發展，因環境、需求刺激原有類書（即舊體例），經過編者的學養思想，尋求適應與重新組織，尤其因為「順應」功能，編成具有新功能性的新類書（象徵新體例完成）。如果日後再遇到環境、需求的刺激，會以相同循環推演模式產生新類書體例，當然過程中，從較低層次逐漸向較高層次遞進。

　　若將之對應於類書發展現象，可以發現此理論與中國傳統類書發展現象吻合。隋唐之前類書幾乎亡佚，其體例雖經前文整理可見一般，但是直接對其體例作全面檢討的工程卻無法進行。如今，透過隋唐類書序言，或是君王詔令相關資料，可以確定隋唐時期，已經感到前期類書體例的缺失，造成功能性無法提升的困擾。對隋唐類書編者而言，南北朝類書已具組織形式，即已經有其固定體例，而新的需求產生新的刺激，編者必須面對新刺激、新的挑戰，以其所有的思想、學養，分析同化或順化的條件，完成調整，建立新的成品，《藝文類聚》便是最好的例證。遵此要領，類書體例的新變現象便無限延伸。

參、隋唐以降重要類書體例新變分析

　　謹就隋唐以降類書體例，因需求刺激而有新變者，舉其特殊重要者證明之。〔註10〕

〔註10〕為免資料堆砌，凡舉證之類書，以其在體例發展過程中的重要性考量。

一、《藝文類聚》體例的創新

李淵建立唐朝政權之後,採取了許多有利於生產發展的措施,使唐帝國日趨強大。為了顯示新王朝彬彬之盛,政府還大興學校,廣修群書,《藝文類聚》便是在這時開始編修的。

唐武德五年(662年),高祖李淵頒發了兩個詔令:一是開史局,命魏徵等人分頭編寫隋與魏、晉、梁、齊等六朝史;一是任命歐陽詢等編修《藝文類聚》。參加編修《藝文類聚》的還有裴矩、陳叔達等十多人,到唐武德七年(664年)全書修成。它是我國現存最早,也是保存得比較完整和參考價值較大的古類書之一。

全書一百卷,分四十六部,每部又分細目,共計子目七百二十七個,約一百萬字。《藝文類聚》引用隋、唐以前的古籍一千四百三十一種,收集的文獻資料,包括從自然科學的天文、氣象、歷法、地形、生物,到應用科學的農業、工業、營造、器用,以及人類社會的政治、經濟、倫理、宗教、文字、藝術、歷史、文物和文化、教育等各種科學的知識,比較全面地反映了當時的科學文化發展的水準和成就。

《藝文類聚》在編輯體例重要貢獻,可以分成四項說明:

(一)創造「事文兼具」的新體例

《藝文類聚》序中所云:「《流別》、《文選》,專取其文;《皇覽》、《遍略》,直書其事。」即《藝文類聚》之前,我國資料匯編性的圖籍,以「文」、「事」主題分為兩大類。以文章為主的,稱為總集;以隸事為主的,為類書。其缺點是「文義既殊,尋檢難一」,造成讀者查檢的不便。為了解決這個問題,《藝文類聚》突破舊體例的束縛,採用「金箱玉印,比類相從」……其有事出於文者,便不破之為事。故事居其前,文列於後的新方法。將所輯錄的材料分為「事」、「文」兩大類,在每個條目下,先羅列經、史、子類圖書有關事物的記載,後附有關的詩、賦、頌、贊、令、書、表、志、箴之屬,即集類的作品。如:卷四〈歲時部〉中「寒食」條下,先收經部的《周禮》;史部的《荊楚歲時記》、《先賢傳》、《鄴中記》、《後漢書》,以上各書屬事的部分。接著載集部「詩」,有李崇嗣〈寒食詩〉、宋之問〈途中寒食詩〉、沈佺期〈嶺表寒食詩〉。繼載「令」,收魏武帝〈明罰令〉,以上屬文的部分。

《藝文類聚》將「事」與「文」合而為一方法,它改善了以往類書偏重類事,不重採文,以及隨意摘句,不輯片斷的缺點,誠如其序言所云:「俾夫覽者易為功,作者資其用。可以折衷今古,憲章墳典云爾。」事文合一,不但豐富了它的內容,更因檢索便利而增進其實用價值,深受學者好評。《四庫全書總目》稱:「是書比類相從,事居其前,文列於後,俾覽者易為功,作者資其用,於諸類書中,體例最善。」

同代徐堅等編《初學記》，宋‧李昉等編《太平御覽》，謝維新《古今合璧事類備要》，祝穆《古今事文類聚》、明‧解縉《永樂大典》、俞安期《唐類函》，清‧陳夢雷《古今圖書集成》、張英等編《淵鑒類函》等，都是依循它事文合一的體例。

（二）廣泛地採用了參見法

參見法本是我國目錄學的著錄方法，而《藝文類聚》是現存完整類書最早見參見功能者。張國朝以為：

> 《藝文類聚》把參見引進到圖書編輯技術中來，是對圖書編輯技術的又一個重要貢獻。它把可以歸類於不同條目中的同一事物，分別在相關的條目中重複著錄，並對內容相同而輯錄的片段詳簡不一，或出處不同的事物，用「事具某部某篇」等參見方法，指導從簡略摘述參看詳細輯錄。……〔註11〕

潘樹廣亦表示：

> 《類聚》在體例方面還有一個值得注意之處，那就是參見法的運用。當某項資料與兩個類目都有關係時，編者根據關係的遠近，在其中一個類目下略引該項資料，並於其下以注語指引讀者參閱另一類目下的詳細資料。〔註12〕

類書增加參見功能的好處，是可以把原本歸類在不同類目中的同一項資料，運用「具某部某篇」、「已具某部某篇」、「事具某部某篇」等參見方法，指導讀者參看。如《藝文類聚》卷四〈歲時部中‧元正〉：

> 《東觀漢記》曰：「戴憑為侍中。正旦朝賀，帝令群臣說經義，不通者奪其席。憑遂重五十餘席。」〔註13〕

下注：「事具講論篇。」而查察卷五十五〈雜文部一‧談講〉篇載：

> 謝承《後漢書》曰：「戴馮字次仲，拜郎中。正旦朝賀，帝令群臣說經義，有不通者，輒奪其席以益通者。馮重五十席。京師議曰：『解經不窮，戴侍中。』」〔註14〕

藉由參見法，可以發現同一事件分載兩類，有兩個資料來源，卻詳略不一的敘述。

〔註11〕張國朝〈《藝文類聚》的編輯技術成就及其價值〉（圖書與情報，第4期，1985年），頁18。

〔註12〕潘樹廣〈《藝文類聚》概說〉（辭書研究，第一輯，1981年），頁163。

〔註13〕歐陽詢《藝文類聚》卷四（上海：上海古籍出版社，1999年新2版），頁58。

〔註14〕歐陽詢《藝文類聚》卷五十五（上海：上海古籍出版社，1999年新2版），頁987。據《後漢書補逸》卷五「戴憑」條，可知「馮」應更為「憑」（臺北：臺灣商務印書館《四庫珍本四集》第101冊），頁20。

又如卷四〈歲時部中・七月七日〉：

> 《漢武故事》曰：「七月七日，上於承華殿齋正中，忽有一青鳥從西
> 方來集殿前。上問東方朔。朔曰：「此西王母欲來也。」有頃，王母至。
> 〔註15〕

下注：「事具鳥部。」查察卷九十一〈鳥部・青鳥〉載：

> 《漢武故事》曰：「七月七日，上於承華殿齋正中，忽有一青鳥從西
> 方來集殿前。上問東方朔。朔曰：「此西王母欲來也。」有頃，王母至，
> 有二青鳥如鳥挾持王母旁。〔註16〕

可知加注者，均為記載較為簡略的一方，編者以之引領讀者，進一步參看較詳細資
料。

　　參見法不僅使類書的內容更加充實，結構愈為完整。讀者可以從不同的條目中查
到同一事物的材料，而且還可以使主題相似的事物，在參見體系中互相連接起來，達
到揭示某一事物的整體性要求。繼《藝文類聚》之後，許多類書都採取參見法體例。
如《太平御覽》的「具」、《玉海》「詳見」、《古今事文類聚》的「見某門」、《古今圖
書集成》的「參見」、《淵鑑類函》的「詳」等，大概同於《藝文類聚》的「事具」。

（三）訂定類目依照天地人事物的順序

　　《藝文類聚》在唐代初定天下時修編，在類部安排的順序上，呈現了尊王的精
神。也就是一種符命祥瑞、天命歸屬的觀念，出現其部類編排之中。《藝文類聚》在
「符命部」這一部類之後，馬上接了「帝王部」，好充分告訴世人歷代帝王為皇的正
當性。甚而全書大類的順序安排也有別於以往。戴克瑜、唐建華以為，隨著君主政
治型態的穩固，天、地、人、事、物的等級區分也逐漸形成：

> ……認為世界的最高主宰是天帝（天與地比較起來，天為上，地為
> 下），也即是上帝，君主就是這個上帝的兒子，君主對人民的統治是上帝
> 的意志，其次才是事和物。這個思想長期地在我國封建社會佔統治地位。
> 所以一切類書也是遵循這種封建的世界觀進行分類排列的，而《藝文類聚》
> 是現存最早的一部類書，也擺脫不了這個格調。〔註17〕

李守素、梁松會亦云：

> 漢代董仲舒將儒家思想和陰陽五行家思想結合起來，……他著《春秋
> 繁露・天地陰陽》指出：宇宙間有十種最貴重的東西，即「十瑞」：「天、

〔註15〕歐陽詢《藝文類聚》卷四（上海：上海古籍出版社，1999年新2版），頁75。
〔註16〕同上註，頁1577～1578。
〔註17〕戴克瑜、唐建華《類書的沿革》（四川省圖書館學會編印，1981年3月），頁27。

地、陰、陽、金、木、水、火、土九與人而十，天之數畢也。……畢之外謂之物，物者貴之端而不在其中，以此見人之超然萬物之上而最爲天下貴也。人下長萬物、上參天地。」《漢書・董仲舒傳》稱：「仲舒遭漢承秦無學之後，《六經》離析，下帷發憤，潛心大業，令後學者有所統一，爲群儒者。」以其巨大影響，加之統治者的支持，從而奠定了歷代類書以天、地、人、事、名物爲序的分類體系。〔註18〕

自漢武帝「罷黜百家，獨尊儒術」起，中國的統治者、士階層、廣大民眾相繼接受了儒學。《藝文類聚》即是依循漢代以降的儒家宇宙觀，〔註19〕將之實踐到《藝文類聚》的編撰體例，創立了歷代類書以天、地、人、事、名物爲順序先例。〔註20〕

《藝文類聚・序》云：「……皇帝命代膺期，撫茲寶運。移澆風易俗，反淳化於區中。戡亂靖人，無思不服。」強調唐代君王是順乎天命，取代隋而統治天下。試想爾後那一個朝代不是奉天承運，所以官私類書的大類順序多依照天、地、人、事、物的順序。人們運用類書時，依循這個順序思索、查考資料，君權神授的尊王思想，也無形的深烙人們心中。

（四）《藝文類聚》體例呈現教化功能

這一點也許不是《藝文類聚》首創，但是因爲早期類書均已亡佚，《北堂書鈔》又經後人增補，已失原貌，所以就《藝文類聚》提出。

《藝文類聚》在內容的取捨方面，體現出善美的強烈傾向，乃是儒家重視以經籍潛化民心，施行教化的實踐。很注意採集正面材料，摒棄反面材料。如「帝王部」

〔註18〕李守素、梁松會〈試論類書的分類體系與分類技術〉（大學圖書館學報，第 5 期，1989），頁 22。

〔註19〕馬振鐸等《儒家文明》以爲：「儒家認爲，人類像萬物一樣，是天地的產兒，是天地萬物的一部分；……人不是被動的遵循天道，聽命於天，人是天地最高的產物。人之所以高於天地其他生物，在於人類具有其他物類不具的道德。『水火有氣而無生，草木有生而無知，禽獸有之而無義，人有氣、有生、有知亦且有義，故最爲天下貴也。』人之所以貴於萬物，還在於人類有智慧，『夫裸蟲三百六十，人爲之長。人，物也，萬物之中有智慧者也。』人類雖然『力不若牛，走不若馬』，但是由於有道德和智慧，卻能『牛馬爲用』，『財非其類以養其類』，因此，人在天地萬物的面前，不是被動的服從者，而是……役使天地萬物的能動體。」（北京：中國社會科學出版社，2000 年），頁 110。（雙引號中引用《荀子・王制》與董仲舒《春秋繁露・天地陰陽》說法。）

〔註20〕參考陳信利的研究：以爲稍早於《藝文類聚》的《北堂書鈔》，因爲私人所修類書，所以不必擔負政治教育的功能，所以大類順序爲人、事、物、天、地。可證天、地、人、事、物的大類順序，是由《藝文類聚》開始實行。陳信利《藝文類聚研究》（輔仁大學圖書資訊學研究所碩士論文，民國91年6月），頁 35～42。

只輯錄歷代賢明的或正常的君主，對於歷來認爲是荒淫殘暴、禍國殃民和篡奪權位的統治者，如夏桀、商紂、秦始皇、王莽、隋煬帝等，一概不提。又如「人部」列有「聖」、「賢」、「忠」、「孝」、……等目，只以很小的篇幅安排「妒」、「淫」二目。可知其重勸善而輔之以誡惡的設計。所以傅榮賢云：

> 中國古代圖書分類學不以眞爲「旨」歸，它通過用心良苦的類目設定，求得一種「治心」和「教化」的審美效果。同樣，古代分類學通過對若干文獻的整序而形成的文化景觀，也帶給了人們一種與道德相聯繫的審美愉悦，這種美不再是形式美而是内涵美。美以善爲其内容，善以美爲其形式，二者高度統一。……而古代所謂的「善」是以儒家倫理觀念爲基本取向的。因此，作爲「明道之要」的古代分類學集中表現出了超越「甲乙簿錄」之上的倫理追求與倫理實現。這種倫理性，也事實上構成了古代分類學的「善」之所歸。〔註21〕

這種宣善誡惡，發揚化教化的功能，雖爲儒家所倡導，但是歷代君王政權，卻可從中獲得穩定的安定力量。故賀修銘云：

> 中國傳統文化是以「求善」爲目標的「倫理型」，由此產生了勸善懲惡，有害無害的價值判斷觀念。類書内容的取捨、取材範圍的擬定正是以「求善」爲座右銘的，……「求善」也就成爲類書内容取捨的標準和原則。而「求善」正式以維護統治階級利益爲出發點的。〔註22〕

對一部官修類書而言，當然無法避免這項任務。後世類書基本上也遵循著這樣的一種精神編輯材料。

二、《初學記》體例的創新

《唐新語》卷九：「玄宗謂張說曰：『兒子等欲學綴文，須檢事及看文體。《御覽》之輩，部帙既大，尋討稍難。卿與諸學士撰集要事並要文，以類相從，務取省便，令兒子等易見成就也。』說與徐堅、韋述等編此進上，詔以《初學記》爲名。」〔註23〕《南部新書》載：「開元十三年五月，集賢學士徐堅等纂經史文章之要，以類相從，上制曰《初學記》。」〔註24〕可見這部書是唐玄宗爲方便兒子學習而命張說、徐堅等編輯的類書。全書凡二十三部四百一十三個子目，每子目又分敘事、事對、

〔註21〕傅榮賢《中國古代圖書分類學研究》（臺北：學生書局，民國88年），頁185。
〔註22〕賀修銘〈興盛與歸宿——試論類書的政治文化背景〉（圖書館界（廣西）第三期，1988年），頁50。
〔註23〕見〔唐〕劉肅《唐新語》卷上（北京：中華書局，1984年），頁137。
〔註24〕〔宋〕錢易《南部新書》卷（臺北：藝文印書館，民國54年）

詩文三部分。

　　此書編輯目的爲皇子「欲學綴文，需檢事及看文體」所備。其體例之創新部分，在其敘事部分經過精心編排，把類事連綴起來，成爲一篇說明文章。這與以往類書不同。又其「事對」，專爲詩賦對仗所設，是將《編珠》的體例增補而入。至於詩文部分則類似《藝文類聚》。例如：

〈歲時部下・寒食〉

　　敘　事

　　　　《荆楚歲時記》曰：「去冬節一百五日，即有疾風甚雨，謂之寒食。」據曆，合在清明前二日，亦有去冬至一百六日。

禁火三日

　　　　《琴操》曰：「晉文公與介子綏俱亡，子綏割腕股以啖文公。文公復國，子綏獨無所得。子綏作龍蛇之歌而隱。文公求之不肯出，乃燔左右木。子綏抱木而死。文公哀之，令人五月五日不得舉火。」又，周舉移書及魏武〈明罰令〉、陸翽《鄴中記》並云：寒食斷火起於子推。《琴操》所云「子綏」，綏即推也。又云「五月五日」，與今有異，皆因流俗所傳。據《左傳》及《史記》並無介子推被焚之事，案《周書》：「司烜氏仲春以木鐸循火禁于國中。」注云：「爲季春將出火也。」今寒食准節氣是仲春之末，清明是三月之初，然則禁火蓋周之舊制。

造餳大麥粥

　　　　陸翽《鄴中記》曰：「寒日三日醴酪。又煮粳米及麥爲酪，擣杏仁煮作粥。」《玉燭寶典》曰：「今人悉爲大麥粥，研杏仁爲酪，引餳沃之。孫楚〈祭子推文〉云：「黍飯一盤，醴酪二盂」，是其事。

鬥雞鏤雞子鬥雞子

　　　　《玉燭寶典》曰：「此節，城市尤多鬥雞卵之戲。《左傳》有季郈鬥雞，其來遠矣。古之豪家食稱畫卵，今代猶染藍茜雜色，仍加雕鏤，遞相飼遺，或置盤俎。《管子》曰：『雕卵熟斷之，所以發積藏，散萬物。』張衡〈南都賦〉曰：『春卵、夏筍、秋韭、冬菁，便是補益滋味。』其鬥卵則莫知所出，董仲舒書云：『心如宿卵，爲體內藏，以據其剛，琴瑟鬥理也。』

打　毬

　　　　爲劉向《別錄》曰：「蹴鞠，黃帝所造，本兵勢也。或云起於戰國。案：鞠與毬同，古人蹋蹴以爲戲。」

鞦韆

《古人藝術圖》云：「鞦韆，北方山戎之戲，以習輕趫者。」

事　對

魏武令　周舉書

魏武帝〈明罰令〉曰：「聞太原、上黨、西河、鴈門，冬至後百有五日，皆絕火寒食，云爲介子推。北方沍寒之地，老少羸弱，將有不堪之患。令到，人不得寒食，若犯者，家長半歲刑，主吏百日刑，令長奪一月俸。」范曄《後漢書》曰：「周舉遷并州刺史，太原一郡舊俗，以介子推焚骸，有龍忌之禁。至其月，咸言神靈不樂舉火。舉移書於子推廟云：『春中寒食一月，老少不堪』，今則三日而已。」

一月寒食　三日斷火

周斐《汝南先賢傳》曰：「太原舊俗，以介子推焚骸，一月寒食，莫敢烟爨。陸翽《鄴中記》曰：「并州俗，冬至後百五日，爲介子推斷火，冷食三日，作乾粥，今之糗是也。」

詩

李崇嗣〈寒食詩〉

「普天皆滅焰，匝地盡藏烟。不知何處火，來就客心燃。」

宋之問〈途中寒食詩〉

「馬上逢寒食，途中屬暮春。可憐江浦望，不見洛陽人。」

沈佺期〈嶺表逢寒食詩〉

「嶺外逢寒食，春來不見餳。洛陽新甲子，何日是清明。」〔註25〕

若將類事部分本文連串，可以簡要說明清明時節的推算；此節日的重要活動，如禁火三日、造餳、打毬、鞦韆等，將類事連綴爲一篇說明文者，方便學童記憶，而注釋中就進一步引述資料原文解說，方便進階學習。注釋資料也非單純列舉，是將資料整理、考訂而成一篇說明文章。事對亦爲新增部分，很清楚是針對近體詩創作或四六駢文對仗需求而設。詩的部分，蒐集「寒食」主題的詩，與《藝文類聚》一樣，是爲例示。

《四庫全書總目》稱：「其所采摭皆隋以前古書，而去取謹嚴，多可應用，在唐人類書中，博不及《藝文類聚》，而精則勝之。若《北堂書鈔》及《六帖》，則出此

〔註25〕〔唐〕徐堅等《初學記》卷四（北京：中華書局，2004 年 2 月），頁 67～68。

書下遠矣。」可謂公允。

三、《韻海鏡源》體例的創新

　　漢字有別於西方的拼音文字，強調以形知意，給人以強烈的直觀刺激，這一特點對造成中國傳統思維重直覺、重整體，這種思維方式對類書類目的設置產生了一定的影響，可以說漢字對類書的分類編排造成了間接的影響。〔註26〕

　　我國聲韻學研究啓蒙於漢末，最早的韻書爲李登《聲類》，隨著研究成果的增進，聲韻學影響了文學的發展，促進了永明詩體。而隋‧陸法言《切韻》分韻爲一九三韻，象徵聲韻學的成熟。而這些聲韻學的發展，尤其是韻書的編纂，直接影響到類書體例新創。

　　唐釋皎然〈奉陪顏使君修韻海畢東溪泛舟餞諸文士〉詩云：

　　　　諸侯崇魯學，羔鴈日成群。外史刊新韻，中郎定古文。菁華兼百氏，
　　　　縑素備三墳。國語思開物，王言欲致君。研精業已就，歡宴惜應分。獨望
　　　　西山去，將身寄白雲。

詩中自注：「魯公著書，依切韻起東字腳，皆列古篆。」〔註27〕又《封氏聞見記》載：

　　　　天寶末，平原太守顏眞卿撰《韻海鏡源》二百卷。未畢，屬蕃寇憑陵，
　　　　拔身濟河，遺失五十餘卷。廣德中，爲湖州刺史，重加補葺，更于正經之
　　　　外，加入子、史、釋、道諸書，撰成三百六十卷。其書于陸法言《切韻》
　　　　外，增出一萬四千七百六十一字。先起說文爲篆字，次作今文、隸字，仍
　　　　具別體爲證，然後注以諸家字書。解釋既畢，徵九經兩字以上，取其句末
　　　　字編入本韻。爰及諸書，皆倣此。自有聲韻以來其撰述該備，未有如顏公
　　　　此書也。大歷二年入爲刑部尚書，詣銀臺門進上之，奉勅宣付秘閣，賜絹
　　　　五百疋。〔註28〕

再參《四庫全書總目》卷一百二十《封氏聞見記》提要：

　　　　又，顏眞卿《韻海鏡源》世無傳本，此書詳記其體例，知元‧陰時夫
　　　　《韻府群玉》實源於此，而周亮工《書影》稱：眞卿取句首字，不取句末
　　　　字者，其說爲杜撰欺人。併知《永樂大典》列篆隸諸體於字下，乃從此書

〔註26〕馬明波〈從類書的類例透視中國傳統文化的内涵〉（廣東圖書館學刊，1989 年 1 期），頁 23～28。

〔註27〕〔唐〕釋皎然《杼山集》卷五（《景印文淵閣四庫全書》第 1071 冊），頁 1071～815。

〔註28〕〔唐〕封演《封氏聞見記》卷二〈聲韻〉（臺北：廣文書局，民國 57 年 6 月），頁 22～23。

竊取其式，而諱所自來。

《四庫全書總目》卷一百三十六《駢字類編》提要：

> 唐以來，隸事之書，以韻爲綱者，自顏眞卿《韻海鏡源》而下，所採
> 諸書，皆齊句尾之一字，而不齊句首之一字。

可知顏眞卿曾著《韻海鏡源》一書，體例有別於傳統類書的依類分部，按類檢索。
而是依照陸法言《切韻》的模式，以韻爲綱。體例上有字書、韻書及類書之長。「先
起說文爲篆字，次作今文、隸字，仍具別體爲證，然後注以諸家字書。」這是字書
的特長，也爲學問之基礎。而「解釋既畢，徵九經兩字以上，取其句末字編入本韻。」
則結合韻書依韻分類，以韻檢索的設計。

以往的類書分類法，雖然在提供檢索文獻的捷徑，但或因類目較多，甲乙文獻
資料內容複雜，以致未必能精準掌握分類原則，往往撕裂資料以就分類要求。對運
用資料之完整期望，或許有未盡之功，力不從心之憾。《韻海鏡源》以韻爲綱的新體
例，改善了依類分類、檢索的不足。編者以爲可達「包荒萬彙，其廣如海。自末尋
源，照之如鏡」之效。〔註29〕雖未蔚爲大國，但是影響深遠，後世效法者有元‧陰
時夫《韻府群玉》、明‧解縉《永樂大典》、清‧《佩文韻府》等。

四、《事類賦》體例的創新

吳淑的《事類賦》共分天、歲時、地、寶貨、樂、服用、什物、飲食、禽、獸、
草木、果、鱗介、蟲，凡十四部，每部分若干子目，如天部即分天、日、月、星、
風、雲等十二個子目，全書共有一百個這樣的子目。這種分部和設子目的做法，與
以往類書相同。但吳淑〈進注事類賦狀〉云：

> 伏以類書之作，相沿頗多。蓋無綱條，率難記誦。今綜而成賦，則煥
> 焉可觀。然而所徵既繁，必資箋注。……今並於逐句之下，以事解釋，隨
> 所稱引，本於何書，庶令學者知其所自。〔註30〕

所以《事類賦》排除了以往類書在子目之下羅列相關資料的作法，而是運用相關資
料，爲每一子目作一篇賦，然後再列出有關資料原文。例如〈天部‧天〉：

太初之始，玄黃混并。

> 列子曰：「太易者，未見氣也。太初者，氣之始也。」陳思王植〈魏

〔註29〕〔唐〕令狐峘撰〈顏魯公墓誌銘〉載：「初在德州嘗著《韻海鏡源》遭難而止，至是
乃延集文士纂而成文。古今文字該於理者，撫華撮要，罔有不備，爲三百六十卷。
以其包荒萬彙，其廣如海。自末尋源，照之如鏡，遂以名之。」收錄於《顏魯公集》
卷十九（臺北：臺灣中華書局《四部備要》本），頁3～5。

〔註30〕吳淑〈進注事類賦狀〉。《事類賦》（《景印文淵閣四庫全書》第892冊），頁804。

德論〉曰：「在昔太初，玄黃混并。」

及一氣之肇，判生有形於無形。

　　潘岳〈西征賦〉曰：「化一氣而甄三才。」列子曰：「夫有形者，生於
無形。」

於是地居下而陰濁，

　　徐整〈三五曆〉曰：「陽清爲天，陰濁爲地。」

天在上而輕清。

　　《易乾鑿度》曰：「輕清者上爲天，重濁者下爲地。」

　　…………

以上粗體者爲正文，細體字者爲注。若將粗體字組合「太初之始，玄黃混并。及一
氣之肇，判生有形於無形。於是地居下而陰濁，天在上而輕清。……」其實就是一
篇以「天」爲題的賦作。而其下所注細體字則針對粗體字做解說，仔細觀察可以確
定，粗體字其實是從細體字資料抽繹而成。這種型態與唐代徐堅《初學記》類似，
所不同的是《初學記》將所隸之事合成一篇散文，方便記誦。而《事類賦》則是將
所蒐集之資料，匯集成一篇賦，除方便記誦之餘，還可兼收示範效果。〔註31〕本書
原無注，淳化間進呈以後，「太宗嘉其精贍，因命注釋之。」〔註32〕成就了目前形
式。賦、注互爲表裡，一體而成形，滿足了類書徵引原文的基本條件。這是類書體
例上的一種創新，雖然類書強調述而不作，但是像這種將所及資料彙集成文的著作，
是可視爲另一種述的型態，因爲其所述均爲中心主題的效果加強。

五、《冊府元龜》體例的創新

　　宋代三大官修類書中《太平廣記》、《太平御覽》〔註33〕這兩部類書篇帙雖大，

〔註31〕由於《事類賦》的子目一律都是天、地、日、月等一個字，故又稱《一字題賦》。

〔註32〕邊惇德〈事類賦序〉（《景印文淵閣四庫全書》第892冊），頁804。

〔註33〕宋太宗太平興國二年（977）三月同時下詔修撰《太平廣記》、《太平御覽》二書。參
　　與其事的有翰林學士李昉、扈蒙，左補闕知制誥李穆，太子少詹事湯悅，以及徐鉉、
　　張洎、李克勤、宋白、陳鄂、徐用賓、吳淑、舒雅、呂文仲、阮思道等十四人。專
　　收野史、傳記、小說的五百卷《太平廣記》，於次年八月修成。這部書共分神仙、報
　　應、知人、貢舉、雜傳記、雜錄等九十二類。這些類，有的直接列所收事目，如《神
　　仙》一，就直接列了老子、木公、廣成子、黃安、孟岐五條事目；有的則先列子目，
　　再列事目，如《婦人》二、三、四，就順次列有賢婦、才婦、美婦人、妒婦、妓女
　　等五個子目，每個子目下再列事目。每條事目都徵錄原文，並注明出處。共列所引
　　圖書經考實際徵引宋及宋之前的稗官小說凡四百七十五種。
　　《太平御覽》一千卷，太平興國八年（984）書成。從天、地、皇王到菜、香、藥、
　　百卉，共分五十四部，每部又分若干子目。如天部，即分有元氣、太易、太初、太

但是體例與前代類書《藝文類聚》等相差無多,故本章不予討論,而將重點放在《冊府元龜》。

《冊府元龜》是一部大型的專題性質的類書,與稍早成書之《太平廣記》相同。專題類書是宋代類書編纂的新發展,而本書每一部前加有「總序」,每一門前加有「小序」,這對類書體例的開創,又增一頁輝煌成就。

《冊府元龜》最初擬名為《歷代君臣事蹟》。宋真宗云:「朕編此書,蓋取著歷代君臣德美之事,為將來取法。」〔註34〕本書的命名,正是突出了「取法」,即龜鏡之意。據《玉海》記載:「景德二年(1005)九月丁卯,命資政殿學士王欽若、知制誥楊億修歷代君臣事蹟」。〔註35〕先後參加撰修的有錢惟演、刁衎、杜鎬、戚綸、李維、王希逸、陳彭年、姜嶼、陳越、宋貽序、陳從易、劉筠、查道、王曉、夏竦、孫奭等人,宋真宗亦親自參與其事。

本書內容廣泛,「粵自正統,至於閏位,君臣善蹟、邦家美政、禮樂沿革、法令寬猛、官師議論、多士名行,靡不具載,用存典刑」。〔註36〕全書一千卷,分帝王、閏位、僭偽、列國君、儲宮、宗室、外戚、宰輔、將帥、台省、邦計、憲官、諫諍、詞臣、國史、掌禮、學校、刑法、卿監、環衛、銓選、貢舉、奉使、內臣、牧守、令長、宮臣、幕府、陪臣、總錄、外臣等三十一部。每部之下又分小類,稱為「門」,全書共有一千一百二十七門。〔註37〕每部有總序,各門有小序。總序述本部諸事蹟的脈絡,即所謂「言其經制」;小序則是論本門的內容,即所謂「述其指歸」,〔註38〕相當於一篇內容述評或提要,具有提綱挈領的性質。

本書開篇即「帝王部」,系隸一百二十八門。其約一千五百字的總序,以五行相承為主軸,敘述歷史上各朝的更替情形,為一篇簡要的朝代更迭史。如:

> 昔雒出書九章,聖人則之,以為世大法。其初一曰五行;一曰水;二曰火;三曰木;四曰金;五曰土,帝王之起,必承其王氣。大古之世,鴻

始乃至四時、閏、歲、歲除等四十七個子目。據統計,《太平御覽》全書共有四千五百五十八個子目,每個子目之下,再按時間先後,順次徵引有關資料。共引書一千六百九十種,如果加上所引詩、賦,則是二千八百多種。

〔註34〕《四庫》館臣所作《冊府元龜考據》引《玉海》資料(《景印文淵閣四庫全書》第902冊),頁5。

〔註35〕《玉海》卷五十四《景德冊府元龜》條(《景印文淵閣四庫全書》第944冊),頁455。

〔註36〕真宗御製序。《四庫》館臣所作《冊府元龜考據》引《玉海》資料(《景印文淵閣四庫全書》第902冊),頁5。

〔註37〕真宗御製序及《玉海》皆稱一千一百零四門,明刊本稱一千一百一十六門,都不準確。

〔註38〕宋真宗御製序。《四庫》館臣所作《冊府元龜考據》引《玉海》資料(《景印文淵閣四庫全書》第902冊,臺北:臺灣商務,民國72年),頁5。

荒朴略不可得而詳焉。庖犧氏之王天下也，繼天之統爲百王先。實承木德，
以建大號，三墳所紀，允居其首。蓋五精之運，以相生爲德。木生火，火
生土，土生金，金生水，水生木，乘時迭王，以昭統緒。……神農氏以火
承木故爲炎帝。……晉承唐後，是爲金德。漢氏承晉，實當水行。周祖即
位之初，有司定爲木德。自伏羲氏以木王，終始之傳，循環五周。至於皇
朝，以炎靈受命赤精，應讖乘火德而王。混一區夏，宅土中而臨萬國，得
天統之正序矣。〔註39〕

嘗試以五行輪替之說，解釋歷代興亡現象，更重要的，強調五行終始之傳，到宋正
好五周，所以趙宋乃得炎帝火德正統，爲趙宋的承運而生，得天下之正序，做了一
番合理推衍，這十分符合官修類書的政治責任所需。

至於各門的小序，大都極爲簡明，如「帝王部」的「帝系門」小序云：

夫結繩之初，朴略茫昧，莫獲而詳。書契之後，辨姓授氏，可得而記。
太昊之前，譜牒蓋闕；帝鴻之後，世緒具存。司馬遷著之《史記》以存系
表，明乎受天命膺帝期者。蓋以祖宗實有茂德，所以後世承乎發祥。若乃
后稷播植，周室於是隆興。唐堯文思，漢緒緜其增盛。蓋瓜瓞之相屬，故
蘿圖而有融。魏晉以還，方冊可考，罔不緬藉先烈，誕啓丕圖。若乃累積
之懿，傳繼之盛。蓋緜德有厚薄，源有淺深，憑舊烈者蕃衍。無世資者衰
替。今並考舊史，披帝籙，詳究初終，率用論次，俾有條而不紊，庶百世
而可知矣。〔註40〕

「帝系門」主要是記載例代君王的傳承體系，由各代君王的祖先敘起，而簡述各個
君王的承傳情形，即「並考舊史，披帝籙，詳究初終」。小序十分清楚的將本門設立
的目的與內容闡明，並以「蓋以祖宗實有茂德，所以後世承乎發祥」爲主題，強調
積德固源之旨，是一篇簡短的說明文。

本書對資料的選擇與處理非常嚴謹，例如《玉海》記載：王欽若以爲《南、北
史》有「索虜」、「夷島」等稱號，建議修改爲其他稱謂。王旦則以爲「舊史文不可
改」。趙安仁同意王旦的意見，說：「杜預注《春秋》，以長歷推甲子多誤，亦不敢改，
但注云：『日月必有誤』」最後詔書規定：「改者注釋其下。」並且規定：「凡所錄，
以經籍爲先。」又，楊億以爲：群書之中，如《西京雜記》、《明皇雜錄》之類，都
非常繁碎，不能與經、史並行，因而不採錄這些書。最後，只確定選擇：「《國語》、

〔註39〕《冊府元龜》卷一〈帝王部〉總序（《景印文淵閣四庫全書》第 902 冊），頁 102～
108。
〔註40〕《冊府元龜》卷一〈帝王部〉（《景印文淵閣四庫全書》第 902 冊），頁 108～109。

《戰國策》、《管》、《孟》、《韓子》、《淮南子》、《晏子春秋》、《呂氏春秋》、《韓詩外傳》與經史俱編。」至於歷代類書，如《修文御覽》之類者，則「採摭銓擇」，即選擇性的採錄。〔註41〕即《四庫提要》所云：「惟取六經子史，不錄小說。於悖逆非禮之事，亦多所刊削，裁斷極爲精審。」這一點與傳統類書強調教化、美善是一致的，也完全符合其編撰目的「取著歷代君臣德美之事，爲將來取法」。至於洪邁《容齋隨筆》批評其：「遺棄既多，故亦不能賅備。」袁氏《楓窻小牘》亦謂：「開卷皆常目所見，無罕覯異聞，不爲藝林所重。」〔註42〕反倒是體現《冊府元龜》取材的嚴謹。惟其引文不注出處，影響其使用便利性。

　　繼《冊府元龜》之後，專科性的類書日益增多，爲類書編撰指出一條新的道路。而總序與小序的設計，在後世類書如《古今圖書集成》都有很好的承續運用。

六、《事物紀原》體例的創新

　　《事物紀原》，這也是一部獨闢蹊徑的類書。陳振孫《直齋書錄題解》說：

> 《事物紀原》二十卷，不著名氏。《中興書目》：十卷，開封高承撰，元豐中人。凡二百七十事。今此書多十卷且數百事，當是後人廣之耳。

可見此書到南宋時，已經人增廣，已非原書面貌，今日所見《事物紀原》，即後人增廣者，卷數依然保持爲十卷，以合原書之數。《玉海》卷五十五「元豐事物紀原」條

> 《書目》：十卷。元豐中，高承以劉存、馮鑑《事始》〔註43〕刪謬除複，增益名類，皆援摭經史，以推原初始。凡二百七十事。

　　本書共分「天地生植部」、「帝王后妃部」、「朝廷注措部」、「舟車帷幄部」、「什物器用部」、「歲時風俗部」、「草木花果部」、「蟲魚禽獸部」等五十五部，每部下設子目，全書共有一千七百六十六個子目。此與以往類書相同之處。但子目之下，所收資料均專爲探索事物原始者。五十五部名均以四字標出所追探之範圍，涉及範圍非常廣泛與龐雜。《郡齋讀書志》卷五上「事物紀原」條：

〔註41〕《玉海》卷五十四「冊府元龜」條載：王欽若以南、北《史》，有索虜、島夷之號，欲改去。王旦曰：「舊史文不可改。」趙安仁曰：「杜預註《春秋》，以長歷推甲子多誤，亦不敢改，但註云：『日月必有誤。』」乃詔：「欲改者，注釋其下。」凡所錄以經籍爲先。億又以群書中如《西京雜記》、《明皇雜錄》之類，皆繁碎不可與經史並行。今並不取，止以《國語》、《戰國策》、《管》、《孟》、《韓子》、《淮南子》、《晏子春秋》、《呂氏春秋》、《韓詩外傳》，與經史俱編；歷代類書《脩文殿御覽》之類，採摭銓擇。

〔註42〕《四庫全書總目》卷一百三十五〈冊府元龜提要〉。〔清〕永瑢等《四庫全書總目》（臺北：臺灣中華書局，民國84年），頁1145。

〔註43〕〔唐〕劉存、房德懋等，集經史諸書，以類分門爲《事始》三卷。後蜀‧馮鑑采群書，續《事始》五卷。

……自「天地生植」與夫禮樂、刑政、經籍、器用，下至博奕、嬉戲
之微，蟲魚、飛走之類，無不考其所自來……〔註44〕

試觀全書體例，如〈天地生植部·人〉：

《風俗通》曰：「俗說天地開闢，未有人民。女媧摶黃土爲人，劇務
力不暇供，乃引繩絚泥中，舉以爲人。故富貴者黃土人也，貧賤凡庸者絚
人也。」《淮南子》曰：「黃帝生陰陽，上駢生耳目，桑林生臂手，此女媧
所以七十化也。」許慎《注》云：「黃帝古天神，所造人時，化生陰陽。
上駢桑林皆神名。」又曰：「突生海人，海人生若菌，若菌生聖人，聖人
生庶人，凡庸者，生于庶人、突人之先，此人之始也。」〔註45〕

引用《風俗通》、《淮南子》、許慎《淮南子注》資料，陳述幾種人的來源之說，雖然
其間意見不同，雖然編者未作最後辨證定之於一，但是卻清楚的羅列相關人類起源
資料，以供讀者參考。又如：〈舟車帷幄部·寒食〉：

陸翽《鄴中記》曰：「並州之俗，以冬至後一百三日，爲介子推斷火，
冷食三日，作乾粥食之，中國以爲寒食。」《歲時記》曰：「去冬至一百五
日，即有疾風甚雨，謂之寒食。」〔註46〕

亦徵引兩種材料，試以說明寒食的起源。全書體例依此類推。

七、《記纂淵海》體例的創新

潘自牧《記纂淵海》一百九十五卷，共分論議、性行、識見、人倫、人道、人
情、人事、人己、物理、敘述、接物、問學、言語、政事、名譽、著述、生理、喪
紀、兵戎、釋、仙道、閫儀二十二部，每部下設子目，稱作「門」。在子目之下，又
按經、子、史、傳記、集、本朝的順序徵引有關資料。這些都與一般類書體例大致
相同。但是二十二部的設計，已經呈現其書所收偏於人事，《四庫全書總目》云：

是書分門隸事與諸家略同。惟一百卷中，敘天道者五卷；敘地理者二
十卷；敘人事者六十四卷；敘物類者僅十一卷，詳其大而略其細，與他類
書小異。

潘自牧《記纂淵海·序》云：

前輩類書其於記事提要者詳矣，而纂言鈎玄尚有未滿人意，遂使觀者
如循一轍之跡，若守一隅之指，拘繫牽連，往往凝滯於事實之內，而不能

〔註44〕〔宋〕晁公武著，孫猛校證《郡齋讀書志校證》中趙希弁著《附志卷上·類書類》
「事物紀原」條。（上海：上海古籍出版社，1990），頁1152。
〔註45〕《事物紀原》卷一（北京：中華書局，1985年），頁4。
〔註46〕《事物紀原》卷八（北京：中華書局，1985年），頁304～305。

推移變化於言意之表，此《記纂》之作非得已而不已者歟。〔註47〕
他同意以往類書在資料收集的成績，但是對資料編排的設計有所不滿，即所謂「遂使觀者如循一轍之跡，若守一隅之指」，造成讀者運用時，「拘系牽連」，無法推移變化而將資料融會貫通，收舉一反三之效。所以本書體例最大的突破，在於本書所收資料不在於解釋子目，而是要求列舉的所有資料，都概括於子目定義之中，讀者可從資料排比而汲取所需，觸類旁通。

　　例如卷五十〈性行部・持重〉：經類引用《易・頤》：「虎視眈眈。」；《書・畢命傅言畢公見命之書》：「正色率下。」；《禮記・緇衣》：「其容不改，出言有章。」；《禮記・曲禮上》：「坐如尸，立如齊。」；《禮記・表記》：「君子不失足於人；不失色於人；不失口於人。是故貌足畏也；色足憚也；言足信也。」；《禮記・玉藻》：「君子之容舒遲；足容重；手容恭；目容端；口容止；聲容靜；頭容直；氣容肅；立容德；色容莊。」；《禮記・王藻》：「山立，時行，揚休玉色。」；《禮記・少儀》：「不旁狎。」；《論語・憲問》：「夫子時然後言，人不厭其言。樂然後笑，人不厭其笑。」；《論語・子張》：「君子正其衣冠，尊其瞻視，儼然。人望而畏之。」集類引用《唐文粹》卷五十七，韓愈〈唐司徒兼侍中中書令許國公贈太尉韓公神道碑銘并序〉：「與人有畛域，不爲戲狎。」本朝引用《夢溪筆談》：「包孝肅未嘗有笑容，人謂：包希仁笑，比黃河清。」〔註48〕以上所有資料，都足以說明「持重」的表現，讀者可以從中會通變化。

　　《四庫全書總目》云：「其中性行、議論諸部子目未免瑣碎，然亦不失爲賅備也。」〔註49〕檢視其四十二卷「性行部」之一，子目有：全德、小有才、小器、不才、天姿自然、出類、天資素惡、節操、英烈、偉傑、失節、才美、功業附報功、闒茸附凡下、聰明、精力附精明、愚暗、敏捷、遲鈍、穎悟、癡騃附童幼、包容、不脩舊怨、以德報怨、褊隘、躁急、忍耐等二十八項，性行部共計有九卷，子目數約有兩百五十多種。細碎而賅備的子目之間，作者期讀者能收比對、會聚之效，可謂用心良苦。

〔註47〕〔宋〕潘自牧編《記纂淵海・序》（北京：中華書局，1988年），頁2。
〔註48〕〔宋〕沈括《夢溪筆談》卷二十二〈謬誤〉：「……孝肅天性峭嚴，未嘗有笑容。人謂：包希仁笑，比黃河清。」與引文稍有差異。依據胡道靜校注《新校正夢溪筆談》（香港：中華書局，1987年4月重印），頁224。又，本例中缺子、史、傳記資料，多數篇章會在類名邊上加小字「闕」，特別註明。一般資料下方簡要註明出處，限於書名。
〔註49〕《四庫全書總目・記纂淵海提要》（《景印文淵閣四庫全書》第930冊，臺北：臺灣商務，民國72年），頁1。

八、《玉海》體例的創新

王應麟《玉海》二百零四卷。全書共分天文、律曆、地理、帝學、聖文、藝文、詔令、禮儀、車服、器用、郊祀、音樂、學校、選舉、官制、兵制、朝貢、宮室、食貨、兵捷、祥瑞、辭學指南二十二部。部下分子目，全書共有二百六十六個子目，子目之中又有分為細目者。大致與一般類書無異。《四庫全書總目》對其有精闢的分析評價：

> 宋自紹聖置宏詞科，大觀改詞學廉茂科，至紹興，而定為博學宏詞之名，重立格式，於是南宋一代通儒碩學多由是出，最號得人。而應麟尤為博洽，其作此書，即為詞科應用而設，故臚列條目，率巨典鴻章，其采錄故實，亦皆吉祥善事，與他類書體例迥殊。然所引自經、史、子、集、百家傳記無不賅具，而宋一代掌故，率本諸實錄、國史、日曆，尤多後來史志所未詳。其貫串奧博，唐宋諸大類書未有能過之者。

可以了解《玉海》乃為科舉應用之目的而編撰。如何成就一部「與他類書體例迥殊」的類書，其體例上有以下幾點特色：

（一）本書部類之設立，講求實用

《玉海》部類範圍偏重於天文、地理和典章制度及祥瑞，與其他類書唯博是務的方向不同。編者有兩重寓意。一則為所設部類為科考所需；一則為應考學子一旦登科任職，所設部類之內容，正足以為其服務國家社會所需。王應麟嘗云：

> 今之事舉子業者，沽名譽，得則一切委棄，制度典故漫不省，非國家所望於通儒。〔註50〕

因此，本書強調「制度典故」，尤其特重本朝的典章制度與故實。又如，考量「詔、誥、章、表、箴、銘、賦、頌、赦、敕、檄、書、露布、誡、諭其文，皆朝廷官守日用而不可闕。」〔註51〕故其〈辭學指南〉四卷，即有編題、作文法、誦書、編文、制、誥、詔、表、檄、露布、箴、銘、記、贊、頌、序、試、卷式、題名、宏詞所業等二十個子目，均為講述各類文章的作法，類似今日應用文教學內容，這些都是擔任行政工作者，「日用而不可闕」者。

（二）強調「貫串奧博」之功

類書如果只是將資料累砌，未若將之編整貫串，除見弘博之外，還能收深奧入裡

〔註50〕《宋史》卷四三八〈儒林‧王應麟傳〉（臺北：鼎文書局，民國 76 年），頁 12987～12988。

〔註51〕〔元〕馬端臨《文獻通考》卷三十三〈選舉‧賢良方正〉（北京：中華書局，1999 年 6 月），頁 315。

之效。《玉海》每一個子目，其實都是一份發展史。例如：卷十一〈律歷・漏刻〉下設立「黃帝漏刻」、「堯刻漏」、「周挈壺氏漏箭」、「漢太初漏刻」、「漢漏品、漏刻四十八箭、夏曆漏、東漢晷漏、漏法令甲」、「晉漏刻（賦、銘）」、「梁漏刻銘、漏經」、「隋漏刻、漏經、欹器漏水、宋元嘉漏刻又見上」、「唐太極殿漏刻、鐘鼓樓」、「唐漏刻、武德漏刻、大唐漏刻經」、「唐開元漏刻」、「景德漏院雞唱詞」、「天聖蓮花漏、景祐水秤」、「皇祐漏刻、文德殿漏刻」、「熙寧迎陽門觀浮漏、熙寧晷漏書、元豐浮漏又見前」、「元祐漏刻」、「紹興刻漏、刻漏圖」十七個條目。從黃帝漏刻一路串數到宋代漏刻，其間除一一介紹鏤刻制度的演變，相關重要賦銘等也隨錄參考，十分詳備。

又如，《玉海》的〈藝文部〉共二十八卷，四十四個子目，每個子目都有小序，對這一子目作一概括性說明。以卷三十八「詩」為例。

> 《書》曰：「詩言志，歌詠言。」哀樂之心感，而歌詠之聲發。誦其言謂之詩，詠其聲謂之歌。故古有采詩之官，王者所以觀風俗，知得失，自考正也。孔子純取周詩，上采殷，下取魯，凡三百五篇。遭秦而全者，以其諷誦，不獨在竹帛故也。漢興，魯申公為詩訓，故而齊轅固、燕韓嬰皆為之傳。或取《春秋》，采雜說，咸非其本義與！不得已皆列於學官。漢初又有趙人毛萇善詩，自云子夏所傳，作詁訓傳，是為毛詩。古學而未得立。後漢，有九江謝曼卿善毛詩，又為之訓。東海衛宏受學於曼卿，鄭眾、賈逵、馬融並作毛詩傳，鄭玄作箋。齊詩魏代已亡，魯詩亡於西晉，韓詩雖存，無傳之者，惟《毛詩》、《鄭箋》至今獨立。

簡明地介紹了《詩》學的歷程，對這個子目可以有基礎的了解。

又例如本書〈藝文部〉著錄圖書方式特殊，亦強調「貫串奧博」之功。一般書目或藝文志著錄圖書，皆以一部書為單位，著錄作者、書名、卷數，或作提要，或有考辨。但本書〈藝文部〉著錄圖書卻是以一個主題著眼。

如「漢史記」條目，作者先引《漢書・司馬遷傳》，說明《史記》撰述經過，續引《漢書・藝文志》「春秋家太史公百三十篇十篇有錄無書」；漢・馮商所續《太史公七篇》；《隋志》：「漢《史記》百三十卷，目錄一卷。」再引《唐志》，著錄了裴駰《集解》八十卷，司馬貞《索隱》三十卷，張守節《正義》三十卷，竇群《史記名臣疏》三十四卷，王元感、徐堅、李鎮、陳伯宣注韓琬《續史記》一百三十卷，葛洪《史記鈔》十四卷。再引裴駰《集解・序》；司馬貞《索隱・序》……最後引劉知幾《史通》，評褚先生所補《史記》諸篇。本書設立標目，將某一主題之相關文獻貫串組合，給讀者一個完整的學習概念，有利於為學，亦有利於科考之用。果然「其貫串奧博，唐宋諸大類書未有能過之者。」宋私修類書中，影響最大的應屬《玉海》。

九、《永樂大典》體例的創新

明成祖在永樂元年（1403）七月，諭侍讀學士解縉等云：

> 天下古今事物散載諸書，篇帙浩穰，不易檢閱。朕欲悉采各書所載事
> 物類聚之，而統之以韻，庶幾考索之便，如探囊取物爾。嘗觀《韻府》、《回
> 溪》二書，事雖有統，而采摘不廣，記載太略。爾等其如朕意，凡書契以
> 來經史子及百家之書，至於天文、地志、陰陽、醫卜、僧道、技藝之言，
> 備輯爲一書，毋厭浩繁。〔註52〕

這一段指示中，包含了兩大任務：一是「欲悉采各書所載事物類聚之，而統之以韻，
庶幾考索之便，如探囊取物爾。」決定了以韻系事的基本原則，並以元・陰實夫所
編《韻府群玉》，與宋・錢諷的《回溪史韻》爲例，強調這樣的形式，可以達到事能
有統，考索方便的功能。第二任務爲蒐羅「書契以來經史子集百家之書，至於天文、
地志、陰陽、醫卜、僧道、技藝之言，備輯爲一書，毋厭浩繁。」《韻府群玉》是一
部按韻編排類書。其體例爲在每一個字之下，廣收與這個字同韻的詞藻或故典，並
列出這些原出處與名句。《回溪史韻》則按《唐韻》分四聲，形式與《韻府群玉》相
似，以十七史爲範圍。明成祖以爲此二書以韻檢索方便，因而決定參照這兩書的體
例，「用韻以統字，用字以系事」。另廣集天下文翰，成就「包括宇宙之廣大，統會
古今之異同，巨細精粗，粲然明備，其餘雜家之言，亦得以附見」的巨著。〔註53〕

解縉等依成祖的旨意修撰，於永樂六年（1408）完成。全書正文兩萬兩千八百
七十七卷，凡例和目錄六十卷，裝成一萬一千零九十五冊，字數共三億七千萬左右。
參與編校、抄寫等工作的儒臣、文士共兩千多人。收入這部大類書內的典籍，共有
七、八千種，經、史、子、集各類著作，無所不包，內容極爲豐富。可稱「囊括百
家，統馭萬類，卷帙之富，爲歷代官書所未有」，是我國歷史上最大的類書。

（一）「用韻以統字，用字以系事」的體例

《永樂大典》的以《洪武正韻》爲綱，這是其體例上最大的特色。《洪武正韻》
爲撰於明太祖洪武八年（1375）之韻書，全書共分七十六部，其中平、上、去三聲
各二十二部，入聲十部。〔註54〕由於平、上、去三聲的讀音只是調轉，故可歸納爲

〔註52〕《明太宗實錄》卷二一永樂元年秋七月丙子條（臺北：中研院史語所，民國55年9
月），頁393。另，黃佐《翰林記》卷十三，亦有記載（《叢書集成初編》，北京：中
華書局，1985年），頁162～164。

〔註53〕以上引文見《永樂大典・明成皇帝御製永樂大典序》（臺北：世界書局，民國51年
2月），頁1～2。

〔註54〕《洪武正韻》平、上、去三聲對照表：

二十二項，加上入聲十部，韻目並不複雜而容易記憶。《永樂大典》據之，用韻以統字，依字以系事，各韻分列單字，先注音讀，再錄字書、韻書的解釋，再列該字的篆、隸、楷、草等古今字體。亦用顏眞卿《韻海鏡源》之例。凡天文、地理、人倫、國統、道德，政治、制度、名物，以至奇聞異見，廋詞逸事，皆隨字收載。如天文志皆載入天字下，地理志皆載入地字下；若日月、星雨、風雲、霜露，及山海、江河等類，則各隨字收載；名物制度載在經史諸書者，亦隨類附見。他如歷代國號、官制、禮樂、詩書，及一名一物，俱各隨字備載，而詳歸各韻。事實上，《永樂大典》中每一個單字，就是一個大的類目，下面系領著與這一單字有關的子目，如人事、名物、詩文等，再分別收入古今書籍中的相關資料。這與一般類書「隨類相從」的精神仍是相同的。

明成祖序云：「因韻以求字，因字以考事，自源祖流，如射中鵠，開卷而無所隱。」《永樂大典》按韻排列，將顏眞卿等人的原創發揚光大，改變了一般類書傳統，展現一種更便於檢索的新方法。本應獲得世人讚揚，但因其急於成書而導致原有規劃之〈凡例〉，多不能完全實踐，反遭負面批評。《四庫全書總目》云：

> 惟其書割裂龐襍，漫無條理。或以一字一句分韻；或析取一篇以篇名分韻；或全錄一書以書名分韻；與卷首凡例多不相應，殊乖編纂之體。疑其始亦如《韻府》之體，但每條備具始末，比《韻府》加詳。今每韻前所載事韻，其初稿也。繼以急於成書，遂不暇逐條採掇，而分隸以篇名。既而求竣益迫，更不暇逐篇分析，而分隸以書名。故參差無緒，至於如此。〔註55〕

所以沈德符云：「其書冗濫可厭，殊不足觀」〔註56〕，梁啓超亦評：

> 《永樂大典》者，古今最拙劣之類書也。其書以洪武韻目按字分編，每一字下往往將古書中凡用該字作書名之頭一字全部錄入，而各書之一部

序	1	2	3	4	5	6	7	8	9	10	11	12	13	14	15	16	17	18	19	20	21	22
平	東	支	齊	魚	模	皆	灰	眞	寒	刪	光	蕭	爻	歌	麻	遮	陽	庚	尤	侵	覃	鹽
上	董	紙	薺	語	姥	解	賄	軫	旱	産	銑	筱	巧	哿	馬	者	養	梗	有	寢	感	琰
去	送	置	霽	御	暮	泰	隊	震	翰	諫	霰	嘯	效	個	禡	蔗	漾	敬	漾	沁	勘	艷

另有入聲：屋、盾、曷、轄、屑、藥、陌、緝、合、葉十部。

〔註55〕《四庫全書總目》卷一三七，類書存目「永樂大典」條（北京：中華書局，1965 年），頁 1165。

〔註56〕沈德符《萬歷野獲編・補遺》卷一（《續修四庫全書》第 1174 冊，上海：上海古籍出版社，2004 年），頁 700。

分亦常分隸人名、地名等各字之下，其體例固極蕪雜可笑，……〔註57〕

《永樂大典》因成書倉卒，而未竟全功，被稱為「古今最拙劣之類書」，應是極大的遺憾。

（二）取材方式整體化，提高文獻價值

《永樂大典》收集資料宏富，其《凡例》開篇即說：「是書之作，上自古初，下及近代，經史子集，與凡道釋、醫卜、雜家之書，靡不收采。……凡天文、地理、人倫、國統、道德、政治、制度、名物，以至奇文異見，廋詞逸事，悉皆隨字收載。」〔註58〕明成祖稱《永樂大典》：「包括宇宙之大，統會古今之異同，巨細精粗，粲然明備……」姚廣孝等在進〈永樂大典表〉時，也稱「博采四方之籍」、「廣紬中秘之儲」的《永樂大典》，「上自古初，暨於昭代，考索纍朝之逸典，蒐羅百氏之遺言。名山所藏，金匱所紀，人間所未賭，海外之所罕聞，莫不具其實而陳其辭，參于萬而會於一。」〔註59〕

除了明成祖的競古之心外，中國古典文化到明代，已進入高度成熟階段，文化氛圍中，隱含著匯粹古典文化思想，整理歷史典籍趨勢。解縉曾上書朱元璋云：

> 臣聞令數改則民疑，刑太繁則民玩。國初至今將二十載，無幾時不變之法，無一日無過之人。嘗聞陛下震怒，鋤根剪蔓，誅其姦逆矣。未聞褒一大善，賞延於世，復及其鄉，終始如一者也。臣見陛下好觀《說苑》、《韻府》雜書，與所謂《道德經》、《心經》者，臣竊謂甚非所宜也。《說苑》出於劉向，多戰國縱橫之論。《韻府》出於陰氏，抄輯穢蕪，略無可采。陛下若喜其便於檢閱，則願集一二志士儒英，臣請得執筆隨其後，上沂唐虞、夏商、周孔，下及關、閩、濂、洛，根實精明，隨事類別，勒成一經，上接經史，豈非太平制作之一端歟？〔註60〕

在表面固然是開國之初，建議君王編修類書以顯太平之治。但是「上沂唐虞、夏商、周孔，下及關、閩、濂、洛，」這可是一貫串古今的企圖，若非明代處於文化成熟之際，又怎能有此構思。也許沒有「靖難」，《永樂大典》亦須編修，因為《永樂大典》這樣的大型類書的修纂是一種文化趨勢。《永樂大典》的編纂，揭開了這明清兩代匯輯群籍浩大工程的序幕。

面對超前的龐大的資料彙集，《永樂大典》的編修者，先行立下許多基本規範。

〔註57〕梁啓超《中國近三百年來學術史》（臺北：里仁書局，民國89年），頁262。
〔註58〕《永樂大典》（臺北：世界書局，民國51年2月），頁1～2。
〔註59〕同前註。
〔註60〕《明史》卷一四七〈解縉傳〉（臺北：鼎文書局，民國64年6月），頁4115～4116。

其具體做法如〈凡例〉第一云：

> 事有制度者，則先制度（如朝覲、郊社、宗廟、冠婚之類）；物有名
> 品者，則先名品（如龍、鳳、龜、麟、松、竹、芝、蘭之類）；其有一字
> 而該數事，則即事而舉其綱（如律字內有律呂、法律、戒律；陽字內有陰
> 陽、重陽、端陽之類）；一物則有數名，〔註61〕則因名而著其實（如黃鶯、
> 鶬鶊、竹筠、簄籫之類）；或事文交錯，則彼此互見（如宰相、平章參知
> 政事、太守、刺史、知府之類）；或制度相同，則始末具舉（如冠服、職
> 官歷舉漢、唐、宋沿革制度之類）。〔註62〕

其《凡例》又稱本書「包括乾坤，貫通古今，本末精粗，燦然備列。」可見《永樂
大典》取材之廣。引文時，完全據原著一字不易的鈔入，不做省改，即所謂「直取
原文，未嘗擅改片語。」同時，注意資料完整性，多是整段、整篇，甚至整部書鈔
入。引用書名及圈點用朱色，檢查醒目。對名物器什、山川地形，皆繪有精緻的插
圖。抄寫全用工楷，極為端正，提高了這部書的資料價值，成了我國古代文獻的集
大成之作。許多古籍，特別是宋、元以前佚書、珍本因此得以完整保存。正如《四
庫全書總目》所稱：「元以前佚文秘典，世所不傳者，轉賴其全部全篇收入，得以排
纂校訂，復見於世。」以上種種，正可見《永樂大典》在資料輯錄與編排上所做的
努力，突破了以往類書相關的缺失，提升了其整體價值。

十、《三才圖會》的體例新創

王圻與王思義父子所編《三才圖會》，為我國類書一個新的嘗試，圖文並行的編
輯手法，實踐了左圖右書的理想。全書分天文、地理、人物、時令、宮室、器用、
身體、衣服、人事、儀制、珍寶、文史、鳥獸、草木十四門，堪稱一部包羅萬象的
百科圖譜。王圻《三才圖會·引》云：

> 嘗讀韓琴臺書有云：圖畫所以成造化、助人倫、窮萬變、測幽微。蓋
> 甚哉！圖之不可以已也。自蟲魚鳥獸之篆興，而圖幾絀；暨經生學士爭衡
> 於射策、帖括之間，而圖大絀。嗟乎，鑄鼎象物，尚知神姦，況圖固洩天
> 地之秘者哉！〔註63〕

可知蓋因感慨圖學之功甚鉅，卻因後世重文廢圖，所以逐漸沒落。以為書畫本同源
而難分，應相互支援運作，方相得益彰。所以王圻有心繼揚絕學，著手編製《三才

〔註61〕 崔文印原注：「一物有數名，『有』、前原衍一『則』字，句上下文例刪。」參見其〈永
　　　　 樂大典概說〉一文（史學史研究，第3期，1995年），頁72～79頁。
〔註62〕 《永樂大典》（臺北：世界書局，民國51年2月），頁1～2。
〔註63〕 見《三才圖會》（臺北：成文書局，民國59年），頁15～16。

圖會》。

鄭樵《通志・圖譜略・索像》云：

> 見書不見圖，聞其聲不見其形；見圖不見書，見其人不聞其語。圖，
> 至約也；書，至博也。即圖而求易，即書而求難。古之學者爲學有要：置
> 圖於左，置書於右；索像於圖，索理於書。故人亦易爲學，學亦易爲功。
> 舉而措之，如執左契。後之學者，離圖即書，尚辭務説，故人亦難爲學，
> 學亦難爲功。雖平日胸中有千章萬卷，及置之行事之間，則茫茫然不知所
> 問，秦人雖棄儒學，亦未嘗棄圖書。誠以爲國之具，不可一日無也。……
> 若欲成天下之事業，未有無圖譜而可行於是世者。〔註64〕

說明圖、文的特性差異，對學者學習而言各有助益，應相輔相成爲是。如此則易於
爲學，便於有功。但若棄圖偏文，則行事茫然。所以「若欲成天下之事業，未有無
圖譜而可行於是世者」。圖學的不振，造成「測微窮變」的困擾。《三才圖會》的編
撰，對類書體例有嶄新的啓發。

王圻〈引〉文，強調：

> 是編也，圖繪以勒之于先，論説以綴之于後，圖與書相爲印證。陳之
> 棐几，如管中窺豹，雖略見一斑，於學士不無小補矣。若曰揮纖毫而萬類
> 由心，展方寸而千里在掌，於殆未敢以爲然。

這是本書的體例說明與預期成效。全書先以圖像呈現主題，再加以文字論述，期望
藉由圖像與文字相互印證，對學者學習能有助益，即便只如「管中窺豹，雖略見一
斑」，但仍是「不無小補」。

由本書書名可知，是由《易》的天人合一、物我一體的的哲學思想而來。《周易・
繫辭下》云：「《易》之爲書也，廣大悉備：有天道焉；有人道焉；有地道焉，兼三
才而兩之，故六。六者非它也，三才之道也」。以「三才」作爲架構，並非特色，「圖
會」才是本書特色。在此之前有圖的書籍並不少見，我國最早有圖像的插圖本書籍，
可上溯到《漢書・藝文志》記載的《孔子徒人圖法》二卷，即孔子七十二弟子畫像。
魏晉時期隨著紙張的普及與運用，插圖本大量出現。王儉《七志》專設〈圖譜志〉，
阮孝緒《七錄》或《隋書》雖無圖譜專志，但蒐集有大量插圖書籍，如《孝經古秘
圖》等。唐代雕版印刷發明後，起初是在佛經中出現插圖，到了宋代已經逐漸普及
到各類書籍。某些書籍插圖數量十分驚人，如宋・吳羣飛、黃松年等編《六經圖》
插圖已有三〇六幅。再如蘇頌《本草圖經》〔註65〕等醫書，更喜歡運用大量插圖輔

〔註64〕鄭樵《通志・圖書略・索象》（臺灣：里仁書局，民國71年8月臺一版），頁729。
〔註65〕可參見蘇頌編撰，尚志均輯校《本草經圖》（合肥：安徽科學技術出版社，1994年）。

佐。元代平話小說中的插圖最爲有名。「明代是雕版印刷的黃金時代，插圖書籍臻於極盛。據統，計現存歷代插圖古籍約四千種，明代書籍就佔一半。」〔註66〕鄭振鐸以爲：「萬曆時代乃是中國版畫史的黃金時代在那四十八年間，不僅保存的插圖本特別多，而且門類繁雜，包羅萬象……。」〔註67〕這應該也是《三才圖會》編刻的基本條件之一。但明代之前的類書僅宋‧陳元靚《事林廣記》〔註68〕中部分門類附有插圖。同時的章潢《圖書編》，〔註69〕雖亦收圖像，但文字說解較多，文圖比例差異極大，在編纂意旨上與《三才圖會》不同。〔註70〕所以《三才圖會》可稱爲中國圖書史上第一部以圖像爲主體的類書。

王圻《三才圖會‧引》說：「是編也，圖繪以勒之于先，論說以綴之于後，圖與書相爲印證。」說明本書基本體例爲先圖後文。細查全書，因圖文安排方式不同，呈現爲下列幾種體例規則：一、基本上，全書每一圖皆有文字敘說，有「先圖後文」者，如：〈天文門〉卷四「月蝕圖」；有「上圖下文」者，如：天文門卷三「日月周天圖」；有「數圖一文」者，如：〈器用門〉卷九「蠱簇圖」者或〈人事門〉「羽族圖」；有圖文並列者，如〈天文門〉卷四「日月風雲氣色圖」。

二、有一個描繪對象，而有兩個以上圖像者。如〈人物門〉卷四的「先聖像」、卷十「觀音圖」；〈宮室門〉卷一的「堂」、「臺」。三、有以組圖方式呈現者。如前述〈天文門〉卷四「日月風雲氣色圖」等。四、〈人物門〉圖分「世系圖」或「宗派傳授圖」與「圖像」兩類。也有無圖而有文字記載者。體例是先繪世系圖，後有人物圖像、再加文字敘說，如下頁附圖一、二。

圖文形式迥異，文字敘述是概括性的，而圖譜是直觀形象化的，二者之間相互照應發揮，在《三才圖會》中的到驗證。王圻在天人合一、物我一體的的哲學思想下，架構天地人三才的體系，以圖文並行的方式，編輯《三才圖會》。在思想本質上未有突破，但運用圖像傳達言語之所難傳之意，在體例上卻有新創。後世《古今圖書集成》亦收有大量圖譜，或許受《三才圖會》影響，至少曾以《三才圖會》爲參

〔註66〕曹之《中國古籍編撰史》（武漢：武漢大學出版社，1999年11月第一版二刷），頁2599。

〔註67〕鄭振鐸〈中國版畫叢刊總序〉（上海：上海古籍出版社，1988年8月一版），頁1。

〔註68〕參見〔宋〕陳元靚《事林廣記》（北京：中華書局，1999年版）如文藝類「玩雙陸圖」、「圓社摸場圖」。

〔註69〕參見〔明〕章潢《圖書編》（臺北：成文書局，民國60年版）

〔註70〕鄧嗣禹《燕京大學圖書館目錄初稿》「圖書編」條云：「察其體例，略似唐氏《帝王經世圖譜》，丘氏《大學衍義補》，據爲鑽研之心得，本一貫之旨，冀成一家之言，可入儒家類者也。」《四庫全書》編輯時，因其包羅甚廣而歸之類書，未必作者之意。見該書頁23。（臺北：古亭書屋，民國59年）

考依據，並引用或化用《三才圖會》的圖譜。

十一、《古今圖書集成》體例的新創

清代是中國兩千多年學術文化遺產大集結、大整理的時代，類書編撰也在此時進入了最後總結階段，其顯著的成果是編成了規模宏大的《古今圖書集成》。此書的主要編撰人為陳夢雷，續修為蔣廷錫等。全書約一億六千萬字，僅次於《永樂大典》，是現存最大的類書。

全書分六彙編：曆象彙編、方輿彙編、明倫彙編、博物彙編、理學彙編、經濟彙編。六彙編下各分若干典，共三十二典。典下又分部，共六千一百零九部。每部分匯考、總論、圖、表、列傳、藝文、選句、紀事、雜錄、外編等。雍正四年到六年曾排成銅活字本，共印六十四部。正文一萬卷，目錄四十卷，裝成五千零二十冊、五百二十三函。《古今圖書集成》以卷帙浩大、內容廣博、用途宏富而著稱於世。《集成》的出現標誌著我國古代類書的編纂達到了最高峰。它「上下古今，類列部分，有綱有紀，勒成一書。」〔註71〕是古代類書的集大成者。

張滌華云：「蓋類書之興，本以供檢索之用；分類愈精，則檢索愈便，效用亦愈大。」〔註72〕為了匯集豐富的材料，提供讀者翻檢之便利，就必須仔細考量：如何詳細分門別類？如何作得體之編排？編纂體例豈能不費心。胡道靜亦云：類書「有一個相同的規律，即是版次愈是新，包羅的知識和材料也愈是廣博和近於實際，『故不逮新』是一定之理。」〔註73〕《集成》成書較晚，其包羅的知識和材料，為前代類書所不可企及，因而類書體例的設置，必然要適應新的需要而調整。

傳統與新創結合成《古今圖書集成》周詳嚴謹的體例，加上編者能嚴格執行貫徹，才能創造優良品質。謹就《古今圖書集成》在體例上之重要設計說明如下。

《古今圖書集成》的基本分類體系，仍繼承傳統的精神。其〈凡例〉明載：

> 法象莫大乎天地，故匯編首曆象而繼方輿，乾坤定而成位，其間者人也，故明倫次之；三才既立，庶類繁生，故次博物；裁成參贊，則聖功王道以出，次理學、經濟，而是書備焉。

雍正所頒〈御製序〉亦云：

> 朕覽大凡，列為六編，析為三十二典，其部六千有餘，其卷一萬。始之以曆象，觀天文也；次之以方輿，察地理也；次之以明倫，立人極也；

〔註71〕陳夢雷《松鶴山房文集》卷二〈進匯編啓〉（《續修四庫全書》第1416冊，上海：上海古籍出版社，2002年），頁38。
〔註72〕張滌華《類書流別》（修訂版），頁23。
〔註73〕胡道靜〈《古今圖書集成》的情況，特點及其作用〉（圖書館，1962年1期），頁31。

又次之以博物、理學、經濟，則格物致知，誠意正心，治國平天下之道，
咸具於是矣。故是之成。貫三才之道而靡所不該，通萬方之略，而靡所不
究也。海函地負，集經史諸子百家之大成。前乎此者，有所未備，後有作
者又何加焉。〔註74〕

可知《集成》承襲的仍是儒家正統思想體系和知識體系。

《古今圖書集成》分類體系的新創則有：

（一）創制了三級分類體系結構

以往的類書大多採用二級分類體系結構，而《集成》新創三級分類體系結構。
其先匯編，次列典，再分部。以匯編爲總綱，即爲「天地人事物」概念的演化；典
爲中介，相當以往類書的部；部則爲基礎單位，分類相當細密。如與《藝文類聚》、
《太平御覽》相比，《藝文類聚》分四十二部，七百二十七類；《太平御覽》分五十
五部，四千五百五十八類；而《古今圖書集成》分六匯編，三十二典，六千一百零
九類。尤其是第三級最基礎的類目明顯的增加，與《藝文類聚》相較，多出五千三
百八十二類；與《太平御覽》相較，仍多一千五百五十一類。雖然《古今圖書集成》
分級增多，類目劇增，係因其輯錄內容廣博所致，但亦可視爲本書適應新的需求，
所發展出的應變方法。大小類目層次清晰、隸屬分明，使本書的分類體系結構更臻
完善。

（二）創設「複分項」

所謂「複分項」，〔註75〕即本書在第三級分級下，增設匯考等十個項目，可視
爲是「部」這級類目下的複分項目。因爲：其一、它們是以同一事物內容性質和體
裁的不同，作爲該部材料區分的共同依據。其二、它們的功能在於輔助體系結構的
不足，達到詳細分類的目的。故不能單獨存用。其三、每部之下以內容的需要爲據，
考量設立何許項目。例如「匯考」項，全書大多數部都有設立，但在學行典九十六
部，除聖人部外，都一律未設。複分項的設立，不僅能概括、排比材料，而且也方

〔註74〕〔清〕蔣廷錫等《古今圖書集成》（臺北：鼎文書局，民國66年），頁4。

〔註75〕複分項各項目名稱與內容如下：一、匯考：一事因革損益之源流，一物古今之稱謂，
與其種類性情及其製造之方，記其大者。二、總論：一事物見於經傳之「純正」議
論。三、圖：疆域、山川、禽獸、草木、器物等藉圖以顯者。四、表：星躔、宮度、
紀元等非表不能詳者。五、列傳：各書之人物傳記資料。六、藝文：涉及一事物的
詞藻（包括詩文詞賦等）。七、選句：涉及一事物的對偶詞句。八、紀事：一事物除
其大事記於匯考之外，其瑣碎而有可傳者入此。九、雜錄：一事物考究未眞難入於
匯考，議論偏駁難入總論，文藻未工難收於藝文者入此。十、外編：收雜錄不收之
荒唐無稽者。

便讀者查找資料，爲分類體系加分。

（三）創制以內容主次分列，事文間出的新體例

以往類書大都因襲《藝文類聚》，按「事列於前，文列於後」來排比材料，從而把「事」「文」截然分開。這對規模不大的類書有其優越之處，但對鴻篇巨製的《集成》卻存在著一定的局限性。它不便於材料的排比，更不便於檢索利用。藉由複分項的設立，《集成》打破了按事前文後排比材料的體例，而創制了以內容主次編次，事文間出的新體例。這一點可從《集成》部之下十個複分項排比以了解。其首列匯考、總論、圖、表、列傳，次以藝文、選句繼之，末附紀事、雜錄、外編。選句之前諸項爲編纂者視爲主要材料，後者屬於附錄補充性質，爲次要材料。前列諸項編次基本承襲事前文後的規律，而末附諸項則事文相雜，則已非舊例。主次分列，事文間出，可收井然有序之效，資料編排亦較有彈性。

（四）加強圖譜的運用

明代之前類書，多重視文字而輕視圖譜，只有極少數專門性類書，如宋陳元靚編的《事林廣記》附有插圖。明初的《永樂大典》開創綜合性類書中附列圖譜之先例。此後更出現了專門匯輯諸書圖譜的類書，如《三才圖會》、《圖書編》等。《古今圖書集成》加強了這一體例，並把「圖」作爲一項內容，在疆域、山川、禽獸、草木、器物等，非圖不明的部類中使用。延請著名畫家和優秀刻工合作而成的。

（五）首創「表」、「列傳」的運用

表和列傳本來是史書的重要體例，創始於司馬遷的《史記》。將之運用於類書卻是《集成》所首創的。編纂者認爲「星躔、宮度、紀元等非表不能詳」，所以在上列各門類中皆立表。又，編纂者在全書九典二六一三部中都設了列傳，輯錄傳記資料達一九五八卷。列傳除收有「正史」本傳外，還從稗史、筆記、方志中酌情收錄其它傳記資料。列傳的編排體例爲：「皆錄本傳於前，而附他傳所載及稗官所記於後。」列傳資料多者，往往長至數十卷，甚而數百卷。列傳的輯錄，豐富的古代人物傳記資料。

（六）目錄的完備

一般類書大多只在卷首附有總目，以列載門類、標明卷次。《古今圖書集成》除在卷首列有總目，分載各匯編、典的名稱，標明各典的部、卷數外，還在總目之後編製匯編下諸典的卷次目錄四十卷，依照卷次標明每典各部名稱和複分項目。在每卷正文之前，又列有各卷的分卷目錄，載明篇目。逐級多層、完備而詳盡的目錄設

計，對讀者查檢有極佳便利性。

整體而論，《古今圖書集成》的編排體例，有其承襲前代類書之處，更具有自己的特色，有效的吸收了過去類書編纂的經驗，創造出許多新的體例，以應對新的時代需求，也成功的完成集古今類書大成的使命。劉葉秋云：「《古今圖書集成》是現存類書中一部規模最大、用處最廣、體例也最完善的類書」，〔註76〕這樣的批評是公正的。

肆、類書體例日漸精進

類書體例的流變現象，始終未曾停止。《皇覽》發展到《修文殿御覽》，體例與篇帙都在增進。隋唐類書中，《藝文類聚》在部類順序反應了「敬天、尊君」觀念。部類之下，復加子目，子目之下，先「事」後「文」的輯錄四部資料；《初學記》增列「事對」。宋代類書中，《冊府元龜》以「正史」為主，間及經書與子書而不取小說與雜書，專錄歷代君臣事蹟，每部有《總序》，各門有《小序》。建立專科類書的典範。私撰類書，如吳淑的《事類賦》，將所引資料作賦，再列相關材料。高承的《事物紀原》，專門搜集事物起始的資料。王應麟的《玉海》部類僅限於天文、地理和典章，引書有經史子集及傳記、雜書，且多宋代典故。分類材料之外，多用提要、概述方式撮敘事實，並略作考証。明代《永樂大典》之體例特點是「用韻以統字，用字以繫事」，又以《韻海鏡原》的方式，羅列各體文字。引用資料多完全照錄，一字不改。清代《古今圖書集成》，類書體例結構更趨完善，該書先分六匯編，次分三十二典，再分六千一百零九部。每部先匯考，次總論，又圖表、列傳、藝文、選句、紀事、雜錄、外編等項。這三級分部列目的體式，更能有條理地概括、排比材料，從而糾正了以往類書部類重複、分合不當的弊端。

在前代類書的基礎上，清人從各種不同角度，提供各類用途的類書，使得清代類書內容與形式更加多樣化而齊備。張春暉整理為四種型態：其一為「集編」，如張英奉《淵鑑類函》，乃以明‧俞安期《唐類函》為底本，再加上《太平御覽》、《玉海》等十七種類書及二十一史與稗編材料集編而成。《古今圖書集成》則以元‧陰時夫《韵府群玉》及明‧凌稚隆《五車韵瑞》為底本，再擴收經、史、子、集中典故、辭藻的《佩文韵府》及其姊妹篇《駢字類編》而成。陳元龍《格致鏡原》、汪汲《事物原會》、魏崧《壹是紀始》，以宋‧王應麟《小學紺珠》、明‧張九韶《群書拾唾》為藍本。又如黃葆真《事類賦統編》，乃集《事類賦》、《廣事類賦》、《廣廣事類賦》、《續

〔註76〕劉葉秋《類書簡說》（臺北：萬卷樓圖書有限公司，民國82年），頁82。

廣事類賦》、《事類賦拾遺》五書材料而成等。其二爲「仿編」，如姚之駰《類林新詠》仿宋・吳淑《事類賦》。其三爲「續編」，如高士奇《續編珠》乃續隋・杜公瞻《編珠》；納蘭永壽《事物紀原補》乃續宋・高承《事物紀原》。四、爲「摘編」：如李撰《萬物權輿》，乃據唐・劉孝孫《事始》、宋・高承《事物紀原》、明・羅頎《物原》等書，分條摘采，又廣摭旁收而成。〔註77〕

　　當然，這四種型態並非清代才有，例如明・俞安期《唐類函》即是采唐類書《北堂書鈔》、《藝文類聚》、《初學記》、《白帖》、《歲華紀麗》及《通典》的材料，刪除重複而成，已是「集編」的型態。只是這四種型態，能在清代完整的呈現，便可以確定類書體例，經由讀者需求刺激，後繼編撰者面對新的挑戰，匯集該時代的各種圖書編撰方法，以謀求改善精進之道，誠類同於皮亞傑發展心理學理論所述，類書體例在層層遞進中，愈發成熟與精緻化，能夠蒐羅與架構的資料也愈來愈豐富。

〔註77〕參考張春暉〈類書的範圍與發展〉（文獻，1987年1期），頁186。

第九章 結 論

類書藉由先秦以來圖書編輯成就與需求的刺激下誕生,其淵源與體例的形成原因,歷來許多學者均有發明,而眾說紛紜,本文嘗試為其一一釐清。謹將全文各章結論綜合整理。清末以來,學者多類書生命報以悲觀想法,筆者卻以為類書又尋獲新的發展方向,新的體例正日漸茁壯滋發中。

壹、綜論類書的淵源與體例形成

本文經由歷代書目對類書歸部命名綜合整理著手。書目是整理既有的書籍,雖可辨章學術源流,但無法為書籍的發展作出先創的指引。所以在新體制出現時,即便書目編者發覺其中有異於其他者,但仍只能為其尋找暫時依附的部類,以為權宜。故類書初創之際,《新簿》歸入史部,或《隋書·經籍志》歸為子部依附雜家,都有其當時之必然。但隨著書目提升類書地位的舉動,可以確定類書的數量與重要性日益增加。又兼收四部,內容龐雜的特色,與眾籍已是不同,但史志以四部分類法系之,以致類書仍居子部。私人書目中,如鄭樵的十二類分類法等,雖掃除四部拘限,但仍為少數。可知歷代對類書性質與地位雖然多所探索,但囿於四部分類傳統成見,不無牽湊籠統之弊。當書目已難「綱紀群書,條析學術」時,本文藉之凸顯類書義界亟待澄清,範圍亦須嚴格規範,方能深入研究類書淵源與體例之形成。

故本文進一步嘗試界定類書定義。書籍體例本常因為需求與編輯能力提昇而更易,要為一種因時因勢而新變的書種定義,並非易事。本文歸納前人研究,設定類書義界,確認類書之特質。凡輯錄各種古籍中某科、多科或各科知識材料篇、段、句、詞的原文,以分類或分韻的方式,編次排比於從屬類目,並標明出處。從而形成專科性或綜合性的資料彙編,編者無意藉之表達特定思想意念,為專供讀者翻檢查考的工具書,稱為類書。其所集中的資料眾多,在內容上往往包括歷史、文化、

社會、政經、學術、思想、藝文等各層面，涉及中國傳統四部文獻資料。在概念上類書提供的是文獻內容而不是文獻內容提要，也不是字詞的音義，是輯集之功而非述作。在編輯體例與內容上，與百科全書、叢書、總集、政書、字辭書等不同。並比較類書與「政書」、「百科全書」等其他相近體例書種之異同，以期能符合現代科學分類精神。

再藉由類書義界，仔細析辨以往諸多類書起源說，如：張舜徽《爾雅》說；汪中《呂氏春秋》說；鈕樹玉《淮南子》說；袁逸《洪範五行傳論》、《新序》、《說苑》說；王應麟《皇覽》說；晁公武《同姓名錄》說等，確定《皇覽》為類書起源。其後又就「基礎條件」與「需求」為軸，深入探討《皇覽》之所以產生在三國的主客觀條件，以為曹魏確實已兼具各項成熟條件，方能創出類書的新體例，為千古的類書發展史寫下首頁。當《皇覽》這第一部類書誕生時，也同步成就類書的原始體例，本文以文獻資料推斷從《皇覽》到《藝文類聚》，其中眾多的類書編修體例，基本上都以《皇覽》為典範，但是在體例上因需求的刺激變化，而有了新變。

當類書體例在《皇覽》形成，六朝遞有承變，在隋唐以降又有許多新作，促成類書的地位與品質逐漸提升，一定有其背景因素。本文以承先啓後的宋代為例說明。歸納隋唐以至清末，中國政治型態、社會結構、中心思想等都保持在一個穩定的程度。各代君王推行文治，通常注重文教，整編圖書，舉行科舉。人們普遍重視圖書資源，尤其在印刷術發達對類書發展有很大助益。有了優渥的基本條件，類書的編撰與發展，仍然得「需求」動力促成。所以就「需求」為主題，探討了隋唐以降，體例有代表性革新之類書。藉由皮亞傑發展心理學理論輔助探析，歸納出類書因需求，而逐步提升與精緻其功能性。藉此可以更進一步了解，《皇覽》所創之類書體例，由初步的形成到總其成的《古今圖書集成》之間，始終保持一種新變的能力，在不同時代呈現其文獻的功能。

貳、類書編纂的展望

認定類書走向滅亡的學者，一般認為從乾隆起算（1736 年）到清朝結束（1911 年），其間一百七十五年，是它整個衰落的時期。但筆者認為：自清中、末葉，我國類書的編纂事業走向衰落，是合乎類書發展的歷史規律。綜觀歷史上因各王朝末期，政局不穩，戰亂四起，必然使各種文化活動受到影響。而隨著新政權的興立，大型類書編纂工作便逐漸展開，成就新一波的高潮。民國成立之後，學者未見新型大類書修纂行為，又觀察清代中葉後政治、文化的丕變，紛紛研判傳統類書生命已走到

盡頭。所得之結論，大致可分為下列五點：〔註1〕

（一）政治原因說：以為類書之所以產生，係為君王統治需要。如《皇覽》、《太平御覽》等，從名稱上便表明是為皇帝所服務。又，有些類書本為加強控制知識分子所設，雍正之後政局穩定，所以不需要編撰新類書。而清滅亡之後，君主政體瓦解，更沒有政治上的需求。所以，故清末君主制度的瓦解，使類書的編纂事業失去了政治的需求。（二）文化原因說：清代乾嘉之後，傳統文化逐漸沒落，新的思想、知識湧入中國，中國傳統社會文化體系被破壞。人們渴望新的知識，尤其是自然科學。而類書限於其身「割裂原文、摭其所需」的編輯方式，僅限於固有知識的摘錄，不適應新時代需求。（三）學術原因說：清代乾嘉時期，考據學興起，士大夫均以類書為鄙陋之學，將讀書人不肯紮實的下功夫博覽群書，只想利用類書走捷徑，責任都歸諸類書。學術風氣一轉，類書地位下滑，需求減少，編撰者也少。（四）科舉廢除說：以為科舉促進類書發展，而類書摘錄排比圖書中的精粹與重要詩文，便於士人背誦記憶。清末科舉一廢，類書便沒用。（五）新的工具書取代說：認為類書在編撰上採「述而不作」的編輯方式，集中體現中國傳統思維方式。所錄資料又偏重於文史，是一種向後看的工具書，無法像百科全書一樣容納新的科學知識，並給予總體概括，擺脫不了傳統文化桎梏，所以為百科全書取代。〔註2〕

仔細檢討前述五項說法，均有其見地，但未必全然。清乾嘉以後，傳統類書事業的衰敗之象確實存在。若從政治角度觀察：自明朝以後，中國科技技術日益落後於西方世界，但直到十八世紀，中國還能閉關自守，維持一定內部文化的穩定。十九世紀工業革命的成果，促使資本主義國家向世界擴張。保守的中國，再也無法掩飾文化、科技等衰頹現象。新思潮、新形勢的出現，終於迫使中國變更國家組織型態。類書最初確為君王諮政與文治象徵的產物，受政治影響程度很高，所以當清末中國君主制度瓦解，社會結構產生遽變的同時，類書的地位頓失。這種變化當然導致類書編纂事業滑落。

科舉制的廢除也是類書衰落的政治原因之一。光緒三十二年（1906），科舉制度

〔註1〕 如練小川認為：類書之所以衰亡，與類書「賴以生存和賴以發展的動力」相關，而這又涉及「政治、學術以及社會制度諸方面」；同時，興盛於乾嘉年代的考據學，「也直接導致了類書的衰亡。」見其〈類書的起源和衰亡〉一文，收錄在《圖書情報知識》，1985年2期。張滌華與戚志芬以為學術因素較高，分別見張滌華《類書流別・盛衰第四》頁34。戚志芬《中國的類書政書與叢書》頁92。學者討論甚多，僅將其綜合概述。

〔註2〕 可參考郜明〈中國人傳統思維方式與類書編纂〉（上海大學學報〔社科版〕 第　6 期，1990年），頁82〜84。

正式結束。由於有許多私人或書坊編修的類書，本為科舉應試而編纂。當科舉制廢除，使得大部分的類書失去市場，這也嚴重影響人們修纂類書的動力。在清末亂世，政府無力編纂官修類書，而私修類書又隨科舉制廢除而劇減，類書編纂事業必然滑落。民國成立之後，政局極端不穩定，後又逢抗日戰爭等劇烈變動。沒有強有力的政權可以主導大型類書修纂工作，對社會大眾也無法興起鼓舞的效果。少了政治力量的支持，也造成民間修纂意願的低落，類書事業當然消褪。

再從文化角度觀察：自從中國門戶洞開之後，西方文明以高水準的姿態蜂擁而入。一改中國傳統文化思維方式，開闊了國人的視野，一股求新求變的心理，令人不願侷限於傳統，而類書的內容和形式，都體現著中國傳統的思維方式和價值觀念，所以遭國人摒棄。

在新的形勢和新的思潮下，傳統類書確實展現其侷限性，主要表現在以下幾方面：（一）類書的內容偏重於人文與社會，而輕忽自然科學。儒家思想是中國古文化的核心，是長達兩千多年中國社會的主體思想。稟承儒家思想的知識分子，為類書編纂的主軸，其思想決定類書的體例與內容。一般而言，是以儒家學說為基礎，圍繞著這個思想體系加以延伸，始終游離於客觀反映世界的科學體系之外。鴉片戰爭後，西方文明的湧入，愈來愈多的人認識到自然科學知識與技術的重要。而類書以儒家世界觀為標準的分類體系，決定它無法容納日漸蓬勃的新科學知識，重政務、輕自然的傳統，日益顯露其內容的侷限性，也因無法滿足新需要而被冷落。（二）類書傳統的思維方式，與讀者需求脫節。類書在輯錄古籍片斷資料時，僅予以匯集，而不加以概括說明或總結。這一特點，是中國古代社會重頓悟直覺、習慣經驗，而不重視理論邏輯分析的思維方式所致，運作在傳統的文化氛圍內，見不出困擾。但是從清代中期，西方文化對中國人的思維方式產生重大影響後，中國人愈重自然和社會科學的研究，自然知識與科學技術的份量，也在中國知識體系中日益增長。而近代科學技術的分類，是嚴格的邏輯系統，對於需要清晰的、層層演繹的學術分類，傳統類書勢難反映。除非徹底改變其分類體系，否則它就無法容納日漸增多的新科學知識，更無法滿足讀者之需要，這也是傳統類書之所以不受重視的重要因素。

但是，因此而宣告類書走入歷史，或宣告類書已死，都是不明於類書編纂流變週期使然。筆者以為：當人們仍需借鏡於前人，仍需由過去經驗建立新的知識時，類書這樣的資料彙編便有其立足之地。類書在提供原始資料、方便引證的資料庫作用，是包括百科全書在內的工具書所不能取代。其實類書生命並未亡絕，只是進入盤整、醞釀，等待新的契機出現。經前文推演，可證類書在一千七百多年的發展當中，屢遭新的刺激需求，在跌落深坑谷底之際，總是會進行盤整活動，一方面「同

化」新知，一方面「順應」新變，對自身進行改造，以達「適應」的效果，提供新的服務功能。清末以來遇到大的挑戰，需要更長的適應時間，建立新的基模，才可能有新的眼光觀察新的世界。清末迄今，中國社會變動的幅度遠遠大於想像，國人在接受這政治、文化劇變時，有許多的不適應症。類書的編纂亟仰賴知識分子，當知識分子的思想尚未調整適應之時，又怎能期望有新的體例與符合時代功能的新類書誕生。

類書在停滯了一百多年之後，又受到文化學術界的重視。大約在民國五十年左右，也就是政府在臺經營十年前後，政治、經濟條件漸漸改善，類書的地位也逐漸回升。臺灣出版業蒸蒸日上，業者紛紛投入類書與其他重要典籍的出版工作。重要的如民國四十八年新興書局以「國學基本叢書百本」為名稱，印製《太平御覽》等類書；民國五十三年文興書局印製《古今圖書集成》等類書；同年文源書局、文海書局、華文書局等，也印製《天中記》、《小學紺珠》等類書；民國五十四年臺灣商務印書館「人人文庫」也收錄《小學紺珠》等類書；該公司「叢書集成簡編本」同年出版，收錄《古今事物考》等類書；民國五十六年，藝文印書館「百部叢書集成續編知不足齋叢書本」出版，收錄《古今事物考》、《物原》等類書；民國五十七年臺灣商務印製《太平御覽》；民國六十年臺灣商務「四庫全書珍本別輯本」出版；民國六十四年臺灣商務再版《太平御覽》；民國六十五至民國六十六年鼎文書局出版《古今圖書集成》；大化書局出版《太平御覽》；藝文印書館「類書薈編本」出版《山堂肆考》、《天中記》、《北堂書鈔》等類書；同年鼎文書局推出《古今圖書集成續編初稿》；新星書局民國六十七年再版《北堂書鈔》後，次年再版《太平廣記》；民國六十九年臺灣商務三版《太平御覽》；次年「四庫全書珍本 11 集本」推出；民國七十四年，新文豐出版《古今事物考》；鼎文書局則再版《古今圖書集成》；民國八十五年新文豐又推出《太平廣記》……。重新印製類書發行，各書店除了選擇各種優秀版本外，更運用海內外可以蒐集到的版本，做修訂補充作。也加強目錄、索引、附錄等項服務功能，提升類書使用功效。還針對大部頭類書出版專題單行本，如由《古今圖書集成》抽出的有：藝文印書館《醫部全書》、大源文化服務社《考工典》、臺灣中華書局《中國歷代經籍典》、臺灣中華書局《中國歷代食貨典》、希代出版社《古今圖書集成命卜相全集》、臺灣學生書局《古今圖書集成‧神異典‧神仙部》、鼎文書局《古今圖書集成各部列傳綜合索引》、老古出版社《太平御覽兵權要略》、鼎文書局《鼎文版古今圖書集成序例》等。〔註 3〕從以上扼要的整理當中，可以了解因

〔註 3〕參考莊芳榮《中國類書總目初編》，並補充部分資料。

臺灣學界對類書的重視，也引領文化界對類書的關懷與推廣現象。

大陸類書風潮回暖較晚些，但成效卻也令人欣喜。從 1990 年至 1992 之間，大陸編撰新類書就有二十多種。〔註4〕例如文中所議及之《中華思想寶典》，爲吳楓主編，吉林人民出版社 1990 年出版。收錄遠古到 1911 年。五百餘萬字。資料一千多種古籍。可收辨章學術，考鏡源流之效。《中華思想寶典》把從經史子集各類文獻中所輯錄之資料分成人倫、治世、人文三大部，部下分篇（類），共二十五篇。人倫部下分論人、修身、人倫、道德、家庭、世風六篇；治世部下分政治、治道、君道、吏道、戰爭、民族、西學及中外關係七篇。人文部下分文學、史學、哲學、宗教、經濟、教育、法學、儒學學術、文化藝術、科技自然、人物、典籍十二篇。篇下設目，計一五八個子目。子目之下依照資料時代先後排列，資料採取新出版的標點校訂版本。既尊重古代文獻狀況，也兼顧當代科學分類特點。書後還設有索引，按照漢字筆畫順序，排列經典索引、人物索引。另外，當代類書編輯者在摘錄資料時，進行多層次的加工。從文字到版式。資料上，每條都註明出處，包括作者、書名、篇名、出版單位、年代及頁碼等。對生字、難辭給於注說、語譯等。原文加入現代標點，並加注評語以提示其價值性等。

再如：由任繼俞領銜主編的《中華大典》也已經展開。《中華大典》擬分哲學、宗教、政治、軍事、經濟等二十一個典，九十二個分典。（請參閱附表一、二）所收文獻上起先秦，下迄五四，計收古籍兩萬種，約七億字，成書將爲史上規模最大的類書。其「全漢字操作系統」已於 1997 年完成，收錄古今所有漢字（包括甲金篆隸、正體與簡體）。將來運用《中華大典》時，可以直接進行原文閱讀、文本轉換、版本校勘、主題檢索、詞語檢索等功能；間接利用可以進行文字統計、詞典編纂、真偽辨析、篇目調整等功能。類書資料的保存與運用，已經進入電子化。同年二月，《中華大典‧文學典‧宋遼金元文學分典》樣書已經提出評審，專家學者均予以佳評。如戴逸評云：

> 我看《宋遼金元文學分典》有三個特點：（一）豐富性。《分典》內容豐富，把這個時代的文學現象，包括文學家的身世、創作、活動、思想、對文學作品的研究、評論，各種文學流派和傾向，一切有價值的材料匯集在一起，達一二〇〇萬字之多。……（二）實用性。此書引用很多材料，分類歸納，成爲一套專題資料的彙編。……（三）科學性。此書篇幅浩大，但能利用經緯目交織的框架，結合現代科學的圖書分類，條分縷析，以類

〔註4〕參考倪曉健〈類書新編傳統有續〉一文（北京圖書館館刊，1992 年 12 月 2 期），頁87。

相從，井井有條，清楚而有條理，便於查找利用。〔註5〕

此外，此分典體例不收文學作品，以免與詩文總集混淆；經目以作家為主，兼及總集、體類；選材豐富均衡，兼顧全書全面性與每一位文學家資料的完整，也注重漢族之外的少數民族文學家等。在體例中有繼承傳統類書之優點，亦因應新時代的實際需求與學術發展水準，創發出許多新的體例，為類書編纂事業的延續，開啓良好的示範功能。這批時代新類書誕生，足以說明類書文化並未衰亡，而且正向一個新的高潮推進中。

表一、《中華大典》經目表（草案）〔註6〕

典　　　　別	分　　　典　　　別
1 哲學	1 儒家　2 諸子百家　3 哲學綜合
2 政治	1 政治思想　2 政治制度　3 地方政治制度　4 對外關係
3 宗教	1 佛教　2 道教　3 宗教綜合
4 法律	1 法律理論　2 刑法　3 民法　4 經濟法　5 法律綜合
5 軍事	1 軍事理論　2 軍事制度　3 軍事技術　4 武器　5 戰例　6 軍事綜合
6 經濟	1 經濟制度　2 經濟管理　3 貿易　4 財政金融　5 經濟綜合
7 文化教育體育	1 文化　2 教育　3 體育
8 語言文字	1 文字　2 音韻　3 訓詁　4 語言文字綜合
9 文學	1 文學理論　2 先秦兩漢文學　3 魏晉南北朝文學　4 隋唐五代文學　5 宋元文學　6 明清文學
10 藝術	1 繪畫雕塑　2 工藝美術　3 建築藝術　4 演唱藝術　5 書法　6 藝術綜合
11 歷史	1 歷史理論　2 中國歷史編年　3 考古學　4 中國歷史綜合
12 歷史地理	1 中國歷史地理　2 地方志　3 國外歷史地理　4 歷史地理綜合
13 社會科學綜合	1 倫理學　2 社會學　3 人口學　4 譜牒學　5 民俗學　6 婦女
14 數學物理化學	1 數學　2 物理　3 化學
15 天文地學	1 天文氣象　2 地質海洋　3 自然地理　4 天文地學綜合

〔註5〕 例如戴逸〈簡評《中華大典・宋遼金元文學分典》〉（四川大學學報〔哲學社會科學版〕2000 年第 1 期）。

〔註6〕 據陳大廣〈關於《中華大典》框架與索引的探討〉一文整理。發表在《中國圖書館學報》1992 年第 4 期，頁 56～62。

16 生物學	1 動物 2 植物 3 生物綜合學
17 醫藥衛生	1 醫學 2 藥學 3 衛生學
18 農業	1 農業 2 林業 3 畜牧 4 副業 5 漁業
19 工業	1 輕工化工手工業 2 食品 3 建築 4 水利 5 礦治 6 工業綜合
20 交通運輸	1 陸路運輸 2 水路運輸
21 文獻目錄	1 文獻學 2「五四」以前古籍要目 3「五四」以後古籍整理及重要著作要目

表二、《中華大典》緯目表（草案）

一級緯目	一級緯目內容
1 題解	對該部學科的名稱、概念、含意、特點等整體介紹的資料。
2 論說	收該部中有關理論部分的資料。
3 總敘	是該部中的主要內容，對該部中所包含的科學或是事物作系統的資料彙集。
4 傳記	收該部有關人物的傳記資料。
5 紀事	包括該部有關具體活動和事例的資料。
6 藝文	收有關學科或是物的富於文學性的散文或韻文。
7 雜錄	收凡未入上述項目，又有一定參考價值的資料。
8 圖表	收有關該部各專題的圖和表。
9 著錄	收有關作者或文獻的有關著作資料。

主要參考書目

專書部分：

一、典籍文獻

1. 〔漢〕賈誼撰；閻振益、鐘夏校注，《新書校注》（北京：中華書局，2000 年）。
2. 〔漢〕劉向撰；向宗魯校證，《説苑校證》（北京：中華書局，2000 年）。
3. 〔漢〕韓嬰著；屈守元箋疏，《韓詩外傳箋疏》（四川：巴蜀書社，1996 年）。
4. 〔晉〕郭璞注；〔宋〕邢昺疏，《十三經注疏・爾雅》（臺北：藝文印書館，民 86 年 8 月）。
5. 〔晉〕陳壽，《三國志》（臺北：明倫出版社，民國 61 年 7 月）。
6. 〔南朝宋〕范曄，《後漢書》（臺北：鼎文書局，民國 76 年）。
7. 〔梁〕沈約，《宋書》（臺北：鼎文書局，民國 76 年）。
8. 〔梁〕蕭子顯，《南齊書》（臺北：鼎文書局，民國 76 年）。
9. 〔北齊〕魏收，《魏書》（臺北：鼎文書局，民國 76 年）。
10. 〔唐〕白居易、〔宋〕孔傳，《白孔六帖》（臺北：新興書局，民國 58 年）。
11. 〔唐〕令狐德棻，《周書》（臺北：鼎文書局，民國 76 年）。
12. 〔唐〕李百藥，《北齊書》（臺北：鼎文書局，民國 76 年）。
13. 〔唐〕李延壽，《南史》（臺北：鼎文書局，民國 74 年）。
14. 〔唐〕李延壽，《北史》（臺北：鼎文書局，民國 74 年）。
15. 〔唐〕長孫無忌等，《隋書》（臺北：鼎文書局，民國 76 年）。
16. 〔唐〕房玄齡，《晉書》（臺北：鼎文書局，民國 76 年）。
17. 〔唐〕姚思廉，《梁書》（臺北：鼎文書局，民國 75 年）。
18. 〔唐〕虞世南，《北堂書鈔》（天津：天津古籍出版社，1988）。
19. 〔唐〕歐陽詢，《藝文類聚》（上海：上海古籍出版社，1999 年 5 月 2 版）。

20. 〔唐〕徐堅等，《初學記》（北京：中華書局，2004 年 2 月二版）。

21. 〔唐〕劉存、房德懋等，《事始》（臺北：新文豐出版公司，《叢書集成新編》第 39 冊，民國 74 年）。

22. 〔後晉〕劉昫，《舊唐書》（臺北：鼎文書局，民國 76 年）。

23. 〔宋〕尤袤，《遂初堂書目》（臺北：新文豐出版公司，《叢書集成新編（二）》）。

24. 〔宋〕王欽若等，《冊府元龜》，臺北：臺灣商務印書館，《景印文淵閣四庫全書》，第 902～919 冊，民國 72 年）。

25. 〔宋〕王堯臣等，《崇文總目》（臺北：臺灣商務印書館，民國 67 年 7 月台一版）。

26. 〔宋〕王應麟，《玉海》（臺北：臺灣華文書局，民國 53 年 1 月）。

27. 〔宋〕李昉等，《太平廣記》（北京：中華書局，1960 年）。

28. 〔宋〕李昉等，《太平御覽》（北京：中華書局，1960 年）。

29. 〔宋〕李燾，《續資治通鑑長編》（北京：中華書局，2004 年）。

30. 〔宋〕吳淑，《事類賦》（臺北：臺灣商務印書館，《景印文淵閣四庫全書》，第 892 冊，民國 72 年）。

31. 〔宋〕高似孫，《子略》（臺北：臺灣中華書局，民國 57 年 4 月台二版）。

32. 〔宋〕晁公武撰；孫猛校證，《郡齋讀書志校證》（上海：上海古籍出版社，1990 年 10 月）。

33. 〔宋〕陸游，《老學庵筆記》（臺北：臺灣商務印書館，《叢書集成簡編》，第 714 冊，民國 54 年）。

34. 〔宋〕歐陽修，《新唐書》（臺北：鼎文書局，民國 70 年）。

35. 〔宋〕歐陽修，《歐陽修全集》（臺北：河洛圖書公司，民國 66 年）。

36. 〔宋〕陳振孫，《直齋書錄解題》（臺北：新文豐出版公司，《叢書集成新編（二）》，民國 74 年。

37. 〔宋〕鄭樵，《爾雅鄭註》（臺北：藝文印書館，民國 54 年）。

38. 〔宋〕鄭樵撰；王樹民點校，《通志二十略》（北京：中華書局，1995 年）。

39. 〔宋〕薛居正，《舊五代史》（臺北：鼎文書局，民國 66 年 9 月）。

40. 〔元〕脫脫等，《宋史》（臺北：鼎文書局，民國 76 年）。

41. 〔元〕馬端臨，《文獻通考》（臺北：新文豐出版公司，民國 75 年 9 月台一版）。

42. 〔明〕王圻輯，《三才圖會》（臺北：成文書局，民國 59 年）。

43. 〔明〕方以智，《通雅》（臺北：臺灣商務印書館，《四庫全書珍本三集》202 號，民國 75 年）。

44. 〔明〕俞安期輯，《唐類函》二百卷（目錄二卷）（臺灣臺南縣：莊嚴出版社，民 84 年）。

45. 〔明〕祁承㸁，《澹生堂藏書目》（北京：書目文獻出版社，《明代書目題跋叢刊》，1995 年）。

46. 〔明〕祁承㸁,《澹生堂藏書約》(臺北:新文豐出版公司,《叢書集成新編(二)》,民國 74 年初版)。

47. 〔明〕胡應麟,《少室山房筆叢》(上海:上海書店,2001 年 8 月)。

48. 〔明〕高儒,《百川書志》(北京:書目文獻出版社,《明代書目題跋叢刊》,1994 年)。

49. 〔明〕徐勃,《紅雨樓書目》(北京:書目文獻出版社,《明代書目題跋叢刊》,1994 年 1 月)。

50. 〔明〕焦竑,《國史經籍志》(北京:書目文獻出版社,《明代書目題跋叢刊》,1994 年 1 月)。

51. 〔明〕楊士奇,《文淵閣書目》(臺北:臺灣商務印書館,民國 56 年 3 月臺一版)。

52. 〔明〕解縉等,《永樂大典》(臺北:世界書局,民國 51 年 2 月)。

53. 〔明〕陳第,《世善堂藏書目錄》(臺北:新文豐出版公司,《叢書集成新編》,民國 74 年初版)。

54. 〔明〕葉盛,《菉竹堂書目》(臺北:新文豐出版公司,《叢書集成新編(二)》,74 年初版)。

55. 〔清〕王先謙,《荀子集解》(北京:中華書局,1999 年)。

56. 〔清〕永瑢等撰,《四庫全書總目》(北京:中華書局,1995 年 4 月 6 版)。

57. 〔清〕朱彝尊,《經義考》(臺灣:中華書局,民國 54 年臺一版)。

58. 〔清〕何焯,《義門讀書志》(北京:中華書局,1987 年 1 版)。

59. 〔清〕汪中,《述學》(臺北:廣文書局,民國 59 年 12 月初版)。

60. 〔清〕杭世駿,《三國志補注》(臺北:新文豐出版公司,《叢書集成新編》,第 113 冊,民國 74 年)。

61. 〔清〕侯康,《補三國藝文志》(臺北:臺灣商務,《叢書集成簡編》,民國 54 臺一版)。

62. 〔清〕姚之駰,《後漢書補逸》(臺北:臺灣商務,四庫全書珍本四集,第 101 冊,民國 62 年)。

63. 〔清〕姚振宗,《後漢藝文志》(臺北:開明書局輯印,《二十五史補編》第二冊,民國 48 年)。

64. 〔清〕姚振宗,《三國藝文志》(臺北:開明書局輯印,《二十五史補編》第二冊,民國 48 年)。

65. 〔清〕姚振宗,《隋書經籍志考證》(臺北:開明書局輯印,《二十五史補編》第四冊,民國 56 年)。

66. 〔清〕畢沅,《續資治通鑑》(臺北:文光出版社,民國 64 年 10 月)。

67. 〔清〕孫詒讓,《墨子閒詁》(北京:中華書局,1999 年)。

68. 〔清〕梁章鉅,《三國志旁證》(臺北:藝文印書館,民國 53 年)。

69. 〔清〕張之洞原著；范希曾補正，《書目答問補正》（臺北：新興書局，民國 65 年 11 月）。

70. 〔清〕張廷玉等，《明史‧藝文志》（臺北：新文豐出版公司，《叢書集成新編（一）》，民國 74 年初版）。

71. 〔清〕張廷玉等，《子史精華》（臺北：文海出版社，民國 56 年）。

72. 〔清〕張英、王士禎等纂，《淵鑑類函》（北京：中國書店，1985 年）。

73. 〔清〕章學誠，《校讎通義》（北京：中華書局，1989 年 1 版）。

74. 〔清〕鈕樹玉，《匪石先生文集》（臺北：新文豐出版公司，《叢書集成續編》第 192 冊，民國 72 年初版）。

75. 〔清〕郭慶藩輯，《莊子集釋》（臺北：華正書局，民國 86 年 11 月）。

76. 〔清〕葉德輝，《書林清話、書林餘話》（湖南：嶽麓書社，1999 年 4 月 1 版）。

77. 〔清〕錢曾，《讀書敏求記》（臺北：新文豐出版公司，《叢書集成新編（二）》，民國 74）。

78. 〔清〕錢曾，《述古堂藏書目》（臺北：新文豐出版公司，《叢書集成新編（二）》，民國 74）。

79. 〔清〕錢謙益，《絳雲樓書目》（北京：北京圖書館出版社，《稿鈔本明清藏書目三種》，2003 年 5 月）。

80. 〔清〕潘永因編，《宋稗類鈔》（臺北：臺灣商務，《景印文淵閣四庫全書》第 1034 冊，民國 72 年）。

81. 〔清〕蔣廷錫等，《古今圖書集成》（臺北：鼎文書局，民國 66 年）。

二、近人論著（以類書為主題者，為免重複，收入附錄）

1. 王欣夫，《王欣夫說文獻學》（上海：上海古籍出版社，2000 年 12 月）。

2. 王省吾，《圖書分類法導論》（臺北：中國文化大學出版部，民國 78 年）。

3. 王秋桂、王國良，《中國圖書文獻論集》（臺北：明文書局，民國 72 年 9 月）。

4. 王重民，《中國目錄學史叢論》（北京：中華書局，1984 年 12 月）。

5. 王紹曾、沙嘉孫，《山東藏書家史略》（山東：山東大學出版社，1992 年 12 月）。

6. 不著編者，《中國科學文明史》（臺北：木鐸出版社，民國 72 年 9 月初版）。

7. 史金波、黃振華、聶鴻音，《類林研究》（寧夏：寧夏人民出版社，1993 年 9 月 1 版）。

8. 白國應，《九○年代中國文獻分類學研究綜述》（武漢：武漢大學出版社，1998 年 7 月）。

9. 吉少甫，《中國出版簡史》（上海：學林出版社，1991 年 11 月）。

10. 余慶蓉、王晉卿，《中國目錄學思想史》（湖南：湖南教育出版社，1998 年 4 月 1 版）。

11. 牟鐘鑒，《《呂氏春秋》與《淮南子》研究》（山東：齊魯書社，1987 年）。

12. 吳哲夫，《四庫全書纂修之研究》（臺北：國立故宮博物院，民國 79 年 6 月）。

13. 吳楓，《中國古典文獻學》（山東：齊魯書社，1982 年 10 月）。

14. 宋原放、李白堅，《中國出版史》（北京：中國書籍出版社，1991 年 6 月）。

15. 李曰剛，《中國目錄學》（臺北：明文書局，民國 72 年 8 月初版）。

16. 李致忠，《中國古代書籍史話》（臺北：臺灣商務印書館，民國 83 年初版）。

17. 李致忠，《古書版本學概論》（北京：北京圖書館出版社， 2003 年 12 重印）。

18. 李致忠，《歷代刻書考述》（四川：巴蜀書社，1990 年 4 月）。

19. 李瑞良，《中國古代書籍流通史》（上海：人民出版社，2000 年 5 月）。

20. 李瑞良，《中國目錄學史》（臺北：文津出版社，1993 年 7 月）。

21. 李萬健，《中國著名目錄學家傳略》（北京：書目文獻出版社，1993 年 6 月 1 版）。

22. 李其維，《皮亞傑心理邏輯學》（臺北：揚智文化，1995 年）。

23. 李維棻，《釋名研究》（臺北：大化書局，民國 68 年 9 月）。

24. 杜澤遜，《文獻學概要》（北京：中華書局，2001 年 9 月）。

25. 來新夏等，《中國古代圖書事業史》（上海：人民出版社，1990 年 4 月）。

26. 周彥文，《中國文獻學》（臺北：五南圖書出版公司，民國 82 年 7 月一版）。

27. 周彥文，《中國目錄學理論》（臺北：臺灣學生書局，民國 84 年 9 月）。

28. 周寶榮，《宋代出版史研究》（鄭州：中州古籍出版社，2003 年 8 月 1 版）。

29. 昌彼得，《中國目錄學講義》（臺北：文史哲出版社，民國 62 年 10 月初版）。

30. 林玉山，《中國辭書編纂史略》（鄭州：中州古籍出版社，1992 年 5 月 1 版）。

31. 洪業，《洪業論學集》（臺北：明文書局，民國 71 年）。

32. 姚福申，《中國編輯史》（上海：復旦大學出版社，1990 年 1 月）。

33. 胡孚琛、方廣錩，《道藏與佛藏》（北京：新華出版社，1993 年 12 月）。

34. 范鳳書，《中國私家藏書史》（鄭州：大象出版社，2001 年 7 月）。

35. 孫欽善，《中國古文獻學史》（北京：中華書局，1994 年 2 月）。

36. 徐復觀，《兩漢思想史》（臺北：學生書局，2000 年 9 月初版）。

37. 徐有富、徐昕，《文獻學研究》（南京：江蘇古籍出版社，2002 年 3 月 1 版）。

38. 徐雁、王燕均，《中國歷史藏書論著讀本》（成都：四川大學出版社，1990 年 7 月）。

39. 馬振鐸等著，《儒家文明》（北京：中國社會科學出版社，2000 年）。

40. 袁詠秋、曾季光，《中國歷代圖書著錄文選》（北京：北京大學出版社，1995 年 10 月）。

41. 袁學良，《古代書目分類法與文學典籍崖略》（成都：巴蜀書社，2002 年 4 月 1 版）。

42. 高國抗、楊燕起主編,《中國歷史文獻學》(北京:北京圖書館出版社,2003 年 9 月)。

43. 高路明,《古籍目錄與中國古代學術研究》(江蘇:江蘇古籍出版社,1997 年 6 月)。

44. 高小方,《中國典籍精華叢書》(北京:中國青年出版社,2000 年)。

45. 宿白,《唐宋時期的雕版印刷》(北京:文物出版社 1999 年 3 月 1 版)。

46. 張人鳳,《張元濟古籍書目序跋匯編》(北京:商務印書館,2003 年)。

47. 張三夕,《中國古典文獻學》(武漢:華中師範大學出版社,2003 年 3 月)。

48. 張仁清,《六朝唯美之學》(臺北:文史哲出版社,民國 69 年 11 月初版)。

49. 張召奎,《中國出版史概要》(太原:山西人民出版社,1985 年 8 月)。

50. 張秀民,《中國印刷史》(上海:人民出版社,1989 年 9 月)。

51. 張家璠、嚴崇東主編,《中國古代文獻學家研究》(廣西:廣西師範大學出版社,1996 年 6 月)。

52. 張舜徽,《清人文集別錄》(臺北:明文書局,民國 72 年 2 月初版)。

53. 張舜徽,《中國文獻學》(臺北:木鐸出版社,民國 72 年 7 月)。

54. 張舜徽選編,《文獻學論著輯要》(西安:陝西人民出版社,1985 年 8 月)。

55. 張錦郎,《中文參考書指引》(臺北:文史哲出版社,民國 72 年 12 月增訂六版)。

56. 張岱年,《中國哲學史科學》(北京:三聯書店,1982 年)。

57. 曹之,《中國古籍版本學》(臺北:洪葉文化事業有限公司,1994 年 11 月)。

58. 曹之,《中國古籍編撰史》(武漢:武漢大學出版社,1999 年 11 月 1 版)。

59. 曹之,《中國印刷術的起源》(湖北:武漢大學出版社,1994 年 7 月)。

60. 梁啟超,《中國近三百年學術史》(臺北:里仁書局,民國 89 年 5 月 30 日初版二刷)。

61. 梁啟超,《漢書藝文志諸子略考釋》(上海:中華書局,《飲冰室文集》,1941 年)。

62. 許素菲,《劉向《新序》研究》(臺北:臺灣學生書局,民國 69 年)。

63. 郭聲波,《宋朝官方文化機構研究》(成都:天地出版社,2000 年 6 月 1 版)。

64. 陳國慶編,《漢書藝文志注釋彙編》(臺北:木鐸出版社,民國 72 年 9 月)。

65. 陳學文,《明清時期商業書及商人書之研究》(台北,洪葉文化事業有限公司,1997 年 3 月)。

66. 章宏偉,《出版文化史論》(北京:華文出版社,2001 年 10 月)。

67. 傅榮賢,《中國古代圖書分類學研究》(臺北:臺灣學生書局,民國 88 年 8 月)。

68. 傅璇琮、謝灼華,《中國藏書通史》(浙江:寧波出版社,2001 年 2 月 1 版)。

69. 喬好勤,《中國目錄學史》(武昌:武漢大學出版社,1992 年 6 月)。

70. 曾貽芬、崔文印,《中國歷史文獻學史述要》(北京:商務印書館,2000 年)。

71. 陳登原，《中國歷代典籍考》（臺北：順風出版社，民國 57 年 9 月）。

72. 程煥文，《中國圖書文化導論》（廣州：中山大學出版社，1995 年 11 月）。

73. 馮浩菲，《中國古籍整理體式研究》（北京：北京圖書館出版社，1997 年 2 月 1 版）。

74. 馮惠民、李萬健等選編，《明代書目題跋叢刊》（北京：書目文獻出版社，1993 年）。

75. 黃愛平，《四庫全書修纂研究》（北京：中國人民大學出版社，1989 年 1 月）。

76. 楊立誠、金步瀛合編、俞運之校補《中國藏書家考略》（上海：上海古籍出版社，1987 年 4 月）。

77. 楊伯峻，《春秋左傳注》（臺北：源流出版社，民國 71 年 4 月）。

78. 楊家駱編，《新校漢書藝文志》、《新校隋書經籍志》，（臺北：世界書局，《中國目錄學名著》第三集第二冊，民國 52 佃 4 月初版）。

79. 楊家駱編，《唐書經籍藝文合志》（臺北：世界書局，《中國目錄學名著》第三集第二冊，民國 52 年 4 月初版）。

80. 楊家駱，《四庫全書概要》（臺北：中國辭典館復館籌備處，民國 60 年 10 月七版）。

81. 葉樹聲、余敏輝，《明清江南私人刻書史略》（合肥：安徽大學出版社，2000 年 5 月）。

82. 熊篤、許廷桂，《中國古典文獻學》（四川：重慶出版社，2000 年 12 月）。

83. 裴芹，《古今圖書集成研究》（北京：北京圖書館出版社，2001 年 12 月）。

84. 劉文典，《淮南鴻烈集解》（北京：中華書局，1997 年）。

85. 劉汝霖，《漢晉學術編年》（臺北：長安出版社，1979 年 10 月）。

86. 劉咸炘，《續校讎通義》（臺北：鼎文書局，民國 66 年 10 月初版）。

87. 劉兆祐，《中國目錄學》（臺北：五南圖書出版有限公司，1998 年 7 月）。

88. 劉國進，《中國上古圖書源流》（北京：新準出版社，2001 年 1 月）。

89. 劉簡，《中文古籍整理分類研究》（臺北：文史哲出版社，民國 70 年 2 月）。

90. 劉蘇雅編，《中文文獻編目》（北京：書目文獻出版社，1994 年 6 月）。

91. 潘吉星，《中國科學技術史》（北京：科學出版社，1998 年 8 月 1 版）。

92. 潘美月，《圖書》（臺北：幼獅文化事業，民國 75 年 6 月）。

93. 潘美月，《宋代藏書家考》（臺北：學海出版社，民國 69 年 4 月）。

94. 閻守誠，《中國人口史》（臺北：文津出版社，民國 86 年 8 月）。

95. 蔡鍾翔、黃保眞、成復旺，《中國文學理論史》（北京：北京出版社，1991 年 9 月 1 日）。

96. 鄭恆雄，《中文參考資料》（臺北：學生書局，1982 年 7 月初版）。

97. 鄧嗣禹，《燕京大學圖書館目錄初稿：類書之部》（北京：燕京大學圖書館，1935

年 4 月）。

98. 盧前、李文藻等，《書林掌故》（香港：孟氏圖書公司編印，1972 年 7 月港初版）。

99. 蕭東發，《中國圖書出版印刷史論》（北京：北京大學出版社，2001 年 5 月）。

100. 蕭東發，《中國編輯出版史》（瀋陽：遼寧教育出版社，1996 年 12 月）。

101. 賴永祥，《中國圖書分類法》（臺北：三民書局，民國 70 年 4 月）。

102. 應裕康、謝雲飛《中文工具書指引》（臺北：蘭臺書局，民國 64 年 12 月初版）。

103. 戴克瑜、唐建華主編，《類書的沿革》（四川省圖書館學會編印，1981 年 3 月）。

104. 戴蕃豫，《中國佛典刊刻源流考》（北京：書目文獻出版社，1995 年 8 月）。

105. 繆詠禾，《明代出版史稿》（江蘇：江蘇人民出版社，2000 年 10 月 1 版）。

106. 謝水順、李珽，《福建古代刻書》（福建：福建人民出版社，1997 年 5 月）。

107. 謝灼華，《中國圖書和圖書館史》（臺北：天育文化出版有限公司，民國 84 年 4 月）。

108. 謝明仁，《劉向《說苑》研究》（蘭州市：蘭州大學出版社，2000 年）。

109. 鍾肇鵬，《古籍叢殘彙編》（北京：北京圖書館出版社，2001 年 11 月 1 版）。

110. 鍾濤，《六朝駢文形式及其文化意蘊》（北京：東方出版社，1997 年 6 月 1 版）。

111. 韓仲民，《中國書籍編纂史稿》（北京：中國書籍出版社，1988 年 5 月）。

112. 簡宗梧，《漢賦源流與價值之商榷》（臺北：文史哲出版社，民國 69 年 12 月初版）。

113. 魏隱儒，《中國古籍印刷史》（北京：印刷工業出版社，1988 年 5 月）。

114. 羅孟幀，《中國古代目錄學簡編》（臺北：木鐸出版社，民國 75 年 10 月初版）。

115. 羅振玉，《鳴沙石室佚書目錄提要》（北京：北京圖書館出版社，2004 年 2 月）。

116. 羅樹寶，《中國古代印刷史》（北京：印刷工業出版社，1993 年 3 月）。

117. 嚴文郁，《中國書籍簡史》（臺北：臺灣商務印書館，民國 81 年 11 月）。

118. 嚴佐之，《近三百年來古籍目錄舉要》（上海：華東師範大學出版社，1994 年 9 月 1 版）。

119. 顧志興，《浙江出版史研究─中唐五代兩宋時期》（浙江：浙江人民出版社，1991 年 5 月）。

120. 顧志興，《浙江藏書家藏書樓》（浙江：浙江人民出版社，1987 年 11 月）。

121. 上海古籍編輯部，《四庫全書目錄索引》（上海：上海古籍出版社，1989 年 12 月 1 版）。

122. 上海新四軍歷史研究會印刷印鈔分會編《雕版印刷源流》（北京：印刷工業出版社，中國印刷史料選輯之一，1990 年 8 月）。

123. 大陸雜誌社編輯委員會編輯，《目錄學》，（臺北：大陸雜誌社，大陸雜誌語文叢書第一輯第二冊，民國 57）。

124. 大陸雜誌社編輯委員會編輯，《目錄學考訂》（臺北：大陸雜誌社，大陸雜誌語文叢書第二輯第二冊，民國57）。
125. 中華書籍編輯部，《四部備要書目提要》（臺北：臺灣中華書局，民國 62 年 7 月二版）。
126. 文物出版社編，《圖書評介集》（北京：文物出版社，1987 年）。
127. 北京大學中國古文獻研究中心、淡江大學中國文學學系、復旦大學中國古文學研究中心合編，《海峽兩岸古典文獻學學術研討會論文集》（上海：上海古籍出版社，2002 年 12 月）。

學位論文（以類書爲主題者，爲免重複，收入附錄）

1. 陳昭珍，《明代書坊之研究》（臺大圖書館研究所碩士論文，民國 73 年 7 月）。
2. 蔡惠如，《宋代杭州地區圖書出版事業研究》（臺大圖書館學研究所碩士論文，民國 87 年 12 月）。

期刊部分（以類書爲主題者，爲免重複，收入附錄）

二　劃

1. 力之，〈總集之祖辨〉，《鄭州大學學報》〔社會科學版〕，第 33 卷第 2 期，2000 年 3 月，頁 79～82。
2. 丁宏宣，〈梁啓超在目錄學和藏書上的貢獻〉，《圖書館理論與實踐》〔人物述林〕，1999〔2〕，頁 47～48。

三　劃

1. 于乃義，〈古籍善本書佛、道教藏經的版本源流及鑒別知識〉，《四川圖書館學學報》，第 3 期，1979 年 9 月，頁 41～56。

四　劃

1. 王天敏，〈建立在分類和定義基礎上的歸類〉，《河南師範大學學報》〔哲學社會科學版〕，第 26 卷第 5 期，1999 年，頁 14～16。
2. 王世偉，〈古籍整理工作的歷史回顧與發展趨勢〔上〕〉，《圖書館雜誌》，第 7 期，2000 年，頁 15～17。
3. 王世偉，〈古籍整理工作的歷史回顧與發展趨勢〔下〕〉，《圖書館雜誌》，第 8 期，2000 年，頁 9～10。
4. 王伊洛，〈試論中國古典編輯活動的三層次〉，《河南大學學報》〔哲學社會科學版〕，第 2 期，1990 年，頁 103～107。
5. 王光宜，〈明代女教書的體例與內容簡介〉，《明代研究通訊》二，1999 年 1 月，頁 69～89。

6. 王余光，〈再論文獻學〉，《圖書情報知識》，第 1 期，1997 年 3 月，頁 2～6。

7. 王利，〈《隋書‧經籍志》的學術價值〉，《四川圖書館學報》，第 3 期，1987 年，頁 93～96。

8. 王美英，〈試論明代的私人藏書〉，《武漢大學學報》〔哲學社會科學版〕，第 4 期，1994 年，頁 115～119。

9. 王純，〈陳垣文獻學思想評述〉，《圖書與情報》，2001 年 1 月，頁 73～75。

10. 王純，〈論總集〉，《圖書情報知識》，第 2 期，1994 年，頁 30～31。

11. 王純，〈論別集〉，《圖書情報知識》，第 4 期，1994 年，頁 30～31。

12. 王純，〈從《蛾術編》與《十駕齋養新錄》看王鳴盛與錢大昕的文獻學成就〉，《圖書與情報》，2002 年 4 月，頁 68～71。

13. 王純，〈中國著名私家藏書樓考略〉，《文化史話》，2001 年 1 月，頁 103～105。

14. 王純，〈孔子在中國古典文獻學史上的地位和作用〉，《津圖學刊》，第 3 期，2001，頁 41～43。

15. 王晉卿，〈葉德輝的刻書思想及其實踐〉，《圖書館》，第 4 期，1997 年，頁 70～74。

16. 王國強，〈略論我國古代圖書分類體系的沿革及其原因〉，頁 18～25。

17. 王國強，〈《文淵閣書目》試探〉，《圖書館研究與工作》，第 4 期，1986 年，頁 29～32。

18. 王皓，〈「善書」辨證〉，《貴圖學刊》，1992〔2〕，頁 57～59〔轉頁 64〕。

19. 王堅，〈古代編輯的產生和特點〉，《松遼學刊》〔社會科學版〕，第 4 期，1992 年，頁 114～117。

20. 王義耀，〈再論古書分類以基本保持「四庫」法為宜〉，《貴圖學刊》，第 3 期，1983 年，頁 44～46。

21. 王嘉川，〈關於王儉《七志》研究的幾個問題〉，《四川圖書館學報》，第 1 期，1985 年 2 月，頁 64～67。

22. 王嘉陵，〈編譯，百科全書的選擇〉，《四川圖書館學報》，第 1 期，1985 年 2 月，頁 64～67。

23. 王錦貴，〈試談中國目錄學傳統〉，《圖書館學刊》，第 5 期，1989 年，頁 19。接 P4。

24. 王鍔，〈二十世紀中國古籍目錄研究與實踐綜述〉，《圖書與情報》，2001 年 4 月，頁 2～9〔轉頁 16〕。

25. 王蘇鳳，〈論劉向《新序》的社會政治思想〉，2000 年 5 月，頁 42～47。

26. 孔毅，〈中國古代的書店〉，《清海圖書館》，第 2 期，1900 年，頁 55〔轉頁 43〕。

27. 牛達生，〈西夏刻書印刷事業概述〉，《寧夏大學學報》〔哲學社會科學版〕，第 3 期第 21 卷，1999 年，頁 28～35。

28. 牛繼清，〈舊唐書‧經籍志〉史部脫漏書鉤沉〉，《史學史研究》，第 3 期，2001

年，頁 53～59。

29. 毛凌文，〈《淮海集》宋代版本源流考〉，《文獻季刊》，第 4 期，2000 年 10 月，頁 112～116。

五 劃

1. 田鳳台，〈鄭樵目錄學析評〉，《復興崗學報》，第 31 期，民國 73 年，頁 407～427。

2. 古國順，〈鄭樵的目錄學〉，《國立中央圖書館館刊》，新 11 卷第 1 期，民國 67 年 6 月，頁 35～47。

六 劃

1. 朱曉秋，〈試說唐代印刷術的幾個問題〉，《西北大學學報》〔自然科學版〕，第 24 卷第 2 期，1994 年 4 月，頁 171～174。

2. 向燕南，〈王圻《續文獻通考・道統考》二題〉，《史學史研究》，第 2 期，1996 年，頁 48～51。

3. 江永春，〈蕭何的圖書收集與整理之功〉，《文史雜誌》，第 2 期，1999 年，頁 70。

4. 江思澤，〈試析傳統思維方式對中國古代圖書分類法的影響〉，《圖學館學刊》〔遼寧〕，第 6 期〔總第 47 期〕，1989 年，頁 24～25。

七 劃

1. 沈俊平，〈從《觀古堂藏書目》看葉德輝的編目學〉，《文獻季刊》，第 1 期，2001 年 1 月，頁 208～220。

2. 沈津，〈抄本及其價值與鑒定〉，《四川圖書館學報》，第 3 期〔總 15 期〕，1982 年 8 月，頁 48～52。

3. 沈津，〈抄本及其價值與鑒定〔續完〕〉，《四川圖書館學報》，第 4 期〔總第 16 期〕，1982 年 11 月，頁 90～93。

4. 何新文，〈《隋書・經籍志》在文學目錄學史上的成就和影響〉，《湖北大學學報》〔哲學社會科學版〕，第 3 期，1997 年，頁 58～63。

5. 李大明，〈“別集”緣起與文人專集編輯新探〉，《重慶師院學報哲社版》，第 1 期，1996 年，頁 77～81。

6. 李白堅，〈中國版權觀念的萌芽與早期出版法〉，《上海大學學報》〔社科版〕，第 4 期，1988 年，頁 50～55。

7. 李光宇，〈孔子——我國編輯事業的開山祖師——兼議我國編輯工作的起源〉，《河南大學學報》〔哲學社會科學版〕，第 5 期，1986 年，頁 119～124。

8. 李弘毅，〈試論商代文獻的典藏特色及其影響〉，《西南師範大學學報》〔哲學社會科學版〕，第 2 期，1996 年，頁 87～90。

9. 李更旺，〈關於先秦的分類思想、書籍分類與列目考析〉，《四川圖書館學報》，第 3 期〔總第 28 期〕，1985 年 8 月，頁 24～26。

10. 李更旺，〈西周至戰國藏書考略〉，《四川圖書館學報》，第 1 期〔總第 21 期〕，1984 年，頁 83～90。

11. 李直方,〈美國會《圖書館》分類法及其對中國書籍之處理〉,《國立中央圖書館館刊》,新 10 卷第 1 期,民國 66 年 6 月,頁 37～40。

12. 李晉林,〈金元時期平水刻版印刷考述〔上〕〉,《文獻季刊》,第 2 期,2001 年 4 月,頁 64～75。

13. 李晉林,〈金元時期平水刻版印刷考述〔下〕〉,《文獻季刊》,第 3 期,2001 年 7 月,頁 128～146。

14. 李娜華,〈古籍的著作方式及其著錄〉,《北京圖書館通訊》,第 4 期,1986 年,頁 47～51。

15. 李國新,〈關於中國傳統目錄結構體系哲學基礎的論綱〉,《貴圖學刊》,第 3 期〔總第 47 期〕,1991 年,頁 3～6。

16. 李國新,〈論中國傳統目錄結構體系的哲學基礎〉,《北京大學學報》〔哲學社會科學版〕,第 4 期,1991 年,頁 101～106〔轉頁 100〕。

17. 李榮慧,〈古籍文獻資源的開發與利用〉,《四川圖書館學報》,第 5 期〔總第 93 期〕,1996 年,頁 37～43。

18. 李鐵梅,〈關於文集圖書的分類〉,《圖書館學刊》〔遼寧〕,第 6 期〔總第 47 期〕,1989 年,頁 26～27。

19. 吳平,〈古代書商的經營作風──宋明清諸朝代淺析〉,《圖書情報知識》,第 4 期,1984 年,頁 70～72。

20. 吳聿明,〈我國古代圖書流通述略〉,《四川圖書館學報》,第 3 期〔總第 23 期〕,1984 年,頁 46～50。

21. 吳哲夫,〈故宮宋版書之旅〉,《故宮文物月刊》,第 3 卷第 7 期,民國 74 年 10 月,頁 82～91。

22. 吳晞,〈簡論兩宋刻書業發達的社會原因〉,《圖書館工作與研究》〔天津〕,第 1 期,1983 年,頁 37～38。

23. 吳稌年,〈藏書樓的興衰探源〉,《圖書與情報》,2001.1,頁 71～72。

八 劃

1. 周少川,〈《文獻通考》的經世致用思想〉,《蒙古師範高等專科學校學報》,第 2 卷第 3 期,2000 年 6 月,頁 6～10。

2. 周征松,〈《文獻通考》的價值略論,〉,《山西師大學報》〔社會科學版〕,第 25 卷第 2 期,1998 年 4 月,頁 62～66。

3. 周東斗,〈論我國古代圖書分類的成就與不足〉,《貴圖學刊》,2001.3,頁 42～43〔轉頁 29〕。

4. 周彥文,〈中國圖書分類新論〉,《書目季刊》,第 22 卷第 1 期,民國 77 年 6 月,頁 3～12。

5. 周廣學,〈中國古代書籍發展史上的規範化措施〉,《圖書館工作與研究》〔天津〕,第 4 期,1995 年,頁 58～61。

6. 周曉燕，〈清代的文化與官私藏書〉，《圖書情報知識》，第 3 期，1988 年，頁 47。

7. 周錫侯，〈四庫全書考略〉，《中華文化復興月刊》，第 18 卷第 1 期，民國 74 年 1 月，頁 55～56。

8. 林榕奇，〈關於古籍分類問題的淺見〉，《貴圖學刊》，1988〔1〕，頁 45～52。

9. 金常政，〈論百科全書的評價標準〉，《辭書研究》，第 1 期，1990 年，頁 5～13。

10. 邱澎生，〈明代蘇州營利出版事業及其社會效應〉，《九州學刊》，第 5 卷第 2 期，1992 年 10 月，頁 139～159。

九　劃

1. 封思毅，〈宋本之因革〉，《國立中央圖書館館刊》，新 16 卷第 2 期，民國 72 年 12 月，頁 1～10。

2. 封思毅，〈唐石經與宋本〉，《國立中央圖書館館刊》，新 12 卷第 2 期，民國 68 年 12 月，頁 1～5。

3. 胡惠芬，〈略論南宋眉山刻本〉，《江蘇圖書館學報》，1990〔3〕，頁 50～63。

4. 范開宏，〈試論中國古代的版權保護〉，《晉圖學刊》，第 3 期，1999 年，頁 55～57。

5. 洪兆鉞，〈國際十進分類法與中外圖書統一分類〔上〕〉，《教育資料科學月刊》，第 8 卷第 4 期，民國 64 年 10 月，頁 3～9。

6. 洪兆鉞，〈國際十進分類法與中外圖書統一分類〔下〕〉，《教育資料科學月刊》，第 8 卷第 5、6 期，民國 64 年 12 月，頁 4～9。

7. 查啓森，〈中國書史研究縱覽〉，《圖書情報知識》，第 4 期，1983 年，頁 53～58。

8. 柳申林，〈中國古代圖書分類的理論與實踐〉，《華中師範大學學報》〔人文社會科學版〕，第 40 卷第 2 期，2001 年 3 月，頁 123～129。

9. 柯平，〈關於目錄學文化研究的思考〉，《武漢大學學報》〔社會科學版〕，第 2 期，1993 年，頁 119～125。

十　劃

1. 唐尚斌，〈《英國百科全書》第十五版簡介〉，《辭書研究》，第 1 輯，1979 年，頁 188～202。

2. 徐雁，〈《書厄論十種》導讀〉，《圖書館學刊》，第 4 期〔總第 33 期〕，1987 年，頁 35～36。

3. 徐雁、譚華軍，〈概論宋明時期的南京書文化史〉，《江蘇圖書館學報》，1997〔5〕，頁 49～52。

4. 徐壽芝，〈兩宋朝的圖書編刻與收藏〉，《鹽城師專學報》〔哲學社會科學版〕，第 2 期，1999 年，頁 122～126。

5. 徐壽芝，〈唐王朝的圖書收藏與利用〉，《圖書館》建設，2001〔1〕，頁 100～102。

6. 徐壽芝，〈兩漢的圖書收藏及利用〉，《圖書與情報》，2001〔4〕，頁 37～40。

7. 倪波，〈論中國古籍整理的軌跡與成就〉，《四川圖書館學報》，第 3 期〔總第 73 期〕，1993 年 5 月，頁 1～11。

8. 倪海曙，〈關於百科全書〉，《辭書研究》，第 4 期，1985 年 7 月，頁 1～14。

9. 孫以楷，〈絕代奇書《淮南子》〉，《儒、道、佛文化》，頁 37～38。

10. 孫昌盛，〈西夏印刷業初探〉，《寧夏大學學報》〔社會科學版〕，第 19 卷第 2 期〔總第 74 期〕，1997 年，頁 38～43。

11. 袁丹，〈錢謙益藏書特點評析〉，《圖書館雜誌》，第 12 期，2001 年，頁 45～47。

12. 袁逸，〈中國古代的書價〉，《圖書館雜誌》〔雙月刊〕，第 4 期，1991 年，頁 53。

13. 袁逸，〈明代以前書籍交易及書價考〉，《浙江學刊》〔雙月刊〕，第 6 期〔總第 77 期〕，1992 年，頁 174～178。

14. 翁俊雄，〈唐代科舉制度及其運作的演變〉，《中國史研究》，第 1 期，1998 年，頁 76～88。

15. 時永樂，〈鄭樵對圖譜文獻與「亡書之學」的貢獻〉，《文獻季刊》，第 3 期，2000 年 7 月，頁 104～109。

十一劃

1. 曹之，〈關於古籍分類的幾個問題〉，《武漢大學學報》〔社會科學版〕，第 2 期，1987 年，頁 118～123。

2. 曹之，〈書院刻書漫話〉，《四川圖書館學報》，第 2 期〔總第 26 期〕，1985 年 4 月，頁 69～74。

3. 曹之，〈古代抄撰著作小考〉，《河南圖書館學刊》，第 19 卷第 2 期，1999 年 6 月，頁 25～26。

4. 曹之，〈古籍抄本概述〉，《圖書館界》〔廣西〕，第 2 期〔總第 27 期〕，1988 年，頁 43～46。

5. 曹之，〈《四庫全書總目》分類 55 例〉，《湖北高校圖書館》，第 2 期，1986 年，頁 15～22。

6. 曹之，〈隋煬帝與圖書事業〉，《圖書情報知識》，第 6 期，2002 年 12 月，頁 28～30。

7. 曹之，〈隋唐五代圖書編撰考略〉，《江蘇圖書館學報》，1999〔3〕，頁 3～7。

8. 曹之，〈宋代圖書編撰之成就〉，《大學圖書館學報》，第 6 期，1999 年，頁 63～70。

9. 曹之，〈略論宋代圖書事業的繁榮及其原因〉，《四川圖書館學報》，第 6 期〔總第 130 期〕，2002 年，頁 52～58。

10. 曹之，〈談談明代的活字印刷〉，《圖書館情報知識》，第 1 期，1983 年，頁 21～25。

11. 曹聰孫，〈索引闡要〉，《津圖學刊》，第 3 期，1984 年，頁 75～85〔轉頁 129〕

12. 章宏偉，〈兩宋編輯出版事業研究〉，《山東大學學報》〔哲學社會科學版〕，第 4 期，1997 年，頁 33～38。

13. 章宏偉，〈兩漢圖書出版與貿易研究〉，《東南文化》，第 1 期〔總第 115 期〕，1997 年，頁 139～144。

14. 張文翰，〈《明史‧藝文志》得失小議〉，《圖書館情報知識》，第 1 期，1983 年，頁 18～20〔轉頁 35〕。

15. 張玉勤，〈從《文獻通考》看馬端臨的進步史觀〉，《山西師大學報》〔社會科學版〕，第 24 卷第 4 期，1997 年 10 月，頁 37～40。

16. 張民服，〈明清時期的私人刻書、販書及藏書活動〉，《鄭州大學學報》〔哲學社會科學版〕，第 5 期，1993 年，頁 100～103。

17. 張宏生，〈陳起與南宋江湖詩派──兼談書商的文化意義〉，《江蘇圖書館學報》，1991〔1〕，頁 49～53。

18. 張述錚，〈中國圖書文獻域界及其源流考辨〉，《山東師大學報》〔社會科學版〕，第 4 期，1987 年，頁 81～85。

19. 張展舒，〈中國歷代抄本述略〉，《圖書館員》〔四川〕，第 5 期，1993 年，頁 40～43。

20. 張智松、孫堅、韓萃華，〈《晉元帝四部目錄》次第考〉，《貴圖學刊》，1991〔1〕，頁 37～39。

21. 張智華，〈南宋文章選本敘錄〉，《文獻季刊》，第 2 期，1999 年 4 月，頁 59～76。

22. 張璉，〈明代國子監刻書〉，《國立中央圖書館館刊》，新 17 卷第 1 期，民國 73 年 6 月，頁 73～83。

23. 郭有遹，〈分類的種類其及方法之研究〉，《思與言》，第 16 卷第 6 期，1979 年 3 月，頁 62～72。

24. 崔慕岳，〈論坊刻的歷史地位和文獻價值〉，《鄭州大學學報》〔哲學社會科學版〕，第 6 期，1995 年，頁 104～107。

25. 陳光熙，陳進，〈南宋石經考述〉，《浙江學刊》〔雙月刊〕，第 1 期〔總第 108 期〕，1998 年，頁 85～86。

26. 陳超，〈晚清目錄學初探〔一〕〉，《圖書與情報》，第 1 期〔總第 17 期〕，1985 年，頁 57～63。

27. 陳超，〈晚清目錄學初探〔二〕〉，《圖書與情報》，第 2、3 期〔總第 18、19 期〕，1985 年，頁 129～135。

28. 陳超，〈晚清目錄學初探〔三〕〉，《圖書與情報》，第 4 期〔總第 20 期〕，1985 年，頁 46～51。

29. 陳麥青，〈魏晉至唐初目錄書中的佛、道兩教〉，《復旦學報》〔社會科學版〕，第 1 期，1991 年，頁 86～91。

30. 常政，〈《不列顛百科全書》編輯史話〔上〕〉，《辭書研究》，第 2 期〔總第 8 期〕，

1981 年，頁 204～212。

31. 常政，〈《不列顛百科全書》編輯史話〔中〕〉，《辭書研究》，第 3 期〔總第 9 期〕，1981 年，頁 179～188。

32. 常政，〈《不列顛百科全書》編輯史話〔下〕〉，《辭書研究》，第 4 期，1981 年，頁 253～262。

33. 許建崑，〈試探中國古今圖書分類現象及其意義〉，《東海中文學報》，第 2 期，1985 年，頁 133～149。

34. 陶寶慶，〈明代無錫版刻管見〉，《江蘇圖書館學報》，第 1 期，1985 年，頁 47～53。

35. 莎日娜，〈元代圖書出版事業述略〉，《內蒙古大學學報》〔哲學社會科學版〕，第 2 期，1995 年，頁 43～49。

36. 梁容若，〈國學研究與目錄學〉，《書和人》，第 156 期，民國 60 年 3 月，頁 1235～1240。

十二劃

1. 黃中業，〈孔子對檔案文獻編纂理論的貢獻〉，《史學集刊》，第 4 期，1995 年，頁 54～60。

2. 黃恩祝編譯，〈最早的印刷索引——若干古版本索引技術的研究〉，《高校圖書館工作》，第 3 期，1983 年 9 月，頁 75～77。

3. 黃恩祝，〈中外若干早期索引文獻的比較與研究〔上〕〉，《資料工作通訊》，第 4 期，1984 年，頁 53～49。

4. 黃恩祝，〈中外若干早期索引文獻的比較與研究〔中〕〉，《資料工作通訊》，第 5 期，1984 年，頁 45～49。

5. 黃恩祝，〈中外若干早期索引文獻的比較與研究〔下〕〉，《資料工作通訊》，第 6 期，1984 年，頁 44～48。

6. 黃鴻珠，〈中西百科全書的比較〔一〕〉，《教育資料科學月刊》，第 6 卷第 2、3 期，民國 62 年 9 月，頁 6～14。

7. 黃鴻珠，〈中西百科全書的比較〔二〕〉，《教育資料科學月刊》，第 6 卷第 4 期，民國 62 年 10 月，頁 16～25。

8. 黃鴻珠，〈中西百科全書的比較〔三〕〉，《教育資料科學月刊》，第 6 卷第 5、6 期，民國 62 年 12 月，頁 3～19。

9. 黃鴻珠，〈中西百科全書的比較〔四〕〉，《教育資料科學月刊》，第 7 卷第 1 期，民國 63 年 12 月，頁 9～14。

10. 曾棗莊，〈古籍整理中的總集編纂〉，《四川大學學報》，第 3 期，1986 年，頁 74～81。

11. 程磊，〈《四庫全書總目》分類方法之研究〉，《四川圖書館學報》，第 4 期〔總第 50 期〕，1989 年，頁 52～56。

12. 程磊，〈《四庫全書總目》體例與分類法〉，《四川圖書館學報》，第 1 期〔總第 47 期〕，1989 年，頁 47～51。

13. 程磊，〈《七略》六分法一析〉，《圖書館學研究》〔吉林〕，第 4 期〔總第 33 期〕，1985 年，頁 95～98。

14. 程磊，〈目錄學定義縱橫談〉，《貴圖學刊》，1985〔3〕，頁 35～38。

15. 程磊，〈中國圖書分類法史的四個發展階段〉，《四川圖書館學報》，第 3 期〔總第 15 期〕，1982 年 8 月，頁 72～78〔轉頁 93〕。

16. 喬好勤，〈鄭樵圖書分類理論試探〉，《四川圖書館學報》，第 1 期〔總第 13 期〕，1982 年 2 月，頁 22～27。

17. 喬好勤，〈宋代目錄學思想簡論〉，《圖書與情報》，第 2 期，1992 年，頁 13～19。

18. 喬衍琯，〈陳振孫對圖書分類的見解〉，《國立中央圖書館館刊》，新 5 卷第 3、4 期，民國 61 年 12 月，頁 29～32。

19. 喬衍琯，〈直齋書錄解題佚文——兼論輯佚和目錄學的關係〉，《國立中央圖書館館刊》，新 12 卷第 2 期，民年月，頁 7～17。

20. 傅榮賢，〈《漢書·藝文志》圖書分類特徵論〉，《圖書館工作與研究》，第 3 期，1996 年，頁 13～17。

21. 傅榮賢，中國古代目錄學研究之我見〉，《圖書與情報》，2001.4，頁 29～32。

22. 黑琨，〈嚴謹全面的學述新著——《劉向〈說苑〉研究》評介〉，《魯行經院學》報，第 1 期，2003 年，頁 123～124。

23. 葉削堅，〈近期甘肅境內關於紙的兩次考古發現〉，《圖書與情報》，第 2 期，1991 年，頁 82。

24. 華人德，〈中國石刻文獻的種類及其演變〉，《中國圖書館學報》〔雙月刊〕，第 25 卷第 119 期，1999 年 1 月，頁 73～77 〔轉頁 94〕。

十三劃

1. 趙海，〈對中國傳統文論分類的知識闡釋〉，《大連理工大學學報》〔社會科學版〕，第 23 卷第 3 期，2002 年 9 月，頁 59～62。

2. 趙達雄，〈中國古籍插圖研究〔上〕〉，《圖書館雜誌》，第 3 期，2000 年，頁 57～60。

3. 趙達雄，〈中國古籍插圖研究〔下〕〉，《圖書館雜誌》，第 4 期，2000 年，頁 52～54。

4. 趙懷生，〈叢刊的特徵及其整理〉，《河南圖書館季刊》，第 1 期，1982 年，頁 46～49。

5. 楊勝寬，〈用典：文學創作的一場革命，復旦學報〔社會科學版〕，第 6 期，1994 年，頁 104～109。

6. 楊新勛，〈《七略》"互著"、"別裁"辨正〉，《史學史研究》，第 4 期〔總第 104 期〕，2001 年，頁 56～66。

7. 楊德才，〈蕭氏父子與梁代文學〉，《文史哲》，第 6 期，1998 年，頁 37～41。

8. 楊繩信，〈從《磧沙藏》刻印看宋元印刷工人的幾個問題〉，《中華文史論叢》，第 1 輯，上海古籍出版社，頁 41～58。

9. 雷健坤，〈《淮南子》的中心思想及其理論架構〉，《天府新論》，第 5 期，2002 年，頁 66～72。

10. 雷夢永，〈記書估古書作僞〉，《古籍整理研究學刊》，第 2 期，1985 年，頁 48～49。

十四劃

1. 裴成發，〈杭州刻書在出版史上的地位〉，《晉圖學刊》，1987〔1〕，頁 61～64。

2. 熊禮匯，〈《淮南子》寫作時間新考〉，《武漢大學學報》〔哲學社會科學版〕，第 5 期，1994 年，頁 104～107。

3. 廖延唐，〈論總集〉，《圖書情報知識》，第 4 期，1983 年，頁 48～52。

4. 管計鎖，〈20 世紀 90 年代鄭樵目錄學思想研究綜述〉，《圖書與情報》，2001.3，頁 40～44。

十五劃

1. 劉如玲，〈90 年代目錄學史研究的進展〉，《情報雜誌》〔月刊〕，第 20 卷第 9 期，2001 年 9 月，頁 18～19。

2. 劉安琴，〈中國木活字印本古籍的特點及價值〉，《圖書與情報》，2002 年 4 月，1，頁 66～67。

3. 劉兆祐，〈雜著筆記之文獻資料及其運用〉，《應用語文學》報，第 2 號，民國 89 年 6 月，頁 1～33。

4. 劉尚桓，〈家族藏書重教與家族人才成長〉，《圖書館工作與研究》，第 6 期〔總第 105 期〕，2001 年，頁 15～18。

5. 劉延章，〈再論是分類法史，還是類目史？〉，《圖書館論壇》，第 21 卷第 1 期，2001 年 2 月，頁 6～8〔轉頁 49〕。

6. 劉延章，〈文獻分類學術語辨析〉，《圖書情報知識》，第 4 期，1988 年，頁 21～23。

7. 劉建立、魏紅梅，〈中國圖書起源考證〉，《圖書館雜誌》，第 4 期，2000 年，頁 55～57。

8. 劉國鈞，〈四庫分類法之研究〉，《圖書館學季刊》，第 1 卷第 3 期，民 15 年 9 月，頁 405～418。

9. 劉國珺，〈宋人在古籍整理研究中的版本觀念〉，《古籍研究》，第 3 期，1987 年 9 月，頁 9～15。

10. 劉啟柏，〈文獻分類同類分散失誤原因分析〉，《四川圖書館學報》，第 2 期〔總第 27 期〕，1985 年 6 月，頁 54～59。

11. 劉敦玉，〈宋代圖書資源的開發與利用初探〉，《湘潭大學學報》〔哲學社會科學

版〕，第 23 卷第 3 期，1999 年，頁 90～93。

12. 劉葉秋，〈《中國辭書史話》緒論〉，《辭書研究》，第 2 期，1981 年〔總第 8 期〕，頁 186～193。

13. 劉實，〈浙江古籍刻印管窺〉，《浙江師範學院學報》，第 1 期，1980 年，頁 66～71。

14. 鄭恆雄，〈試論書籍索引及其編製方法〉，《國立中央圖書館館刊》，新 6 卷第 2 期，民國 62 年 9 月，頁 20～30。

15. 鄭衡泌，〈麻沙、書坊──中國古代刻書中心〉，《福建地理》，第 11 卷第 2 期，1996 年 12 月，頁 74～77。

16. 鄧德生，〈儒家經典與中國古代目錄〉，《圖書館工作與研究》，第 2 期，1996 年，頁 30～33。

17. 潘樹廣，〈中國古代專科辭書漫話〉，《辭書研究》，第 6 期，1982 年，頁 124～131。

18. 潘樹廣，〈文獻檢索與語文研究〉，《辭書研究》，第 1 期，1979 年，頁 248～259。

19. 魯堯賢，〈宋代文化的繁榮及其原因〉，《安慶師範學院學報》，第 2 期，1994 年，頁 9～15。

20. 閻現章，〈試論明初的編書活動在反腐倡廉中的作用〉，《河南大學學報》〔社會科學版〕，第 33 卷第 1 期，1993 年 1 月，頁 111～115。

十六劃

1. 曉亮，〈姚名達及其目錄學思想〔上〕〉，《圖書與情報》，第 1 期〔總第 17 期〕，1985 年，頁 64～67。

2. 曉亮，〈姚名達及其目錄學思想〔中〕〉，《圖書與情報》，第 2、3 期〔總第 18、19 期〕，1985 年，頁 136～138。

3. 曉亮，〈姚名達及其目錄學思想〔下〕，盧元駿，七略與十家分類之商榷〉，《中央月刊》，第 9 卷第 6 期，民國 66 年 4 月，頁 106～111。

4. 盧荷生，三十五年來的圖書分類編目〉，《中國圖書館學會會報》，第 43 期，民國 77 年 12 月，頁 33～38。

5. 盧荷生，〈圖書分類研究〉，《世界新聞專科學校學報》，第 1 期，民國 73 年 8 月，頁 137～161。

6. 盧荷生，〈子部類例考述〉，《輔仁學誌》，第 18 期，民國 78 年 6 月，頁 1～12。

7. 盧荷生，〈子部類例考述〔續〕〉，《輔仁學誌》，第 17 期，民國 77 年 6 月，頁 1～11。

8. 蔡一民，〈政治部類條目、分目和類目處理〉，《廣西地方志》，第 5 期，2002 年，頁 51～56。

9. 蔡曙光，〈索引的概念和作用〉，《圖書館學研究》，第 1 期，1983 年，頁 95～98。

十七劃

1. 戴南海，〈《經籍考》的學術價值〉，《四川圖書館學報》，第 2 期〔總第 36 期〕，1987 年，頁 53〜59。

2. 戴國瑜，〈論圖書分類之意義及其必要〉，《教育資料科學月刊》，第 5 卷第 4 期，民國 62 年 4 月，頁 18〜19。

3. 韓淑舉，〈古代書坊的經營銷售〉，《圖書館研究與工作》，第 1 期，1997 年，頁 58〜61。

4. 韓勘，〈莫雷，分類研究中的原型與樣例觀〉，《心理學探新》，第 20 卷第 2 期〔總第 74 期〕，2000 年，頁 12〜16。

5. 韓寶鑑，〈四部類目改編問題研究〉，《國立中央圖書館館刊》，新 6 卷第 3、4 期，民國 62 年 12 月，頁 6〜20。

6. 薛鐘鍾英，〈我國古代書籍貿易事業歷史初探〉，《四川大學學報》頁 79〜87。

7. 謝灼華，〈文獻與社會〉，《武漢大學學報》〔哲學社會科學版〕，第 4 期，1994 年，頁 108〜114。

8. 簡文暉，〈淺談我國古代注釋方法的種類及其演變〉，《古籍整理研究學刊》，第 2 期，1997 年，頁 15〜16〔轉頁 6〕。

十九劃

1. 藍乾章，〈中國圖書分類法中幾個具有中國文化特質的部類及其分類系統的重整〉，《中國圖書館學會會報》，第 40 期，民國 76 年 6 月，頁 1〜17。

2. 羅愛鈴，〈封建中央集權與中國古代編輯出版活動的發展〉，《江漢論壇》，1996 年 9 月，頁 55〜57。

二十劃

1. 蘇鐵戈，〈古籍分類以基本保持"四庫"法爲最宜〉，《貴圖學刊》，1985〔4〕，頁 38〜40。

2. 鐘慶華，〈論章學程目錄學體系構建之緣由及內在之理〉，《貴陽師專學報》〔社會科學版〕，第 1 期〔總第 63 期〕，2001 年，頁 68〜70〔轉頁 86〕。

附 錄

壹、類書專題研究論著目錄（1911～2005）

編 例

（一）本目錄所收以「類書」專題出發，大凡整體類書發展、體例、淵源；單部類
書介紹；多部類書彙整比較等，都予以收錄。

（二）所收資料少部分未經過目查驗，請讀者以相關書目資料為據。

（三）所收資料依照作者姓名筆畫或英文字母順序排列。註明作者名、篇名、期刊
名、卷期、頁數。

一、專書部分

1. 小川陽一《日用類書による明清小説の研究》（東京：研文出版，1995 年 10 月
   10 月）。
2. 方師鐸《傳統文學與類書之關係》（臺中：東海大學出版社，民國 60 年 8 月）。
3. 加地伸行《類書の總合的研究》（日本大阪：平成 8 年（1996））。
4. 史金波、黃振華、聶鴻音《類林研究》（寧夏：寧夏人民出版社，1993 年 9 月 1
   版）。
5. 李季平、王洪軍主編《太平廣記社會史料集萃》（山東：齊魯書社，1999 年 3
   月一版一刷）。
6. 周次吉《太平廣記人名書名索引》（臺北：藝文印書館，民國 62 年 1 月）。
7. 胡道靜《中國古代的類書》（北京：中華書局，1982 年 2 月）。
8. 胡道靜《中國古代典籍十講》（上海：復旦大學出版社，2004 年 5 月）。
9. 姜椿芳《從類書到百科全書》（北京：中國書籍出版社，1990 年 12 月 1 版）。
10. 戚志芬《中國的類書、政書與叢書》（臺北：臺灣商務印書館，民國 83 年 9 月

初版）。

11. 莊芳榮《中國類書總目初稿・書名、著者索引篇》（臺北：臺灣學生書局，民國 82 年 10 月）。

12. 彭邦炯《百川匯海──古代類書與叢書》（臺北：萬卷樓圖書有限公司，民 90 年 04 月）。

13. 張滌華《類書流別》（修訂本）（北京：商務印書館，1985 年 9 月第 1 版）。

14. 夏南強《類書通論》（武漢：湖北人民出版社，2001 年 12 月）

15. 源順《倭名類聚抄》（京都：臨川書店，平成 11 年（1999））。

16. 遠藤光正《類書の伝来と明文抄の研究》（長野縣：あさま書房，昭和 59 年）。

17. 劉葉秋《類書簡說》（臺北：萬卷樓圖書有限公司，民國 82 年一月出版二刷）。

18. 鄧嗣禹《燕京大學圖書館目錄初稿：類書之部》（臺北：古亭書屋，民國 59 年）。

二、學位論文部分

1. 江秀梅〈初學記徵引集部典籍考〉（輔仁大學中國文學系碩士論文，民國 84 年）。

2. 宋來惠〈古代類書演變與傳統文化〉（北京：北京大學信息管理系碩士論文，1998 年 9 月）。

3. 李漢濱〈《太平廣記》的夢研究〉（國立高雄師範大學國文學系博士論文，民 90 年）。

4. 李鍾美〈紺珠集引唐五代典籍考〉（東吳大學中國文學系碩士論文，民國 85 年）。

5. 祈濤〈類書索引研究〉（北京：北京大學信息管理系碩士論文，1997 年 6 月）。

6. 周文玲〈《太平廣記》所引唐代四大動物妖故事研究〉（輔仁大學中文研究所碩士論文，民國 85 年）。

7. 吳蕙芳〈明清時期民間日用類書及其反映之生活內涵──以《萬寶全書》為例〉（國立政治大學歷史學系博士論文，2000 年）。

8. 祝如瑩〈《太平廣記》中離魂類型小說研究〉（南華大學文學研究所碩士論文，民 91 年）。

9. 郤明〈儒家學術文化與類書編纂〉（北京：北京大學信息管理系碩士論文，1989 年 12 月）。

10. 馬明波〈類書與中國文化〉（湖北：武漢大學碩士論文，1998 年 5 月）。

112. 崔奉源〈藝文類聚引史部圖籍考〉（國立政治大學中國文學研究所碩士論文，民國 62 年）。

12. 陳老福〈太平御覽引史籍考〉（國立政治大學中國文學研究所碩士論文，民國 63 年）。

13. 陳昱珍〈唐宋小說中變形題材之研究──以太平廣記與夷堅志為主〉（中國文化大學中國文學研究所博士論文，民國 89 年）。

14. 陳信利〈藝文類聚研究〉（輔仁大學圖書資訊所碩士論文，民 91 年 6 月）。

15. 陳淑敏〈《太平廣記》中神異故事之時間觀〉（國立臺灣大學中國文學研究所碩士論文，民國 78 年）。

16. 許曼婷〈太平廣記中的夢兆研究〉（淡江大學中國文學研究所碩士論文，民國 83 年）。

17. 許翠琴〈太平廣記所反映之唐人仕宦觀念研究〉（國立中正大學中國文學研究所碩士論文，民國 81 年）。

18. 葉怡君〈類書之目錄部居探原〉（輔仁大學圖書資訊所碩士論文，民國 86 年）

19. 閻琴南〈初學記研究〉（文化大學中國文學系研究所博士論文，民國 69 年）。

20. 盧俐文〈太平廣記禽鳥類故事研究〉（國立政治大學中國文學系碩士論文，民國 87 年）。

21. 盧錦堂〈太平廣記引書考〉（政治大學中文研究所博士論文論文，民國 79 年）。

22. 劉效鵬〈永樂大典三本戲文與汲古閣五大南戲結構之比較〉（文化大學藝術研究所碩士論文，民國 60 年）。

23. 顧力仁〈永樂大典及其輯佚書研究〉（文化大學圖書館資訊學研究所碩士論文，民國 70 年）。

三、期刊論文部分

二　劃

1. 力之，〈《藝文類聚》的問題種種——《藝文類聚》研究之一〉，《古籍整理研究學刊》，第 4、5 期合刊，1988 年，頁 13～19。

2. 丁宏宣，〈略談類書的作用〉，《圖書館學刊》，第 12 卷第 6 期，1990 年，頁 50～51。

3. 丁原基，〈宋代類書的文獻價值〉，《應用語文學報》，第 4 期，民國 91 年 06 月，頁 29～56。

4. 丁原基，〈馮琦及其《經濟類編》〉，《應用語文學報》，第 5 期，民國 92 年 06 月頁 27～55。

5. 小川陽一，〈日用類書——『萬用正宗』『萬寶全書』『不求人』など《月刊 し》〉，1998 年 3 月，頁 60～65。

三　劃

1. 川口久雄撰、郭自得譯，〈敦煌本類林與我國文學〉，《敦煌學》，第 10 輯，民國 74 年 10 月，頁 65～84。

2. 山根幸夫，〈明代の路程書について〉，《明代史研究》，第 22 號，1994 年 4 月，頁 9～24。

3. 于大成，〈「類書薈編」敘〉，《木鐸》，第 3、4 期合刊，民國 64 年 11 月，頁 26～30。

4. 于大成,〈談類書（上）〉,《出版家雜誌》,第 50 期,民國 65 年 9 月,頁 146～147。

5. 于大成,〈談類書（下）〉,《出版家雜誌》,第 51 期,民國 65 年 10 月,頁 40～41。

6. 于大成,〈說類書〉,《幼獅月刊》,第 48 卷第 2 期,民國 67 年 8 月,頁 57～62。

7. 于翠玲,〈古代摘句現象綜論〉,《河南社會科學》,第 11 卷第 3 期,2003 年 5 月,頁 8～11。

8. 于翠玲,〈從類書論狐文化與狐文學〉,《西北大學學報》〔哲學社會科學版〕,第 33 卷第 2 期,2003 年 5 月,頁 99～102。

9. 士薮,〈類書始於皇覽〉,《圖書館學季刊》,第 6 卷第 3、4 期,民國 24 年 12 月,頁 334。

四　劃

1. 方任,〈《古今圖書集成》的編纂者陳夢雷〉,《辭書研究》,第 6 期,1983 年,頁 161～162。

2. 方師鐸,〈「傳統文學與類書之關係」導論〉,《圖書館學報》,第 11 期,民國 60 年 6 月,頁 109～122。

3. 王三慶撰、謝明勳助理,〈敦煌古類書——勤讀書抄〔伯二六○七號〕研究〉,《木鐸》,第 11 期,民國 76 年 2 月,頁 249～261。

4. 王三慶撰、林艷枝助理,〈敦煌古類書研究之一——「事林一卷」〔伯四○五二號〕研究〉,《敦煌學》,第 12 輯,民國 76 年 2 月,頁 99～108。

5. 王三慶,〈敦煌本古類書「語對」伯四八七○號試論〉,《敦煌學》,第 10 輯,民國 74 年 10 月,頁 51～56。

6. 王三慶,〈「古類書」伯二五二四號及其複抄寫卷之研究〉,《敦煌學》,第 9 輯,民國 74 年 1 月,頁 63～81。

7. 王立,〈類書與中國傳統文學中的主題類分〉,《上海師範大學學報》〔哲學·社會科學版〕,第 28 卷第 1 期,

8. 1999 年 1 月,頁 22～29。

9. 王正華,〈生活、知識與文化商品：晚明福建版「日用類書」與其書劃門〉,《中央研究院近代史研究所集刊》,41 期,民國 92 年 9 月,頁 1～85。

10. 王同江,〈古類書消亡再思考〉,《圖書與情報》,第 4 期,2002 年,頁 60～61。

11. 王析,〈類書立類思想與類書衰亡原因初探〉,《圖書情報知識》,第 3 期,1992 年,頁 15～19。

12. 王若,〈關於嘉業堂所藏「永樂大典」的下落〉,《圖書館工作與研究》,第 6 期,2002 年 11 月,頁 17～19。

13. 王世偉,〈傳抄自《永樂大典》的清抄校本《尚書全解·多方》及附錄考略〉,《「永樂大典」編纂 600 周年國際研討會論文集》,北京：北京圖書館出版社,2003

年 7 月 1 版，201～211。

14. 王世偉，〈「永樂大典」保存、研究與傳播的過去與未來──參加「永樂大典」編纂 600 年國際研討會札記〉，《圖書館雜誌》，第 7 期，2002 年 7 月，頁 74～76。

15. 王玉良，〈關於《永樂大典》的幾個問題〉，《「永樂大典」編纂 600 周年國際研討會論文集》，北京：北京圖書館出版社，2003 年 7 月 1 版，241～250。

16. 王育紅、鄭建明，〈中國古類書研究的思考〉，《江蘇圖書館學報》，第 1 期，2002 年，頁 29～31。

17. 王晉德，〈中國代類書的興盛──明清類書〉，《貴圖學刊》，第 4 期，1991 年 12 月，頁 60～63。

18. 王國良，〈《太平廣記》概述〉（夾附於明倫書局出版《太平廣記》內）

19. 王清原，〈《永樂大典》中元代史料舉隅──以文廷式輯元《經世大典》佚文爲例〉，《「永樂大典」編纂 600 周年國際研討會論文集》，北京：北京圖書館出版社，2003 年 7 月 1 版，190～200。

20. 王雲五，〈影印海內外孤本類書儒函數類序〉，《東方雜誌》，第 4 卷第 5 期，民國 59 年 11 月，頁 82～83。

21. 王雲五，〈影印罕傳本紺珠集序〉，《東方雜誌》，第 4 卷第 5 期，民國 59 年 6 月，頁 80～81。

22. 王義耀，〈我國現存最大的古籍資料類編──《古今圖書集成》〉，《資料工作通訊》，1985·1，頁 43～45。

23. 王義耀，〈《古今圖書集成索引》評價〉，《情報資料工作》，第 2 期，1987 年，頁 50～52。

24. 王福壽，〈物以類聚──泛談類書〉，《故宮文物月刊》，第 3 卷第 9 期，民國 74 年 12 月，頁 127～131。

25. 王輝，〈明代郭良翰與類書《問奇類林》及《續問奇類林》〉，《圖書館研究》，第 3 期，1994 年，頁 89～90。

26. 王輝，〈論類書的價值及開發〉，《古籍整理研究學刊》，第 5 期，1994 年，頁 46～48。

27. 王德毅，〈永樂大典及其價值〉，《食貨月刊》，第 15 卷第 5、6 期，民國 74 年 11 月，頁 198～213。

28. 王端延，〈從《古今圖書集成》看我國類書的性質〉，《貴圖學刊》，第 1 期，1984 年 5 月，頁 54～58。

29. 王繼舜，〈《古今圖書集成》滄桑史〉，香港《自由報》 1977 年 5 月

30. 文寧，〈我國宋代四大類書簡介〉，《貴圖學刊》，1991〔3〕，頁 46～48。

五 劃

1. 白化文，〈敦煌遺書中的類書簡述〉，《中國典籍與文化》，第 4 期，1999 年，頁

50～59。

2. 白化文 〈讀《〈永樂大典〉考》〉,《「永樂大典」編纂 600 周年國際研討會論文集》,北京:北京圖書館出版社,2003 年 7 月 1 版,頁 23～29。

3. 白玉霞、裴芹,〈《古今圖書集成》成書略考〉,《內蒙古民族師院學報》〔哲社・漢文版〕,第 26 卷第 4 期,2000 年 11 月,頁 81～83。

4. 田仲一成,〈日本東洋文庫收集《永樂大典》殘本的過程〉,《「永樂大典」編纂 600 周年國際研討會論文集》,北京:北京圖書館出版社,2003 年 7 月 1 版,307 ～315。

5. 田素蘭,〈類書兩種〉,國語日報社出版,《書和人》,第 3 輯,民國 62 年 5 月,頁 8。

6. 本田精一,〈《兔園策》考——村書の研究〉,《九州大學東洋史論集》,第 21 號,1993 年 1 月,頁 65～101。

7. 申嫻、楊琳,〈類書簡話〉,《河南高校圖書情報工作》,第 1 期,1995 年,頁 45 ～46。

六 劃

1. 江亞玉,〈生死以之,無怨無尤——簡析太平廣記情感類的愛情〉,《勤益學報》,第 12 期,民國 83 年 11 月,頁 191～198。

2. 羽離子,〈唐風薰染的日本古典目錄學——中國普通圖書、類書、佛典三大分類組目之學被日本承繼〉,《圖書館》〔雙月刊〕,第 5 期,1993 年,頁 49～52。

3. 羽離子,〈類書的分類和目錄〉,《圖書館研究與工作》,第 4 期,1986 年,頁 25 ～28。

4. 羽離子,〈類書分析分類法的立類原則及其體系的兩重性〉,《圖書館雜誌》〔雙月刊〕,第 5 期,1991 年,頁 52～53。

5. 朱育培、焦中鐸,〈評當代類書的濫編現象〉,《圖書館論壇》〔雙月刊〕,第 3 期,1996 年,頁 7～9。

6. 朱育培,〈宋代"四大書":類書述略〉,《圖書館學刊》,第 5 期〔總第 82 期〕,1995 年,頁 55～57。

7. 朱育培,〈當代類書編纂體制上的突破:兼評「輯而不作」論〉,《大學圖書館學報》,第 14 卷第 3 期,1996 年,頁 75～76。

8. 朱笛曉,〈略談《佩文韻府》〉,《貴圖學刊》,1985〔3〕,頁 50～52。

9. 朱燕平,〈略論類書的特點、起源及作用〉,《圖書館研究與工作》,第 3 期,1997 年,頁 62。

10. 任寶楨、徐瑛,〈《古今圖書集成》編排體例簡析〉,《高校圖書館工作》,第 2 期,1983 年,頁 75～78。

11. 仲笆,〈我國的第一部百科全書永樂大典〉,《圖書館工作》,第 3 期,1957 年,頁 17～19。

12. 艾思仁，〈一封有關永樂大典的公開信〉，《圖書館雜誌》，第 4 期，2001 年，頁 55～56。

13. 艾思仁，〈翰林院和英國使館──《永樂大典》隨筆〉，《「永樂大典」編纂 600 周年國際研討會論文集》，北京：北京圖書館出版社，2003 年 7 月 1 版，251～ 255。

14. 艾俊川，〈讀《永樂大典》校本洪遵《泉志》札記〉，《「永樂大典」編纂 600 周年國際研討會論文集》，北京：北京圖書館出版社，2003 年 7 月 1 版，頁 212～ 240。

七 劃

1. 汪雁，〈唐宋類書編纂體系述略〉，《貴圖學刊》，1992〔4〕，頁 47～49。

2. 汪維輝，〈唐宋類書好改前代口語──以《世說新語》異文為例〉，《漢學研究》，第 18 卷第 2 期，民國 89 年 12 月，頁 319～339。

3. 沈乃文，〈《事文類聚》的成書與版本〉，《文獻季刊》，第 3 期，2004 年 7 月，頁 162～174。

4. 何九盈，〈《爾雅》的作者及成書年代〉，《語言研究》，3 期，1984 年。

5. 何良，〈佛學類書《經律異相》泛覽──中印文學的異中之同，內明，第 206 期，民國 78 年 5 月，頁 23～25。

6. 何忠禮、鄭瑾，〈略論宋代類書大盛的原因〉，《浙江大學學報》〔人文社會科學版〕，第 33 卷第 1 期，2003 年 1 月，頁 31～38。

7. 何沛雄，〈叢書與類書〉，《現代學苑》，第 10 卷第 3 期，民國 62 年 3 月，頁 7 ～11。

8. 何廣棪，〈讀《永樂大典》補闕一則〉，《大陸雜誌》，101 卷 1 期，民國 89 年 07 月 頁 48。

9. 余子牛、馮躍，〈中醫類書漫談〉，《圖書館》，第 4 期，1997 年，頁 49～51〔轉 頁 60〕。

10. 步曉輝，〈類書及其書名的由來〉，《內蒙古民族師院學報》〔哲社版〕，第 2 期 〔總第 62 期〕，1995 年，頁 82～85。

11. 杜學知，〈「圖書集成」如何得到充分的利用〉，《中華文化復興月刊》，第 19 卷 第 2 期，民國 75 年 2 月，頁 70～72。

12. 杜偉生，〈「永樂大典」修復始末〉，《國家圖書館學刊》，第 19 卷，2004 年 4 月，頁 64～68。

13. 杜偉生，〈《永樂大典》的修復與保護〉，《「永樂大典」編纂 600 周年國際研討會論文集》，北京：北京圖書館出版社，2003 年 7 月 1 版，359～364。

14. 李正奮，〈永樂大典考〉，《圖書館學季刊》，第 1 卷第 2 期，民國 15 年 6 月，頁 215～223。

15. 李永祜，〈一部反映中國古代婦女生活的全景式類書──《奩史選注》簡介〉，《北

京高校圖書館》，第 2 期，1993 年，頁 55。

16. 李守素、梁松，〈試論類書的分類體系與分類技術〉，《大學圖書館學報》，第 5 期，1989 年，頁 22～28。

17. 李季平、王洪軍，〈《太平廣記》社會史料初探〉，《齊魯學刊》，1996 年第 005 期總第 134 期 頁 95。

18. 李峰，〈中國古代類書概述〉，《江西圖書館學刊》，2 期〔總第 118 期〕，1990 年 4 期，頁 16～21。

19. 李峰，〈中國古代詞典之先河──爾雅〉，《圖書館建設》，2000 年 4 期，頁 111～113。

20. 李海祁，〈唐代類書中的目錄學方法〉，《圖書館工作與研究》，第 4 期〔總第 103 期〕，2001 年，頁 50～51。

21. 李國新，〈社會需求與傳統類書的現代化〉，《辭書研究》，第 1 期，1990 年 1 月，頁 87～94〔轉頁 130〕。

22. 李建民，〈使用類書的三部曲：範圍、體例與臨題分析〉，《河南高校圖書情報工作》，第 1 期，1990 年 3 月，頁 50～52〔轉頁 47〕。

23. 李捷，〈李淵下令編《藝文類聚》〉，《圖書館雜誌》，第 3 期，1999 年，頁 22。

24. 李國慶、孔方恩，〈館臣鄒炳泰與《永樂大典》〉，《「永樂大典」編纂 600 周年國際研討會論文集》，北京：北京圖書館出版社，003 年 7 月 1 版，178～189。

25. 李惠銀，〈《永樂大典》和中文藏書介紹〉，《「永樂大典」編纂 600 周年國際研討會論文集》，北京：北京圖書館出版社，2003 年 7 月 1 版，343～351。

26. 李偉國，〈《永樂大典》佚卷的寶貴資料──讀《純常子枝語》〉，《札記文獻》，第 17 輯，1983 年 9 月，頁 92～95。

27. 李榮慧，〈我國類書、索引比較及其消長趨勢〉，《四川圖書館學報》，第 5 期〔總第 105 期〕，1998 年 9 月，頁 73～76〔轉頁 66〕。

28. 李榮慧，〈類書是我國古代索引不發達的主要原因〉，《文獻研究》，第 2 期，1998 年，頁 39～41。

29. 李鼎霞，〈宋代官修的四部大書──介紹《太平廣記》、《太平御覽》、《文苑英華》、《冊府元龜》〉，《百科知識》，第 5 輯，1979 年 11 月，頁 37～39。

30. 李劍雄，〈《藝文類聚》〉，《百科知識》，第 10 期〔總第 15 期〕，1980 年 10 月，頁 34～36。

31. 李劍雄，〈《藝文類聚》〉，《百科知識》第 10 期，1980 年，頁 34～36。

32. 李樂民，〈李昉的類書編纂思想及其成就〉，《河南大學學報》〔社會科學版〕，第 42 卷第 5 期，2002 年 9 月，頁 115～117。

33. 李儼，〈永樂大典算書〉，《圖書館學季刊》，第 2 卷第 2 期，民國 17 年 3 月，頁 189～195。

34. 宋海屏，〈永樂大典鈎沈錄〉，《書評書目》，第 32 期，民國 64 年 12 月，頁 31

～39。

35. 宋建昃，〈試論《孔白六帖》的幾個問題〉，《河南大學學報》〔社會科學版〕，
    第 41 卷 1 期，2001 年 1 月，頁 21～22。

36. 宋建昃，〈描潤本《古今圖書集成》述介〉，《文獻》，第 3 期，1997 年，頁 255
    ～260。

37. 吳政上，〈《永樂大典》校補《四庫全書》本的價值——以周必大《辛巳親征錄》
    爲例〉，《「永樂大典」編纂 600 周年國際研討會論文集》，北京：北京圖書館出
    版社，2003 年 7 月 1 版，頁 34～60。

38. 吳栢青，〈論虞世南《北堂書鈔》〉，《書目季刊》，第 31 卷第 1 期，民國 86 年 6
    月，頁 51～59。

39. 吳蕙芳，〈上海圖書館所藏《萬寶全書》諸本——兼論民間日用類書中的拼湊問
    題〉，《書目季刊》，第 36 卷第 4 期，民年月，頁 53～58。

40. 吳蕙芳，〈民間日用類書的淵源與發展〉，《國立政治大學歷史學報》，第 18 期，
    民國 90 年 5 月，頁 1～28。

41. 吳蕙芳，〈清代民間知識的掌握——從《萬寶元龍雜字》到《萬寶全書》〉，《國
    立政治大學歷史學報》，第 20 期，民國 92 年 5 月，頁 185～209。

42. 吳蕙芳，〈《中國日用類書集成》及其史料價值〉，《近代中國史研究通訊》，第 30
    期，民國 89 年 9 月，頁 109～117。

43. 吳蕙芳，〈新社會史研究：民間日用類書的應用與展望〉，《政大史粹》，第 2 期，
    民國 89 年 6 月，頁 1～16。

44. 吳蕙芳節譯，《日用類書による明清小説の研究》，小川陽一著，東京：研文出
    版，1995 年 10 月 10 日，頁 406〉，《中央研究院近代史研究所集刊》，第 28 期，
    民國 86 年 12 月，頁 253～257。

45. 吳蕙芳，〈民間日用類書的內容與運用——以明代《三台萬用正宗》爲例〉，《明
    代通訊研究》，第 3 期，民國 89 年 10 月，頁 45～56。

46. 吳蕙芳，〈口腹之欲：明版日用類書中的葷食〉，《中國歷史學會史學集刊》，35
    期，民國 93 年 1 月 頁 101～130。

47. 尾崎康，〈日本所藏《永樂大典》的收藏、保護及研究狀況〉，《「永樂大典」編
    纂 600 周年國際研討會論文集》，北京：北京圖書館出版社，2003 年 7 月 1 版，
    316～323。

八 劃

1. 泊如，〈圖書知識——類書、叢書〉，《廣東圖書館學刊》，1988 年 3 期，頁 122
   ～124。

2. 來新夏，〈類書與叢書〉，《津圖學刊》，第 2 期，1987 年，頁 108～123。

3. 武躍進、王壯，〈明清類書的興盛與衰亡〉，《圖書館學研究》，第 2 期，1996 年
   4 月，頁 76～82。

4. 昌彼得，〈《永樂大典》述略〉，《大陸雜誌》，第 6 卷第 7 期，民國 42 年 4 月，頁 226～228。

5. 周少川，〈略論古代類書的起源與發展〉，《殷都學刊》，第 1 期，1996 年，頁 50～56。

6. 周心慧，〈《永樂大典》考略〉，《「永樂大典」編纂 600 周年國際研討會論文集》，北京：北京圖書館出版社，2003 年 7 月 1 版，143～157。

7. 周采泉，〈《古今圖書集成》淺說〉，《百科知識》，第 11 期〔總 28 期〕，1981 年 11 月，頁 21～22。

8. 周彥文，〈論歷代書目中的制舉類書籍〉，《書目季刊》，第 31 卷第 1 期，民國 86 年 6 月，頁 1～13。

9. 周美華，〈淺談類書──以《錦繡萬花谷》爲例〉，《中國語文》542，民國 77 年 6 月，頁 54～57。

10. 周蜀蓉，〈論古類書的現代功能〉，《四川圖書館學報》，第 3 期〔總第 127 期〕，2002 年，頁 78～80。

11. 林立仁，〈從「永樂大典戲文三種」看早期南戲的藝術形式〉，《輔大中研所學刊》，第 7 期，民國 86 年 06 月，頁 378～418。

12. 林世田，〈《永樂大典》中佛教文獻初探〉，《「永樂大典」編纂 600 周年國際研討會論文集》，北京：北京圖書館出版社，2003 年 7 月 1 版，61～103。

13. 林仲湘，〈訓詁與古籍索引──兼談《古今圖書集成》索引的編寫〉，《廣西大學學報》〔哲學社會科學版〕，第 2 期，1988 年，頁 71～75。

14. 林仲湘，〈編制《古今圖書集成索引》的實踐和理論〉，《廣西大學學報》〔哲學社會科學版〕，第 2 期〔總第 53 期〕，1994 年，頁 94～102。

15. 林仲湘、黃世雄、陳大廣，〈《古今圖書集成》及其索引的編寫〉，《廣西大學學報》〔哲社版〕，第 1 期，1985 年，頁 28～32。

16. 林仲湘、黃世雄、陳大廣，〈我們編纂了《古今圖書集成》索引〉，《大學圖書館通訊》，第 4 期〔總第 20 期〕，1985 年，頁 42～43。

17. 林忠鵬，〈《倭名類聚抄》與中國典籍〉，《重慶師院學報》哲社版，第 2 期，2000 年，頁 83～89。

18. 征安吉，〈《佩文韻府》與《駢字類編》編排體例之比較〉，《圖書館學刊》，第 16 卷第 5 期〔總第 76 期〕，1994 年，頁 48～49。

19. 尚者炎，〈陝藏善本《古今圖書集成》流轉始末〉，《陝西圖書館》〔今更名爲當代圖書館〕，2～3 期合刊，1986 年，頁 100～101。

九　劃

1. 姚宏峰，〈類書源流泛談〉，《貴圖學刊》，1985〔2〕，頁 62～65〔轉頁 32〕。

2. 姚華，〈類書與中國古代文風〉，第 2 期，2003 年，頁 58～64。

3. 胡道靜，〈《古今圖書集成》的情況、特點及其作用〉，《圖書館》〔季刊〕，第 1

期，1962 年，頁 31～37。

4. 胡養儒，〈論《冊府元龜》的史學價值〉，《河南師範大學學報》〔哲學社會科學版〕，第 21 卷第 3 期，1994 年，頁 42～44。

5. 范青，〈從社會文化機制的角度論中國類書之發展〉，《圖書館工作與研究》，第 5 期，1996 年 9 月，頁 37～39。

6. 范開宏，〈《永樂大典》散聚述略〉，《圖書館雜誌》，第 7 期，2000 年，頁 61～62。

7. 范開宏，〈中國書籍史上最大疑案——「永樂大典」之謎〉，《圖書館建設》，第 2 期，2001 年 3 月，頁 85～86。

8. 段金泖，〈從類書的沿革看我國編輯史的發展〉，《河南大學學報》〔社會科學版〕，第 37 卷 3 期，1997 年 5 月，頁 122～12。

9. 洪如薇，〈從類書看中元普渡祭典的由來〉，《國文天地》19 卷第 3 期（219 期）民國 92 年 08 月，頁 34～37。

10. 段莉芬，〈《太平廣記》——豪俠類研析〉，《建國學報》，第 14 期，民國 84 年 02 月，頁 175～193。

11. 段莉芬，〈從太平廣記「神仙類」、「女仙類」看唐人仙道傳奇中的成仙理論與條件〉，《古典文學》，第 14 期，民國 86 年 05 月，頁 333～372。

12. 洪湛侯，〈類書溯源〉，《圖書館學通訊》，第 2 期，1980 年，頁 86～89。

13. 洪湛侯，〈類書的文獻價值〉，《文獻》，第 3 輯，1980 年 10 月，頁 176～189。

14. 姜曉萍，〈《士商類要》與明代商業社會〉，《西南師範大學學報》，第 1 期，1996 年，頁 67～70。

15. 查屏球，〈李商隱《金鑰》考述〉，《安徽師範大學學報》〔人文社會科學版〕，第 30 卷第 4 期，2002 年 7 月，頁 391～395。

16. 相島宏，〈國立國會圖書館藏《永樂大典》的保存和利用以及日本的研究情況〉，《「永樂大典」編纂 600 周年國際研討會論文集》，北京：北京圖書館出版社，2003 年 7 月 1 版，324～329。

17. 侯漢清，〈我國古代索引探源〉，《圖書館理論與實踐》，第 2 期，1986 年，頁 5～12。

18. 郎菁，〈「永樂大典」中發現「西遊記」不是新聞圖書館建設，第 6 期，2000 年 11 月，頁 92。

19. 倪曉建，〈類書之體，延綿有續——紀念「永樂大典」編纂 600 年《圖書館學報》，第 5 期，2002 年 9 月，頁 25～28。

十 劃

1. 唐天堯，〈陳夢雷與《古今圖書集成》〉，《福建師大學報》〔哲學社會科學版〕，第 2 期，1981 年，頁 101～105。

2. 唐建華、戴克瑜，〈類書淵源一說〉，《四川圖書館學報》，第 1 期〔總第 17 期〕，

1983 年，頁 80～85。

3. 唐素珍，〈中國兩大類書《永樂大典》及《古今圖書集成》的四個論題〉，《輔大中研所學刊》，第 4 期，民國 84 年 3 月，頁 61～79。

4. 唐書杰，〈《佩文韻府》與《駢字類編》〉，《古籍整理研究通訊》，1983 年，頁 31～32。

5. 唐雯，〈古類書《秘府略》之文獻價值〉，《文獻信息論壇》，第 4 期〔總第 64 期〕，2002 年，頁 61～70〔轉頁 24〕。

6. 唐錫倫，〈古今圖書集成概說〉，《四川圖書館學報》，第 6 期〔總第 40 期〕，1987 年，頁 82～88。

7. 高千惠，〈先民智慧的結晶——談我國古代的叢書與類書〉，《故宮文物月刊》，第 18 卷第 10 期，民國 91 年 1 月，頁 22～27。

8. 高文超，〈文化價值：宋代編輯繁榮的原因〉，《河南大學學報》〔社會科學版〕，第 32 卷第 4 期，1992 年 7 月，頁 111～114。

9. 高長青、楊麗梅，〈古類書衰落探源〉，《圖書與情報》2001 年 3 月，頁 36～39。

10. 高振鐸，〈《永樂大典》有幾個寫本〉，《古籍整理研究通訊》，第 2 期，1984 年 2 月，頁 31～32。

11. 高薇薇，〈類書說略〉，《天中學刊》，第 11 卷第 1 期，1996 年 2 月，頁 85～86〔轉頁 88〕。

12. 馬功蘭，〈當代類書的特徵〉，《情報資料工作》〔雙月刊〕，第 5 期，1997 年 9 月，頁 47～48。

13. 馬克昌，〈略論《古今圖書集成》〉，《古籍論叢》，福建人民出版，1982 年 12 月，頁 371～392。

14. 馬明波，〈類書與中國文化〉，《圖書情報知識》，第 3 期，1988 年，頁 48。

15. 馬明波，〈從類書的類例透視中國傳統文化的內涵〉，《廣東圖書館學刊》，1989 年 1 期，頁 23～28。

16. 馬泰來，〈普林斯頓大學東亞圖書館藏《永樂大典》題記〉，《「永樂大典」編纂 600 周年國際研討會論文集》，北京：北京圖書館出版社，2003 年 7 月 1 版，330～332。

17. 徐金法，〈《古今圖書集成》編者考〉，《文獻情報學刊》，第 2 期，1989 年。

18. 徐建華，〈索引溯源〉，《津圖學刊》，第 4 期，1984 年，頁 112～115。

19. 徐瑛、任寶禎，〈《古今圖書集成》的分類體系〉，《四川圖書館學報》，第 4 期〔總第 28 期〕，1985 年 8 月，頁 47～51。

20. 倪春發，〈類書的沿革〉，《河南圖書館季刊》，2 期，1982 年，頁 27～31。

21. 倪曉建，〈類書新編，傳統有續〉，《北京圖書館館刊》，第 2 期，1992 年 12 月，頁 86～90。

22. 倪曉建、朱宗霞，〈當代類書知見錄〉，《大學圖書館學報》，第 2 期〔總第 6 期〕，

1993 年，頁 56～58。

23. 倪曉建，〈當代類書簡論〉，《情報資料工作》，第 2 期，1993 年，頁 46～48。

24. 倪曉健，〈類書之體　延綿有續——紀念《永樂大典》編纂 600 年〉，《「永樂大典」編纂 600 周年國際研討會論文集》，北京：北京圖書館出版社，2003 年 7 月 1 版，頁 125～134。

25. 郜明，〈中國人傳統思維方式與類書編纂〉，《上海大學學報》〔社科版〕，第 6 期，1990 年，頁 82～84。

26. 孫壯，〈《永樂大典》考〉，《北平北海圖書館月刊》，第 2 卷 3、4 號，民國 18 年 3 月、4 月，頁 841～859。

27 孫愫婷，〈《初學記索引》訂闕〉，《古籍整理研究學刊》，第 1 期，1998 年，頁 45～47。

28. 孫永忠，〈《三才圖會》研究〉，《輔仁國文學報》，第 19 期，民國 92 年 10 月，頁 89～124。

29. 孫永忠，〈類書創始於曹魏說〉，《輔仁學誌‧人文藝術之部》，第 31 期，民國 93 年，頁 19～45。

30. 袁同禮，〈永樂大典現存卷目表〉，《北平北海圖書館月刊》，第 2 卷第 3、4 號，民國 18 年 3、4 月，頁 215～251。

31. 袁同禮，〈永樂大典現存卷目表〉，《國立北平圖書館館刊》，第 7 卷第 1 號，民年月，頁 103～140。

32. 袁同禮，〈關於圖書集成之文獻〉，《圖書館學季刊》，第 6 卷第 3 期，民國 21 年 9 月，頁 403～406。

33. 袁同禮，〈關於永樂大典之文獻〉，《國立北平圖書館館刊》，第 7 卷第 1 號頁 13～29。

34. 袁同禮，〈四庫全書中永樂大典輯本之缺點〉，《國立北平圖書館館刊》，第 7 卷第 5 號頁 63～70。

35. 袁逸，〈試論類書之起緣——兼析劉向《說苑》等三書〉，《四川圖書館學報》，第 1 期〔總第 17 期〕，1983 年 2 月，頁 86～92。

36. 袁逸，〈我國古代類書與索引——兼論我國索引之源流〉，《圖書與情報》，第 4 期，1985 年，頁 41～45。

37. 袁逸，〈珍貴的《古今圖書集成》〉，《辭書研究》，第 6 期，1983 年，頁 148～151。

38. 袁逸，〈我國古代大百科《古今圖書集成》〉，《圖書館學刊》，第 1 期，1983 年，頁 66～69。

39. 袁逸，〈《古今圖書集成》中的人物傳〉，《圖書館研究與工作》，第 1 期，1983 年，頁 55～56。

40. 袁逸，〈陳夢雷和《古今圖書集成》〉，《文史知識》，第 12 期〔總第 54 期〕，1985 年，頁 58～61。

41. 夏南強,〈類書分類體系的發展演變〉,《華中師範大學學報》,第 40 卷第 2 期,2001 年 3 月,頁 130～138。

42. 凌朝棟,〈試論歐陽詢《藝文類聚》的價值〉,《濟南師專學報》(社科報),第 4 期,1994 年,頁 62～64〔轉頁 25〕。

43. 酒井忠夫,〈元明時代の日用類書とその教育史的意義〉,《日本の教育史學》,1 號,1958 年,頁 67～94。

44. 酒井忠夫,〈明代の日用類書と庶民教育(明代的日用類書和庶民教育)〉。

十一劃

1. 許曼婷,〈試論《太平廣記》中的夢兆類型與主題意識〉,《問學集》,第 4 期,民國 83 年 06 月,頁 1～13。

2. 曹之,〈「永樂大典」編纂考略〉,《圖書館》,第 5 期,2000 年 10 月,頁 69～71。

3. 曹書杰,〈《佩文韻府》與《駢字類編》〉,《古籍整理研究通訊》,試刊,1983 年,頁 31～32。

4. 曹書杰,〈《四庫全書》所輯《永樂大典》本之數量辨〉,《古籍整理與研究》,試刊,1989 年 3 月,頁 77～81。

5. 張小嫻,〈類書及其在北京圖書館的收藏〉,《北京圖書館館刊》,第 3 期,1996 年,頁 128～131。

6. 張升,〈《永樂大典》正本的流傳〉,《圖書館建設》,第 1 期,2003 年,頁 107～110。

7. 張木森,〈關於加強館藏《永樂大典》原本保護的思考〉,《「永樂大典」編纂 600 周年國際研討會論文集》,北京:北京圖書館出版社,2003 年 7 月 1 版,371～377。

8. 張天俊,〈論類書之祖──《皇覽》〉,《南通師專學報》,第 11 卷第 4 期,1995 年 12 月,頁 98～101。

9. 張平,〈《永樂大典》修復與保存方法分析〉,《「永樂大典」編纂 600 周年國際研討會論文集》,北京:北京圖書館出版社,2003 年 7 月 1 版,365～370。

10. 張忱石,〈現存《永樂大典》所見方志史料價值發微〉,《「永樂大典」編纂 600 周年國際研討會論文集》,北京:北京圖書館出版社,2003 年 7 月 1 版,頁 1～22。

11. 張志清,〈趙萬里與《永樂大典》〉,《「永樂大典」編纂 600 周年國際研討會論文集》,北京:北京圖書館出版社,2003 年 7 月 1 版,158～177。

12. 張宗海,〈《太平廣記》新點校本面市〉,《黑龍江社會科學》,第 6 期〔總 63 期〕,2000 年,頁 79。

13. 張秀芬,〈圖文並茂的大型類書《三才圖會》〉,《貴圖學刊》,1991 年 2 期,頁 21～22。

14. 張秀春,〈《太平御覽》纂修緣起芻議〉,《古籍整理研究學刊》,第 2 期,1996

年，頁 34～35。

15. 張其中，〈官修類書功能嬗變論〉，《四川圖書館學報》，第 4 期〔總第 56 期〕，1990 年，頁 65～69〔轉頁 63〕。

16. 張河清，〈從《古今圖書集成》看中國類書特點〉，《河南師大學報》，第 1 期，1990 年。

17. 張忠輝，〈「永樂大典」中發現「西遊記」〉，《圖書館建設》，第 1 期，2000 年，頁 80。

18. 張春輝，〈關於類書性質的商榷〉，《圖書館學刊》，第 5 期〔總第 40 期〕，1988 年，頁 28～31。

19. 張春輝，〈類書的類型與編排〉，《文獻》，第 2 期，1987 年，頁 266～273。

20. 張春輝，〈類書的範圍與發展〉，《文獻》，第 1 期，1987 年，頁 179～190。

21. 張涌泉，〈試論敦煌寫本類書的校勘價值──以《勵忠節抄》爲例〉，《敦煌研究》，第 2 期〔總第 78 期〕，2003 年，頁 69～73。

22. 張祖淑，〈試論我國古代的「百科全書」〉，《圖書館學刊》，第 2 期〔總第 19 期〕，1984 年，頁 79～83。

23. 張展舒、錢健，〈以《初學記》爲例剖析分類目錄與主題目錄〉，《圖書館學研究》〔吉林〕，第 5 期，1985 年，頁 62～63。

24. 張釜，〈《古今圖書集成》再考〉，《新中華》，第 4 卷第 4 期，民國 25 年 2 月，頁 17～26。

25. 張國風，〈《太平廣記》在兩宋的流傳〉，《文獻季刊》，第 4 期，2002 年 10 月，頁 101～105〔轉頁 116〕。

26. 張國朝，〈《藝文類聚》的編輯技術成就及其價值〉，《圖書與情報》，第 4 期〔總第 20 期〕，1985 年，頁 59～61。

27. 張毅志，〈談古代類書《古今圖書集成》的使用〉，《圖書館學研究》，第 3 期，1991 年，頁 63～64〔轉頁 68〕。

28. 張毅志，〈類書《古今圖書集成》的使用〉，《圖書與情報》，第 3 期，1991 年，頁 68～70。

29. 張錦郎，〈類書的源流及用法〉，《教育資料科學》，第 19 卷第 4 期，民國 71 年 6 月，頁 394～409。

30. 張樹侯，〈泛舟資料之海──百科全書覽勝（上）〉，《資料工作通訊》，1985.1，頁 46～48。

31. 張樹侯，〈泛舟資料之海──百科全書覽勝（下）〉，《資料工作通訊》，1985.2，頁 48。

32. 郭長城，〈敦煌寫本兔園策府敘錄〉，《敦煌學》，第 8 輯，民國 73 年，頁 47～63。

33. 郭長城，〈敦煌寫本兔園策府逸注補〉，《敦煌學》，第 9 輯，民國 74 年 1 月，頁 83～106。

34. 郭紹林，〈歐陽詢與《藝文類聚》〉，《洛陽師專學報》，第 15 卷第 1 期，1996 年 2 月，頁 87～93。

35. 崔文印，〈《永樂大典》概說〉，《史學史研究》，第 3 期，1995 年，頁 72～79。

36. 崔文印，〈說《古今圖書集成》及其編者〉，《史學史研究》，第 2 期，1998 年，頁 60～67。

37. 崔石崗，〈魯迅、鄭振鐸與「永樂大典」〉，《圖書館理論與實踐》，第 3 期，2001 年 6 月，頁 65～66。

38. 陳一弘，〈類書的體式、編輯作用、侷限性與普遍性〉，《國立編譯館館刊》，第 29 卷第 1 期，民國 89 年 6 月，頁 285～301。

39. 陳大廣，〈關於《中華大典》框架與索引的探討〉，《中國圖書館學報》〔季刊〕，第 4 期，1992 年，頁 56～62。

40. 陳宏天，〈中國歷代類書〉，《百科知識》，第 3 輯，1979 年 8 月，頁 27～29。

41. 陳尚君，〈隋唐五代文學與歷史文獻〉，《社會科學戰線‧歷史學研究》，第 5 期，2002 年，頁 139～147。

42. 陳杏珍，〈北圖藏明內府寫本「永樂大典」述略〉，《北京圖書館館刊》，第 4 期，1998 年 12 月，頁 124～126。

43. 陳美妃，〈人狐類婚姻關係中之妻德塑建初探——以《太平廣記》爲本〉，《臺北科技大學學報》，第 31 卷 2 期，民國 87 年 09 月，頁 315～325。

44. 陳高志，〈類書引書考——試以藝文類聚引孔叢子及東觀漢記爲例〉，《內湖高工學報》，第 3 期，民國 79 年 4 月，頁 19～24。

45. 陳香，〈萬卷類書《古今圖書集成》〉，《中華文化復興月刊》，第 18 卷第 10 期，民國 74 年 10 月，頁 67～71。

46. 陳香，〈明成祖朱棣與《永樂大典》〉，《中華文化復興月刊》，第 18 卷第 3 期，民國 74 年 3 月，頁 30～32。

47. 陳紅彥，〈中國國家圖書館藏《永樂大典》〉，《「永樂大典」編纂 600 周年國際研討會論文集》，北京：北京圖書館出版社，2003 年 7 月 1 版，256～263。

48. 陳盈妃，〈「太平廣記」中唐人虎類小說探究〉，《輔大中研所學刊》，第 3 期，民國 83 年 06 月，頁 243～257。

49. 陳義產，〈類書的使用〉，《圖書館研究與工作》，第 1 期，1983 年，頁 60～62。

50. 陳寶珍，〈談談類書的分類體系〉，《津圖學刊》，第 1 期，1987 年，頁 31～36。

51. 莊葳，〈陳夢雷和《古今圖書集成》〉，《書林》，第 1 期，1980 年，頁 45～46。

52. 畢明友，〈宋來惠，論古代類書的起源〉，《圖書館理論與實踐》，1999 年 2 期，頁 44～46。

53. 戚志芬，〈《古今圖書集成》及其編者〉，《文獻》，第 17 輯，1983 年 9 月，頁 256～268。

十二劃

1. 黃大受，〈太平御覽考〉，《東方雜誌》，復刊第 11 卷第 5 期，民國 61 年 11 月，頁 24～26。

2. 黃心穎，〈《太平廣記》精怪類初探〉，《輔大中研所學刊》，第 6 期，民國 85 年 06 月，頁 367～381。

3. 黃兆強，〈《冊府元龜・國史部》研究〉，《東吳歷史學報》，第 7 期，民國 90 年 3 月，頁 19～47。

4. 黃昱凌，〈《太平廣記・猿猴類》故事研究〉，《輔大中研所學刊》第三期 民國 83 年 6 月，頁 271～289。

5. 黃剛，〈從類書看古代分類法及主題法〉，《四川圖書館學報》，第 2 期，1982 年，頁 44～49。

6. 黃秀政，〈類書的大成──古今圖書集成〉，《書評書目》，第 57 期，民國 67 年 1 月，頁 83～86。

7. 黃恩祝，〈類書是我國古代的索引〉，《湖北高校圖書館》，第 3 期，1986 年，頁 64～66。

8. 黃恩祝，〈中外若干早期索引文獻的比較與研究〉，《資料工作通訊》第 5 期，1984 年，頁 45～49。

9. 黃燕生，〈《永樂大典》與古代方志輯佚〉，《「永樂大典」編纂 600 周年國際研討會論文集》，北京：北京圖書館出版社，2003 年 7 月 1 版，104～124。

10. 惠世榮、孫曉明，〈我國現代類書與國外類書〉，《圖書情報知識》，第 1 期，1995 年 3 月，頁 30〔轉頁 49〕。

11. 曾貽芬，〈宋代的類書及其他資料彙編〉，《史學史研究》，第 2 期，1992 年，頁 49～58〔轉頁 29〕。

12. 賀巷超，〈淺議類書產生和存在的條件〉，《文獻學論壇》，第 4 期，1993 年，頁 52～54。

13. 賀修銘，〈興盛與歸宿──試論類書的政治文化背景〉，《圖書館界》，第 3 期，1988 年，頁 36～40。

14. 程章燦，〈《事類賦注》引漢魏六朝賦考〉，《古籍整理研究學刊》，第 2 期，2000 年，頁 62～64。

15. 喬衍琯，〈玉海藝文部述略〉，《國立中央圖書館館刊》，新 16 卷第 2 期，民國 72 年 12 月，頁 24～37。

16. 傅梅嶺，我國最大的寫本類書──《永樂大典》〉，《淮北煤師院學報》〔社科版〕，1995 年 2 月，頁 41～43。

17. 勞榦，〈說類書〉，《新時代》，第 1 卷第 7 期，民國 50 年 7 月，頁 87～93。

18. 葉乃靜，〈明清類書、叢書與法國十八世紀百科全書之比較研究〉，《圖書館》資訊學刊，第 14 期，民國 89 年 3 月，頁 129～148。

19. 葉守法，〈《四庫全書》與《永樂大典》編纂規模的質疑〉，《淮北煤師院學報》〔哲學社會科學版〕，第 4 期，1999 年，頁 153～155。

20. 葉桔，〈《古今圖書集成》版本介紹〉，《圖書館論壇》，第 2 期，1991 年，頁 6。

21. 馮金牛，〈上海圖書館藏《永樂大典》〉，《圖書館雜誌》，第 2 期，2003 年，頁 80〔轉頁 68〕。

22. 焦豔婷，〈從「永樂大典」的成敗與散失看文化與國家興衰的關係〉，《津圖學刊》，第 3 期，1998 年 7 月，頁 139～141。

23. 勝村哲也，〈藝文類聚の條文構成と六朝目錄の關聯性について〉，《東方學報》，京都第 62 冊，1990 年 3 月，頁 99～123。

十三劃

1. 賈晉華，〈隋唐五代類書與詩歌〉，《廈門大學學報》〔哲社版〕，第 3 期，1991 年，頁 127～132。

2. 聞一多，〈類書與詩〉，《唐詩雜論》，上海古籍出版社，1998 年 12 月版，頁 1～8，原載《大公報・文藝副刊》第 52 期。

3. 路林，〈唐代科舉文化、類書與目錄學〉，《圖書館學研究》，第 5 期，1987 年 10 月，頁 45～48。

4. 路林，〈類書在我國古典目錄學中的地位〉，《江蘇圖書館工作》〔《江蘇圖書館學報》〕，第 2 期，1983 年，頁 36～39。

5. 萬國鼎，〈古今圖書集成考略〉，《圖書館學季刊》，第 4 卷第 2 期，民國 17 年 3 月，頁 235～245。

6. 萬國鼎，〈關於《古今圖書集成》文獻〉，《圖書館學季刊》，第 6 卷第 3 期，民國 21 年。

7. 溫泉，〈近幾年我國索引起源研究綜述〉，《貴圖學刊》，1990 年 1 期，頁 27～29。

8. 楊玉良，〈《古今圖書集成》考證拾零〉，《故宮博物院院刊》，第 1 期〔總第 27 期〕，1985 年，頁 32～35。

9. 楊志玖，〈「永樂大典」與「馬可波羅遊記」〉，《津圖學刊》，第 2 期，1997 年 5 月，頁 63～68。

10. 鄒振環，〈中國圖書分類法的沿革與知識結構的變化〉，《復旦學報》〔社會科學版〕，第 3 期，1987 年，頁 86～90。

11. 虞君質，〈宋槧四巨帙〉，《幼獅文藝》，第 39 卷第 5 期，民國 63 年 5 月，頁 10～14。

十四劃

1. 趙伯義，〈論《爾雅》的學術成就〉，《河北師院學報》〔社會科學版〕，第 2 期，1997 年 4 月，頁 111～115。

2. 趙伯義，〈論《爾雅》的歷史局限性〉，《河北師範大學學報》〔社會科學版〕，

第 22 卷第 1 期，1999 年 1 月，頁 137～142〔轉頁 149〕。

3. 趙其莊，〈古代圖書分類體系與我國傳統學術的知識形態〉，《大學圖書館學報》，1998,16〔4〕，頁 33～35。

4. 趙前，〈中國國家圖書館藏《永樂大典》影印本概述〉，《「永樂大典」編纂 600 周年國際研討會論文集》，北京：北京圖書館出版社，2003 年 7 月 1 版，352～358。

5. 趙飛鵬，〈《讀書雜志》運用類書校釋古籍述評──以校釋諸子部分爲例〉，《第三屆國際暨第八屆清代學術研討會》，頁 1～12。

6. 趙維國，〈《永樂大典》所存宋人劉斧小説集佚文輯考〉，《書目季刊》，第 34 卷 4 期，民國 90 年 03 月，頁 13～24。

7. 趙維國，〈論《太平廣記》纂修的文化因素〉，《河南大學學報》〔社會科學版〕，第 41 卷第 3 期，2001 年 5 月，頁 60～65。

8. 趙曉嵐，〈初唐詩的 "一" 與 "多" ──評聞一多論 "類書與詩" 及王績詩〉，《中國文學研究》，第 4 期〔總第 59 期〕，2000 年，頁 40～46。

9. 趙麗莎〈《古今圖書集成》評介〉，《景女學報》，第 4 期，民國 93 年 1 月 頁 33 ～49。

10. 趙鐵銘，〈古今圖書集成與陳夢雷〉，《故宮文物月刊》，第 3 卷第 8 期，民國 74 年 11 月，頁 120～127。

11. 裴芹，〈《古今圖書集成》與《四庫全書》〉，《內蒙古民族師院學報》〔哲學社會科學·漢文版〕，第 1 期，1990 年，頁 11～15〔轉頁 20〕。

12. 裴芹，〈《古今圖書集成》康熙開局說質辨〉，《文獻情報學刊》，第 4 期，1990 年，頁 12。

13. 裴芹，〈《古今圖書集成》同文版小考〉，《內蒙古民族師院學報》·哲社版〔通遼〕，第 4 期，1992 年，頁 76～77。

14. 裴芹，〈談《古今圖書集成》的 "參見"〉，《內蒙古民族師院學報》〔哲社版〕，第 2 期〔總第 57 期〕，1994 年，頁 59～61。

15. 裴芹，〈今存雍正版《古今圖書集成》知多少〉，《書品》，第 4 期，2000 年，頁 92～94。

16. 裴芹，〈所謂《古今圖書集成》同文版小字本不曾問世〉，《津圖學刊》，1991·4，頁 93～94。

17. 裴芹，〈《古今圖書集成》的按注研究〉，《文史》，第 4 輯〔總第 53 輯〕，2000 年，頁 201～212。

18. 裴芹、李智海，〈《古今圖書集成》與方志〉，《內蒙古民族師院學報》〔哲社版〕，第 1 期〔總第 77 期〕，1999 年，頁 7～10。

十五劃

1. 劉正平，〈隋唐五代韻書、類書、總集的編纂與文化建設〉，《西北成人教育學報》，

頁 33～36。

2. 劉汝霖，〈古今圖書集成〉，《圖書館工作》，第 6 期，1957 年，頁 27～28。

3. 劉安琴，〈銅活字與《古今圖書集成》〉，《陝西圖書館》，第 3 期，1990 年，頁 49～51。

4. 劉兆祐，〈中國類書中的文獻資料及其運用〉，《國立中央圖書館館刊》，新 22 卷 第 2 期，民國 78 年 12 月，頁 117～127。

5. 劉青，〈當代類書發展試論〉，《圖書館論壇》〔雙月刊〕，第 4 期，1997 年，頁 78～80〔轉頁 19〕。

6. 劉怡伶，〈女性在傳統類書中的典範想像──《古今圖書集成·閨媛典》試析，中極學刊，第 3 期，民國 92 年 12 月，頁 17～35。

7. 劉建鷗，〈唐類書引說文考〉，《復興崗學報》，第 30 期，民國 72 年 12 月，頁 457 ～479。

8. 劉建鷗，〈唐類書引說文釋義考〉，《復興崗學報》，第 31 期，民國 73 年，頁 429 ～445。

9. 劉建鷗，〈唐類書引說文釋義考〉，《復興崗學報》，第 32 期，民國 73 年，頁 395 ～416。

10. 劉建鷗，〈唐類書引說文釋義考〉，《復興崗學報》，第 35 期，民國 75 年，頁 505 ～532。

11. 劉建鷗，〈唐類書引說文形義考〉，《復興崗學報》，第 33 期，民國 74 年 6 月，頁 513～533。

12. 劉建鷗，〈唐類書引說文用字考例〉，《復興崗學報》，第 34 期，民國 74 年 12 月，頁 465～476。

13. 劉培，〈《事類賦》簡論〉，《濟南大學學報》，第 11 卷第 5 期，2001 年，頁 47～49。

14. 劉葉秋，〈類書常談〉，《辭書研究》，第 6 期，1982 年，頁 132～138。

15. 練小川，〈類書的起源和衰亡〉，《圖書情報知識》，第 2 期，1985 年，頁 16～19。

16. 鄭恆雄，〈我國的類書〉，《輔仁學誌──文學院之部》，第 11 期，民國 71 年 6 月，頁 1～24。

17. 鄭恆雄，〈類書──查考古文獻的資料庫〉，《臺北市立圖書館訊》，第 1 卷第 5 期，民國 73 年 6 月，頁 15～18。

18. 鄭麥，〈《永樂大典》與《古今圖書集成》〉，《歷史教學問題》，第 1 期，1982 年，頁 65～66。

19. 潘樹廣，〈《藝文類聚》概說〉，《辭書研究》，第 1 輯，1981 年，頁 163～173。

20. 樊義順，〈評《藝文類聚》檢索古代科技文獻的作用〉，《高校圖書館工作》，第 19 卷第 73 期，1999 年，頁 66～67。

21. 蔣復璁，〈《古今圖書集成》的前因後果〉，《文星》，第 83 期，民國 53 年 9 月，

頁 10～15。

22. 蔣復璁，〈《古今圖書集成》之前前後後〉，《珍帚集》，

23. 蔡豐村，〈藝文類聚歲時部（上）引詩考〉，《甲工學報》，第 13 期，民國 85 年 06 月，頁 1～20。

24. 鄧筑芬，〈論「四庫全書」中的“永樂大典本”〉，《福建圖書館學刊》，第 4 期，1996 年 12 月，頁 49～50。

十六劃

1. 錢亞新，〈論《古今圖書集成》及其新編索引〉，《圖書館界》，第 2 期〔總第 31 期〕，1989 年，頁 41～45。

2. 錢振新，〈“類書是我國古代的索引”說質疑〉，《廣東圖書館學刊》，1988〔3〕，頁 76～78。

3. 蔡聲鏞，〈《爾雅》與百科全書〉，《辭書研究》，第 1 期〔總第 7 期〕，1981 年，頁 244～259〔轉頁 243〕。

4. 駱志伊，〈《永樂大典》滄桑〉，《書和人》，第 501 期，民國 73 年 9 月，頁 1～2。

5. 駱偉，〈珍貴的宋刻本「太學新增合璧聯珠聲律萬卷菁華」〉，《圖書館論壇》，第 2 期，1992 年 4 月，頁 8～9。

6. 鮑國強，〈600 百年前和我們現在的古籍主題標引〉，《「永樂大典」編纂 600 周年國際研討會論文集》，北京：北京圖書館出版社，2003 年 7 月 1 版，378～387。

十七劃

1. 賴雯卿，〈論「太平廣記‧婦人」的類型呈現及內含的幾個問題〉，《輔大中研所學刊》，第 3 期，民國 83 年 06 月，頁 259～270。

2. 戴文和，〈《錦繡萬花谷》介紹〉，《僑光學報》，第 19 期，民國 90 年 10 月，頁 247～280。

3. 戴克瑜，〈類書功過隨談〉，《四川圖書館學報》，第 7 期，1990 年，頁 44～47。

4. 韓翠花，〈類書與叢書在文化傳播上的不同作用〉，《典籍透視》，頁 58～62。

5. 薛克翹，〈《太平廣記》的貢獻〉，《南亞研究》，第 2 期，1999 年，頁 72～76。

6. 謝保成，〈《永樂大典》的價值、流傳與利用〉，《「永樂大典」編纂 600 周年國際研討會論文集》，北京：北京圖書館出版社，2003 年 7 月 1 版，135～142。

7. 謝國楨，〈陳則震事輯〉，《明清筆記談叢》 中華書局，1960 年 7 月。

8. 謝國楨，〈三藩之變與陳夢雷兩次流徙〉，《清初流人開發東北史》 上海開明書店，1948 年 10 月。

9. 魏承恩，〈史學現代化的一件事實——談《古今圖書集成》信息化〉，《社會科學報》1987 年 8 月。

10. 魏仲佑，〈《藝文類聚》與《淵鑑類函》二書體製之比較〉，《東海中文學報》，第 2 期，1986 年，頁 62～64〔轉頁 25〕。

11. 鞠英杰，〈《古今圖書集成》的獨到之處〉，《貴圖學刊》，1986 年 3 期，頁 58～59。

12. 鞠楨崇，〈館藏《古今圖書集成》〉，《鐵路高校圖書館學研究》，總第 4 輯，1988 年。

13. 簡宗梧，〈賦與類書關係之考察〉，《第五屆國際辭賦學學術研討會論文》，民國 90 年 11 月。

十八劃

1. 魏仲佑，〈《藝文類聚》與《淵鑑類函》二書體制之比較〉，《東海中文學報》第 2 期，1986 年，頁 97～103。

十九劃

1. 藏凡，〈我國古代的一部大類書——簡介《古今圖書集成》〉，《夜讀》，第 1 期，1981 年。

二十劃

1. 蘇振申，〈永樂大典聚散考〉，《國立中央圖書館館刊》，新 4 卷第 2 期，民國 60 年 6 月，頁 10～22。

2. 竇秀豔，〈《爾雅》在漢代的經學地位〉，《松遼學刊》〔人文社會科學版〕，第 2 期，2002 年 4 月，頁 69～70。

3. 竇秀豔，〈試論《爾雅》經部地位的形成〉，《遼寧教育學院學報》，第 19 卷第 3 期，2002 年 3 月，頁 19～21。

4. 龐月光，〈康熙皇帝與《古今圖書集成》〉，《外交學院學報》，第 1 期，2003 年。

二十一劃

1. 顧力仁，〈古今書史上劃時代之巨作——永樂大典紹評〉，《中華文化復興月刊》，第 15 卷第 1 期，民國 71 年 1 月，頁 36～39。

2. 顧力仁，〈「永樂大典」——前人治理的成績與今後研究的方向〉，《華學月刊》，第 131 期，民國 71 年 11 月，頁 50～59。

3. 顧力仁，〈「永樂大典及其輯佚書研究」提要〉，《華學月刊》，第 121 期，民國 71 年 1 月，頁 24～27。

4. 顧力仁，〈永樂大典數位化相關問題之探討：兼論資訊科技對古籍整理的影響〉，《圖書館學與資訊科學》，第 28 卷 1 期，民國 91 年 04 月，頁 33～48。

5. 顧濤，〈名書《爾雅》邏輯思想發微〉，《鹽城工學院學報》〔社會科學版〕，第 4 期，2003 年，頁 23～26〔轉頁 41〕。

二十二劃

1. 龔花萍，〈解縉與「永樂大典」〉，《圖書館理論與實踐》，第 6 期，2001 年 12 月，頁 65～67。

二十三劃

1. 欒貴明，〈《四庫輯本別集拾遺》序〉，《「永樂大典」編纂 600 周年國際研討會論文集》，北京：北京圖書館出版社，2003 年 7 月 1 版，30～33。

西文姓名

1. David Helliwell，〈英國藏《永樂大典》殘冊〉，《「永樂大典」編纂 600 周年國際研討會論文集》，北京：北京圖書館出版社，2003 年 7 月 1 版，264～306。

2. Thomas Hahn，〈五冊的變奏曲──康奈爾大學圖書館《永樂大典》統計趣聞〉，《「永樂大典」編纂 600 周年國際研討會論文集》，北京：北京圖書館出版社，2003 年 7 月 1 版，333～342。

貳、古籍類書圖版

鵠失主無以自明

韻集曰鵠鴻之者也

戰國策曰莊辛謂楚王曰黃鵠遊於江海掩

乎大沼府啄鱅鯉仰斷菱衡膺其六翮道搖

乎高翔自以為無患與人無爭不知失躬者

方將俯矢蓋治繳將加己百仞之上被鹽承

微折清風而　失故盡遊江湖名

趙書曰石虎建武十三年楊州獻黃鵠鶵五

頸長一丈鳴聲聞十餘里養之於池　謹案席　實達賊

王化不通豈有貢其鳥物者乎此獻之
妄或撝垂小臣假稱珎怪耶媚於唐耳

《華林遍略》敦煌殘卷
資料來源：鳴沙石室佚書

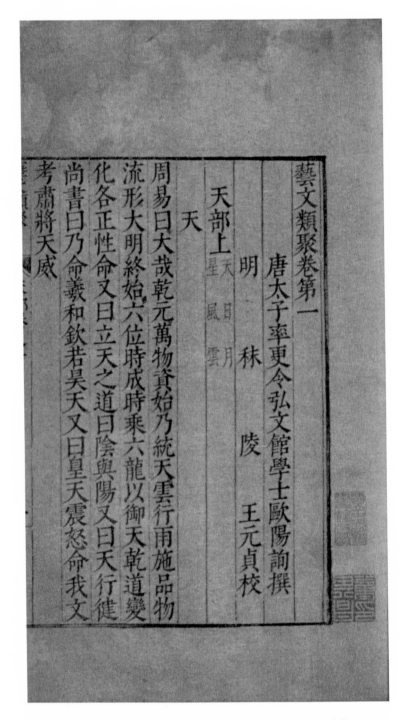

《藝文類聚》明萬曆十五年秣陵王元貞校刊本

資料來源：國家圖書館

《初學記》明嘉靖十年錫山安國桂坡館刊本

資料來源：國家圖書館

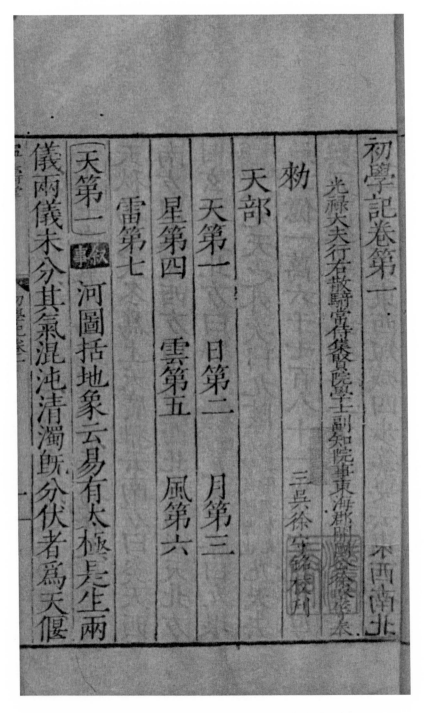

《初學記》明萬曆十五年三吳徐氏寧壽堂刊本
資料來源：國家圖書館

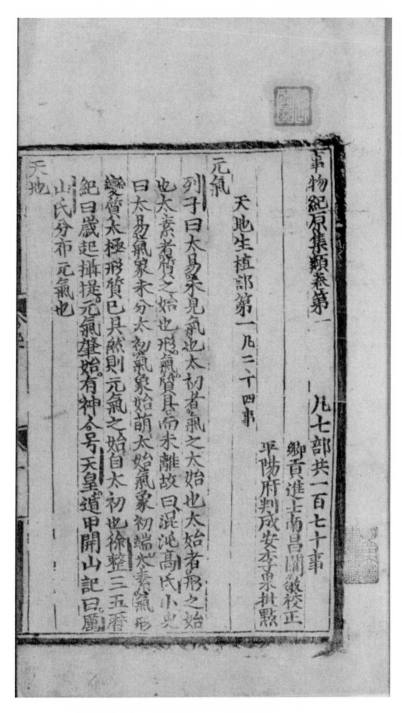

《事物紀原》明成化八年平陽府通判李果刊本

資料來源：國家圖書館

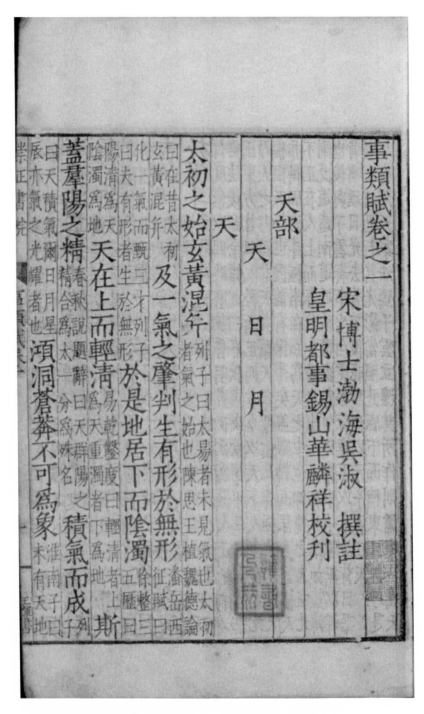

《事類賦》明嘉靖十一年錫山崇正書院刊本
資料來源：國家圖書館

新刊監本冊府元龜卷第一

推忠恊謀同德守正佐理功臣樞密使持進行起部尚書檢

校太尉同中書門下平章事修國史上柱國太原郡開國公

食邑七千户食實封二千八百户臣王欽若等奉　勅纂

帝王部一

　總序

昔洛出書九章聖人則之以為世大法其初五行一曰水二曰火
三曰木四曰金五曰土帝王之起必承其王氣太古之世鴻荒朴
略不可得而詳焉庖犧氏之王天下也繼天之統為百王先實承
木德以建大號三質所紀允居其首蓋五精之運以相生為德木
生火火生土土生金金生水水生木乘時迭王以紹統緒故創業
受命之主必推本乎歷數參考乎徵應稽其行次上承天統春秋
之大旨正貴其體元而建極也前志之論閏位謂其非次而不當

《冊府元龜》新刊監本明藍格抄本
資料來源：國家圖書館

－229－

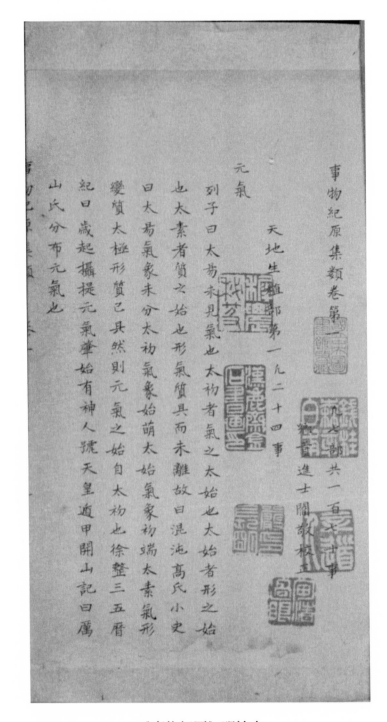

《事物紀原》明抄本
資料來源：國家圖書館

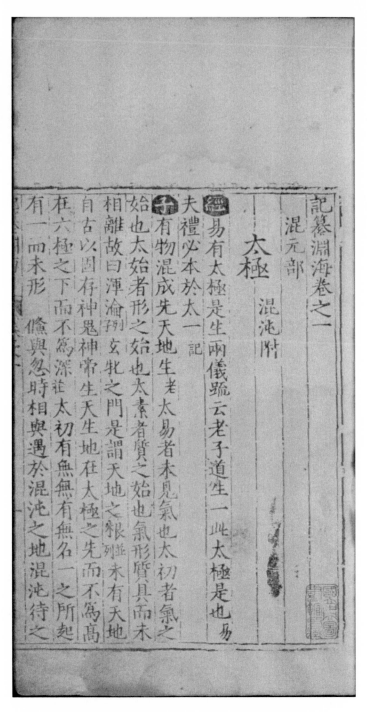

《紀纂淵海》明萬曆七年大名知府王嘉賓刊本

資料來源：國家圖書館

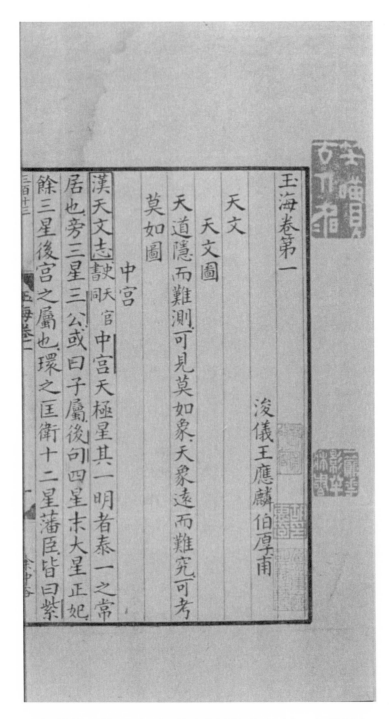

《玉海》元後至元六年慶元路儒學刊至正十一年修補本
資料來源：國家圖書館

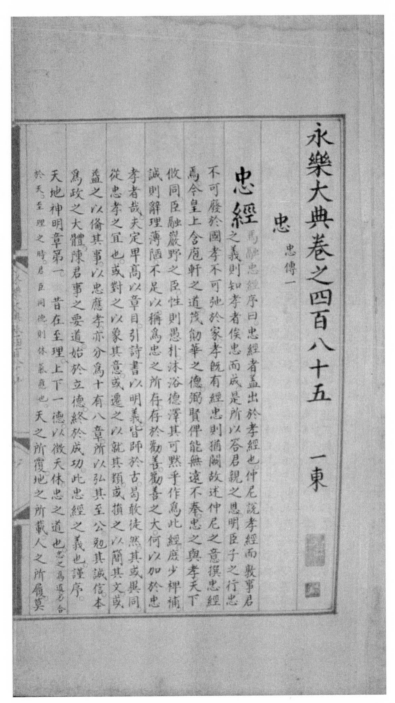

永樂大典卷之四百八十五　一東

忠　忠傳一

忠經

馬融忠經序曰忠經者蓋出於孝經也仲尼說孝經而敷事君

之義則知孝者侯忠而成是所以答君親之恩明臣子之行忠

不可廢於國孝不可弛於家孝既有經忠則猶闕故述仲尼之意撰忠經

爲令皇上含庵軒之道茂勛華之德弼賢伴能無遠不奉忠之與孝天下

做同臣融巖野之臣性則愚朴沐浴德澤其可默乎作爲此經庶少裨補

誠則辭理薄陋不足以稱爲忠之所存存於勸善勸喜之大何以加於忠

孝者哉夫定甲高以章目引詩書以明義皆師於古萬敢徒然其或異同

從忠孝之宜也或對之以象其意或遷之以就其類或損之以簡其文或

益之以備其事以忠應孝亦分爲十有八章所以弘其至公兒其誠信本

爲政之大體陳君事之要道始於立德終於成功此忠經之義也謹序

天地神明章第一　昔在至理上下一德以微天休忠之道也忠之爲道也合

於天至理之時君臣同德則休氣應也天之所覆地之所載人之所履莫

《永樂大典》存卷四百八十五　忠字　明嘉慶慶隆間內府重寫本
資料來源：國家圖書館

《三才圖會》明萬曆三十七年原刊本
資料來源：國家圖書館

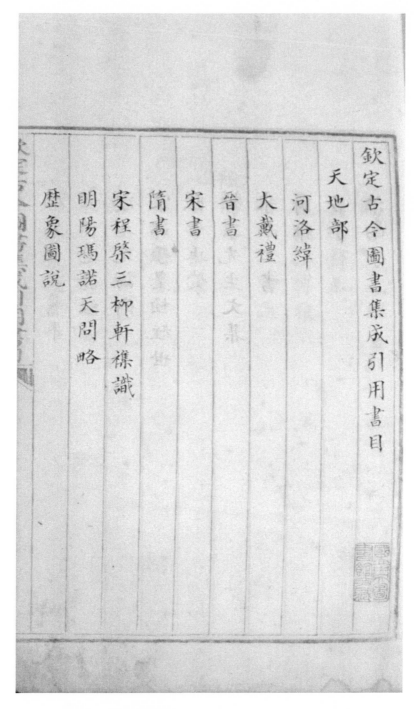

《欽定古今圖書集成引用書目》清內府朱絲欄抄本
資料來源：國家圖書館

《古今圖書集成·山川典山圖》清雍正間內府刊單行本
資料來源：國家圖書館